四川师范大学校级规划教材
四川师范大学教育科学学院资助出版

基于教师资格考试的教育学

主　编　刘秀峰
副主编　白　雪

四川大学出版社
SICHUAN UNIVERSITY PRESS

图书在版编目（CIP）数据

基于教师资格考试的教育学 / 刘秀峰主编. -- 成都：四川大学出版社，2025.4
教师教育精品课程规划教材系列
ISBN 978-7-5690-6627-2

Ⅰ. ①基… Ⅱ. ①刘… Ⅲ. ①教育学－高等学校－教材 Ⅳ. ①G40

中国国家版本馆CIP数据核字（2024）第030072号

书　　名：	基于教师资格考试的教育学
	Jiyu Jiaoshi Zige Kaoshi de Jiaoyuxue
主　　编：	刘秀峰
丛 书 名：	教师教育精品课程规划教材系列
选题策划：	梁　平　李　梅
责任编辑：	李　梅
责任校对：	杨　果
装帧设计：	墨创文化
责任印制：	李金兰
出版发行：	四川大学出版社有限责任公司
	地址：成都市一环路南一段24号（610065）
	电话：（028）85408311（发行部）、85400276（总编室）
	电子邮箱：scupress@vip.163.com
	网址：https://press.scu.edu.cn
印前制作：	四川胜翔数码印务设计有限公司
印刷装订：	成都市川侨印务有限公司
成品尺寸：	185mm×260mm
印　　张：	14
插　　页：	1
字　　数：	326千字
版　　次：	2025年4月 第1版
印　　次：	2025年4月 第1次印刷
定　　价：	68.00元

本社图书如有印装质量问题，请联系发行部调换

版权所有 ◆ 侵权必究

前　言

　　教师是立教之本、兴教之源。教师队伍是教育发展的第一资源，随着我国教育迈向高质量发展的新阶段，教师行业对教师素质的要求也越来越高。教师资格考试作为教师资格准入制度的重要组成部分，对教师队伍建设至关重要。2011年，教育部印发《教育部关于开展中小学和幼儿园教师资格考试改革试点的指导意见》，正式拉开教师资格考试改革的序幕，之后，教师资格考试由以往的"省考"上升为"国考"。随着国家对教师队伍建设的重视，教师职业也越来越受到社会的推崇。近几年，教师资格考试的报考人数逐年攀升，该项资格考试愈发重要。

　　参加教师资格考试是检验师范生学习成效的一项重要指标。为了使师范生能更好地为这一重要的资格考试做好准备，一本既能够满足教育学基础知识和能力等教学需要，又能够为师范生参加教师资格考试提供指导的教学材料便显得尤为必要。有鉴于此，2020年本书编者申报了四川师范大学2020年校级规划教材项目，在平时授课讲义的基础上，参考相关主题的研究成果，编写了《基于教师资格考试的教育学》这一教材。本教材具有以下特点。

　　第一，理论性与实践性相结合。教师资格考试旨在选拔合格的中小学教师，其考核知识点具有较强的实践性，历年考题设置也更强调实践的重要性。因此，本教材既强调学生对教育学基本原理、规律、制度等基础知识的学习，又融入了教师资格考试历年真题、教育学方向考研真题，力图使理论不再"苍白"。学生在使用本教材时，既能学得基本的教育学理论知识，也能通过真题参透、学懂理论，进而将其应用于实践。

　　第二，关注学生对教材的使用。本教材在编写过程中注重使教材变为"学材"。本教材内容按照知识点逐步展开，在每章节前设置"学习目标"，指引学生明确本章节学习要点；在章节中设置"拓展阅读"和"真题再现"，帮助学生掌握相应的知识点、巩固学习成果。

　　第三，将教育学知识与国家政策相结合。一般而言，教育学教材呈现的知识是现有教育学研究的成果，是"死"的知识。本教材的编写融入了最新的研究成果和国家教育改革的相关政策，使学生在学习过程中能够更深入地了解我国教育当前的发展动态，形成更加完备的教育学知识体系。

　　本教材的编写基于编者多年授课形成的教育学教学讲义，并参考了教育学相关重要考试的指导性文件以及大量的教育学相关专著和论文。成都大学期刊中心的白雪同志参与了全书的编写工作。

目 录

第一章 教育学概述 ································· 1
 第一节 我国教育学发展概述 ···················· 1
 第二节 教育学的产生和发展 ···················· 5

第二章 教育及其产生与发展 ······················ 16
 第一节 认识教育 ······························· 16
 第二节 教育的起源与发展 ····················· 29

第三章 教育与社会的发展 ························ 39
 第一节 教育的社会制约性与相对独立性 ········ 39
 第二节 教育的社会功能 ························ 48

第四章 教育与人的发展 ·························· 56
 第一节 人的身心发展规律及影响因素 ·········· 56
 第二节 学校教育在人的发展中的作用 ·········· 64

第五章 教育目的 ································· 68
 第一节 教育目的概述 ·························· 68
 第二节 全面发展教育与素质教育 ··············· 78

第六章 教育制度 ································· 88
 第一节 学制概述 ······························· 88
 第二节 我国的学制及其改革 ···················· 93

第七章 课程 ····································· 99
 第一节 课程概述 ······························· 99
 第二节 课程理论流派 ························· 109
 第三节 课程开发 ······························ 115

第八章 教学 ···································· 128
 第一节 教学概述 ······························ 128
 第二节 当代主要教学理论流派 ················ 135
 第三节 教学设计 ······························ 142
 第四节 教学的组织与实施 ···················· 158

第九章 德育 ·········173
第一节 德育概述 ·········173
第二节 德育的实施 ·········177

第十章 教师与班主任工作 ·········193
第一节 教师职业与专业发展 ·········193
第二节 教师的职业理念 ·········202
第三节 班集体与班主任工作 ·········212

第一章　教育学概述

　　教育学是一门研究人类教育活动及其内在规律的学科，教育学课程是关于教育学基本概念、基本理论和基础知识的课程。教育学课程是师范教育的基础课程，对师范生获得教师资格非常必要。从清末建立师范学堂以来，教育学课程就是我国师范类学生的必修课程。本章从我国的学科分类开始，介绍教育学的发展历史，以使教育学的入门者了解本学科的学科定位、发展历程以及我国教育学的发展情况。

第一节　我国教育学发展概述

【学习目标】
1. 了解我国的学科分类。
2. 掌握我国教育学的学科分类。
3. 了解我国教育学学科的基本情况。

　　教育学是一个重要的学科门类，在学习教育学之前，我们将首先对我国的学科发展与分类进行梳理，以便学习者更好地了解我国的学科分类，明白教育学在其中的位置。

一、学科的概念

　　学科的产生、发展自始至终与知识的演进相关。人类通过活动产生经验，通过对经验的积累和消化形成认识，通过对认识的思考、归纳、理解、抽象形成知识，知识经过运用和验证后，逐渐变得更为科学系统，进而形成知识体系。人们依据某些共性特征，把这些不断发展演进的知识体系划分为不同的学科。由于人类积累的知识已经大大超过了人类的认知水平，一个人在有限的生命进程中，即使穷尽一生精力也不可能全部理解人类积淀下来的知识精粹。在这种情况下，放弃整体、探究局部是一条可行的道路，即把知识按其性质分门别类，形成一门门学科，个人可以根据其爱好、兴趣以及能力倾向选择相应门类的知识进行学习。这样，现代科学意义上的学科就诞生了。

　　学科是相关知识的汇聚体，2009 年发布的中华人民共和国国家标准《学科分类与代码》(GB/T 13745—2009)简明扼要地指出:"学科是相对独立的知识体系。"[①] 在我国的高等教育体系中,学科与专业是两个既有区别又有联系的概念。学科与专业联系紧密,都具有培养人才的功能,与一定的知识相联系。学科偏于学术研究,而专业注重实践需求。专业是根据社会分工需要而形成的学业门类,会随着产业结构的变化和人才需求的变化而变化;而学科是按照知识划分的知识门类,可以相对保持稳定。专业是依照课程结构培养人才的一种组织形式,其核心是教学;而学科的形成和发展遵循科学发展的规律。在我国的高等学校中,本科教育目录一般被称为专业目录,而研究生教育目录一般被称为学科目录。

二、我国的学科分类

"学科"是一个外来事物,当然也是一个外来词汇。我国传统社会中用"门""目"来指代"学科",用经、史、子、集来划分全部知识体系,形成"四部之学"。受清末"西学东渐"的影响,中国传统知识分子开始转型,西方学术体系在中国学界得到广泛认可,西方学界学科分类的观念和学科分类的原则也逐渐为国人所接受,越来越多的中国人以西方大学学科分类模式为蓝本,对传统的知识体系重新进行划分。1902年清政府颁布了《钦定学堂章程》,即壬寅学制,在《钦定京师大学堂章程》中提出"欲定功课,先详门目"。也就是说,要开展大学教学,首先得定学科门类。由此,壬寅学制将大学堂学科划分为政治、文学、格致、农业、工艺、商务、医术七大门类。由"四部之学"转变为"七科之学",我国正式构建起了一套具有近代意义的大学分类体系及知识系统。

1904年经修订后发布的《奏定学堂章程》(癸卯学制),在《奏定大学堂章程》中,进一步将七个学科门类发展为八个学科门类,增加了"经学科",以体现"中体西用"的学制指导思想。由此,我国形成了经学科、政法科、文学科、医科、格致科、农科、工科和商科的学科分类,即"八科之学"。

中华民国成立后,于1912年10月颁布《大学令》,将大学分为文、理、法、工、农、商、医七科,与清末"七科"基本对应。1928年,中华民国大学院通过《整理中华民国学校系统案》,即戊辰学制。戊辰学制是对1922年壬戌学制的继承和修正,该学制规定"大学校分设各科,为各学院。其单设一科者,称某科学院"。其中,"各科"即文、理、法、医、农、工、商、教育等科,"教育学"正式被列入学科体系。到了1929年,国民政府颁布了《大学组织法》,其中第四条规定:"大学分文、理、法、教育、农、工、商、医各学院。"至此,我国大学学科增加教育学,由七大学科变为八大学科。

新中国成立后,为了适应当时国家建设的需要,满足社会经济发展对各类专门人才

[①] 《学科分类与代码》(GB/T 13745—2009),https://openstd.samr.gov.cn/bzgk/gb/newGbInfo?hcno=4C13F521FD6ECB6E5EC026FCD779986E。

的迫切需求，我国高等学校以苏联的专业模式为参照，淡化学科的概念，加强了专业的概念，有计划地按专业实施专门人才培养，在此基础上形成了自己的专业门类。1954年11月颁发的《高等学校专业目录分类设置（草案）》，用11个行业部门来对专业门类进行划分，以各行业的特点为依据，共分为11个学科门类，包括工业、建筑、运输、农业、林业等，不同学科专业数量与当时各行业部门的重要程度相关。

改革开放后，随着我国对学位与研究生教育的重视，1981年国务院批准了《中华人民共和国学位条例暂行实施办法》，对学科逻辑加以重塑，将本科专业目录按照学科目录进行划分。1983年至2022年，我国一共颁布了5个版本涉及学科门类变动的学科、专业目录（见表1-1）。

表1-1　1983年至2022年我国颁布的学科、专业目录

版本	时间	文件名称	备注
第一版	1983年	《高等学校和科研机构授予博士、硕士学位的学科、专业目录（试行草案）》	/
第二版	1990年	《授予博士、硕士学位和培养研究生的学科、专业目录》	增加军事学学科门类
第三版	1997年	《授予博士、硕士学位和培养研究生的学科、专业目录》	增加管理学学科门类
第四版	2011年	《学位授予和人才培养学科目录（2011年）》	增加艺术学学科门类
第五版	2022年	《研究生教育学科专业目录（2022年）》	增加交叉学科门类，增加专业学位类别

1983年，国务院学位委员会办公室拟定《高等学校和科研机构授予博士、硕士学位的学科、专业目录（试行草案）》，将我国当时的学科门类划分为10个，分别是哲学、经济学、法学、教育学、文学、历史学、理学、工学、农学、医学，这一目录奠定了新时期我国学科的分类基础。1990年，国务院学位委员会办公室发布《授予博士、硕士学位和培养研究生的学科、专业目录》，增加了军事学学科门类，我国的学科门类增加到11个。1997年，国务院学位委员会、国家教育委员会联合发布《授予博士、硕士学位和培养研究生的学科、专业目录》，增加了管理学学科门类，我国的学科门类增加到12个。2011年，国务院学位委员会批准《学位授予和人才培养学科目录（2011年）》，艺术学独立为学科门类，我国的学科门类增加至13个，即哲学、经济学、法学、教育学、文学、历史学、理学、工学、农学、医学、军事学、管理学、艺术学。

2020年12月30日，国务院学位委员会批准设置"交叉学科"门类为我国第14个学科门类，下设"集成电路科学与工程"和"国家安全学"两个一级学科。为规范交叉学科门类下一级学科的设置与管理，2021年11月17日国务院学位委员会印发《交叉学科设置与管理办法（试行）》，以促进学科交叉融合、推动交叉学科发展。至此，我国学科门类增加至14个，即哲学、经济学、法学、教育学、文学、历史学、理学、工学、农学、医学、军事学、管理学、艺术学、交叉学科。2022年，国务院学位委员会、教育部印发新版的学科、专业目录《研究生教育学科专业目录（2022年）》，在目录中增

加了专业学位类别,所有门类下均设置了专业学位,同时增设了一批交叉学科。

三、我国的教育学及学科分类

教育思想始终伴随着人类的教育实践活动,近代以前我们积累了丰富的教育思想。但是作为一门学科,教育学的出现却较晚。教育学诞生于 17 世纪。1623 年,英国学者培根在《论科学的价值和发展》一文中,首次把"教育学"作为一门独立的学科提出。1632 年捷克教育学家夸美纽斯出版了近代第一本比较系统的教育学著作《大教学论》。教育学作为一门学科传入我国是在 19 世纪末 20 世纪初,随着清末庙产兴学风潮的兴起,师范教育发展,促进教师培养的"教育学"被引入我国。中华民国时期,我国教育学迅速发展,在师范教育中占据重要地位。

（一）我国教育学的学科划分

自 20 世纪中叶以来,随着教育涉及的问题领域不断扩展,教育学的发展呈现出学科高度分化的趋势:有分别研究不同类别学校教育的普通教育学、职业教育学、高等教育学、学前教育学、特殊教育学等;有运用其他学科作为理论分析框架研究教育现象的,如教育哲学、教育心理学、教育史学、教育经济学、教育管理学、教育社会学等;有借鉴其他学科的方法来分析教育活动的,如比较教育学、教育统计学、教育测量学等。

随着教育学理论的不断发展,教育学也不断呈现出高度的"自觉性",开始对"教育学"自身进行反思、研究,形成了教育学的元理论,即"元教育学"。元教育学是对教育学学科自身发展的源头、知识体系、发展问题等进行认识的一门学科,如关于教育学研究对象的认识、逻辑起点的认识、教育学理论与实践关系的认识、教育学者社会责任的认识、教育学知识结构的认识等。元教育学研究的是教育学的逻辑起点,是教育学走向成熟的标志之一。

虽然教育学学科发展分化,形成了较多的教育学学科门类,但是从国家层面看,教育学的学科划分较为稳定,按照 1997 年颁布的《授予博士、硕士学位和培养研究生的学科、专业目录》,教育学一级学科下设 10 个二级学科,分别是教育学原理、课程与教学论、教育史、比较教育学、学前教育学、高等教育学、成人教育学、职业技术教育学、特殊教育学、教育技术学。

（二）我国教育学的发展情况

国务院学位委员会根据学术水平、科研成果、师资力量、在国内外的地位和声誉等,评定了一批国家重点学科。国家重点学科分一级学科国家重点学科和二级学科国家重点学科。一级学科国家重点学科的建设要突出综合优势和整体水平,促进学科交叉、融合和新兴学科的生长。二级学科国家重点学科的建设要突出特色和优势,在重点方向上取得突破。表1-2是国务院学位委员会评定的教育学一级学科和二级学科国家重点学科单位名单（截至2024年）。

表1-2 教育学国家重点学科单位名单

类别	学科代码及名称	学校名称
一级学科	0401 教育学	北京师范大学
		华东师范大学
二级学科	040101 教育学原理	东北师范大学
		南京师范大学
		华中师范大学
	040102 课程与教学论	西南大学
	040103 教育史	浙江大学
	040105 学前教育学	南京师范大学
	040106 高等教育学	厦门大学
		华中科技大学
	040110 教育技术学	华南师范大学

国务院学位委员会除评选全国重点学科外，还会定期对学科进行评估。学科评估是了解我国教育学发展情况的重要渠道。学科评估是指教育部学位与研究生教育发展中心（简称"学位中心"）按照国务院学位委员会和教育部颁布的《学位授予和人才培养学科目录》对全国具有博士或硕士学位授予权的一级学科开展整体水平评估。学科评估是学位中心以第三方方式开展的非行政性、服务性评估项目，2002年首次开展，平均四年开展一次。

第二节 教育学的产生和发展

【学习目标】
1. 掌握教育学萌芽阶段中西方主要教育家的教育思想及著作。
2. 掌握教育学独立阶段中西方主要教育家的教育思想及著作。
3. 掌握20世纪以来西方教育学主要流派的教育思想。

虽然人类关于教育的思考伴随着人类发展的始终，但是教育学作为一门学科却出现得较晚。教育学诞生于17世纪的欧洲，此后教育学的发展逐渐转向科学化，并不断发生分化，衍化出多种二级学科。一般而言，教育学的发展经历了三个阶段：教育学的萌芽阶段、教育学的独立阶段和教育学的多元化发展阶段。

一、教育学的萌芽阶段

人类步入奴隶社会后,因学校的产生和教育实践的发展,教育开始成为人类独立的社会活动。随着教育实践的不断发展和教育经验的日益增多,一些哲学家、思想家开始对教育实践经验进行总结和概括,对教育的问题进行研究,并在他们的政治、哲学等思想中对教育问题进行论述和说明。

中国春秋时期的思想家孔子提出"庶、富、教"的思想,重视教育之于国家的作用。在教育对象上,他强调"有教无类",打破少数奴隶主贵族对文化教育的垄断。在教育目的上,他主张"学而优则仕"。在教学方法上,他采用因材施教、学思结合、启发诱导等手段。

战国时期的孟子从"性善论"的角度,提出"学问之道无他,求其放心而已矣",形成教育上的"内发说"思想。荀子从"性恶论"的角度出发,强调教育的重要性,"今人之性恶,必将待师法然后正,得礼义然后治",形成了教育上的"外铄论"思想。

先秦时期的《学记》是世界上最早的专门论述教育、教学问题的论著,被后人视作教育学的雏形。《学记》提出了一系列教育教学的原则与方法,如:教学相长——"学然后知不足,教然后知困。知不足,然后能自反也,知困,然后能自强也";藏息相辅——正课学习与课外练习必须兼顾,相互补充,相互促进,"大学之教也,时教必有正业,退息必有居学","君子之于学也,藏焉修焉,息焉游焉";未发先预——"禁于未发谓之预","发然后禁,则扞格而不胜";适时教育——"当其可之谓时","时过然后学,则勤苦而难成";循序渐进——"不陵节而施之谓孙""杂施而不孙,则坏乱而不修";相观而善——"相观而善之谓摩",反之"独学而无友,则孤陋而寡闻";长善救失——"教也者,长善而救其失者也"。

真题再现

【2017年上半年教资考试(中学)真题·选择题】明确提出"长善救失""教学相长""不陵节而施""藏息相辅"等重要教育思想的文献是(   )。

A.《论语》　　　　B.《学记》　　　　C.《孟子》　　　　D.《大学》

【2018年上半年教资考试(中学)真题·选择题】人类历史上最早专门论述教育问题的著作是(   )。

A.《学记》　　　　B.《孟子》　　　　C.《论语》　　　　D.《中庸》

在东方的中国先贤讨论教育问题的同时,西方的古希腊思想家也在思考着人的教育问题。西方教育学的萌芽要从古希腊讲起。在古希腊,有很多思想家都对教育问题进行了思考，最为经典的是"古希腊三贤"（苏格拉底、柏拉图、亚里士多德）的教育思想。

苏格拉底是古希腊著名的哲学家、教育家。苏格拉底通过长期的教学实践，形成了一套独特的教学法，人们称之为"产婆术"。所谓"产婆术"，又被称为"苏格拉底法"，是用谈话法帮助对方把知识回忆起来，就像产婆帮助产妇产出婴儿一样，苏格拉底为思想接生，引导人们产生正确的思想。

苏格拉底的学生柏拉图是古希腊伟大的哲学家，其代表作是《理想国》。在《理想国》中，柏拉图认为教育的现实目的是培养哲学家兼政治家——哲学王。柏拉图还提出了"学习即回忆"的思想，他认为灵魂在进入肉体前，就一直居住在理念世界里，并获得了关于理念的各种知识。但进入肉体以后，灵魂由于受到肉体的遮蔽就忘记了原来在理念世界里获得的知识，想要重新获得知识就需要经过一段时间的学习（回忆）。

柏拉图的学生亚里士多德是世界古代史上伟大的哲学家、科学家和教育家，堪称希腊哲学的集大成者。他是一位百科全书式的科学家，几乎对每个学科都做出了贡献。亚里士多德将人的灵魂分为两大部分：理性的部分和非理性的部分。非理性部分又包括植物的灵魂和动物的灵魂两种成分。其中植物的灵魂是最低级的，它主要表现在身体部分，指的是身体的营养、生长和发育；动物的灵魂表现在人的本能、情感和欲望等方面。理性的灵魂是高级部分，它主要表现在思维、理解和判断等方面。亚里士多德关于灵魂的三个组成部分的理论为教育必须包括体育、德育、智育提供了人性论上的依据，这就是亚里士多德的"灵魂论"。

古罗马时代继承了古希腊教师演说的风气，古罗马教育家昆体良对演说术进行了系统的研究，其主要作品是《雄辩术原理》（又译《论演说家的教育》）。这部著作既是他自己约二十年教育教学工作经验的总结，又是古代希腊、罗马教育经验的集大成之作。《雄辩术原理》是西方最早的教育学著作，也被誉为西方第一部系统的教学方法论著。书中已经有对班级授课制思想的阐述。

整体来看，无论是中国还是外国，古代的思想家、教育家的教育思想均是作为他们的哲学思想或政治思想中的一部分而存在的，反映其教育思想的理论观点多混杂在他们的政治、哲学等著作当中，对教育经验的大量论述多停留在对现象的描述和对自我经验的总结上，专门论述教育理论的知识体系尚未单独建立起来，缺少独立的科学命题和理论范畴，带有相当程度的主观臆测和简单的逻辑推理性质。当时的教育学还没有从哲学、政治等学科中分化出来，还没有形成自己独立的学科体系，因而这个阶段属于教育学发展进程中的萌芽阶段。

真题再现

【2015年上半年教资考试（中学）真题·选择题】国外最早的教育学著作是（　　）。

A.《理想国》　　　　　　　　　　B.《政治学原理》
C.《论雄辩家》　　　　　　　　　D.《论演说家的教育》

二、教育学的独立阶段

17世纪到19世纪，随着新航路的开辟、资本主义的产生和发展，实科学校出现，传统的教会学校和骑士教育中产生的教育思想与方法已经不能适应教育的发展。在这种背景下，教育学逐渐从哲学等学科中分化出来，成为一门独立学科。1623年，英国学者培根在《论科学的价值和发展》一文中，首次把"教育学"作为一门与其他学科并立的独立学科提了出来，标志着教育学的独立。德国哲学家康德最早在哥尼斯堡大学讲授教育学。当然，教育学的独立是一个历史过程，不是一蹴而就的，凝聚着好几代教育家的心血，经历了两百多年的时间。

真题再现

【2013年下半年教资考试（中学）真题·选择题】最早在大学里讲授教育学的学者是（　　）。

A. 梅伊曼　　　B. 赫尔巴特　　　C. 洛克　　　D. 康德

在教育学的创立过程中，教育家夸美纽斯、卢梭、洛克、斯宾塞、裴斯泰洛齐、赫尔巴特等人都做出了重要的贡献，推动了教育学走向独立。

夸美纽斯是捷克伟大的民主主义教育家、西方近代教育理论的奠基者。"泛智论"是夸美纽斯教育思想的核心，所谓"泛智"，就是使所有人通过接受教育而获得广泛、全面的知识，从而使人的智慧得到全面的发展，其代表作《大教学论》开宗明义，指出该书的主题是要——"阐明把一切知识教给一切人的全部艺术"。《大教学论》被誉为近代第一本教育学著作。为了改变当时学校教学活动缺乏统一安排的无序状况以及为了普及教育、提高教学效率，夸美纽斯总结了新旧各派学校中的教学组织经验。在教育史上，他最早从理论上详细阐述了班级授课制以及相关的学年制、学日制、考查、考试制度。他以太阳的"光亮和温暖给予万物"而"不单独对付任何单个事物、动物或树木"为依据，论证了班级授课制的必要性和可行性。

法国思想家卢梭撰写的《爱弥尔》是西方第一部完整的教育哲学著作、教育小说。在《爱弥儿》中，卢梭提出了著名的自然教育理论。自然教育的目标是培养"自然人"，而不是"公民"；自然教育的基本原则是主张成人对儿童应不干预、不灌输、不压制，让儿童遵循自然天性，率性发展，即"消极教育"的原则。《爱弥儿》开篇即写道："出自造物主之手的东西，都是好的，而一到人的手里，就全坏了。"

约翰·洛克是英国著名的哲学家、思想家、教育家，他提出了"白板说"和绅士教育理论，并将其关于绅士的教育和培养问题的讨论整理起来，出版了《教育漫话》。在洛克看来，幼儿的"心灵是一张白纸，上面没有任何记号，没有任何观念"，成人可以随心所欲地塑造或涂抹。他主张人的知识和观念来源于人的经验，认为仅凭自身天赋做出伟大事业的人很少，在现实生活中对人的发展起决定性作用的还是后天的教育。他说："我敢说我们日常所见的人中，他们之所以或好或坏，或有用或无用，十分之九都是他们的教育所决定的。人类之所以千差万别，便是由于教育之故。"这就是著名的"白板说"。

赫伯特·斯宾塞是英国著名的实证主义哲学家、社会学家和教育家。在其代表作《教育论》中，他系统地阐述了自己的科学教育思想，主张教育应为未来生活做准备。他强调教育的目的与任务在于教导每一个人怎样去过"完美"的生活，教会人们怎样过好未来的生活，教会他们一些实际生活的本领，做到对己对人最为有益。除此之外，斯宾塞还提倡快乐教育和兴趣教育，反对无视学生身心发展规律的教育方式。尽管他创建的理论体系还不够完善，但他系统地批判了传统的旧教育，高度评价科学知识的价值，强调以科学知识为核心构建学校的课程体系，这有力地推动了英国和其他国家学校的课程改革，促进了科学教育的发展，在历史上发挥了极其大的作用。

真题再现

【2017年上半年教资考试（中学）真题·选择题】在教育史上，重视实科教育，主张学生学习的自觉性，强调教育为完美生活做准备的教育家是（　　）。

A. 夸美纽斯　　B. 赫尔巴特　　C. 斯宾塞　　D. 杜威

裴斯泰洛齐是19世纪瑞士著名的民主主义教育家，其代表作是《林哈德与葛笃德》。在西方教育史上，裴斯泰洛齐是第一个明确提出"教育心理化"口号的教育家。裴斯泰洛齐致力于要素教育，他认为，在一切知识中都存在着一些最简单的"要素"，它们是儿童自然能力最简单的萌芽。教育过程应该从这些最简单的、能为儿童所理解和接受的要素开始，逐步过渡到较为复杂的要素，以促进儿童各种潜能的和谐发展。他指出：德育的要素是儿童对母亲的爱，因此道德的要素教育就应该从培养亲子之爱出发，逐步发展为爱兄弟、爱邻人、爱全人类和爱上帝；体育的要素是儿童身体各关节的活动，因而体育应该从锻炼关节的活动开始，逐步扩展为站、行、跑、跳、掷、摇、角力等各种活动；儿童最初萌芽的是对事物的感觉与观察能力，这种能力又与儿童眼前事物的最基本、最简单的外部特征，即数目、形状和名称相统一。

在教育学独立化的过程中，德国教育家赫尔巴特起了巨大的作用。赫尔巴特是19世纪德国的哲学家、心理学家、教育家，他于1806年出版《普通教育学》，该书被视为世界教育史上第一部具有科学体系的教育学著作。赫尔巴特试图把教育学建立在心理学的基础之上，使教育学开始走上科学的道路。同时，赫尔巴特在教学方法上提出了"形成阶段"理论，提出"明了—联合—系统—方法"教学四阶段理论。后来，赫尔巴特的学生将这一理论扩展为"五段教学法"。赫尔巴特提出"教育性教学"的概念，他认为，没有"无教学的教育",也没有"无教育的教学",他把传授知识和道德教育看成统一的过程。赫尔巴特被誉为"现代教育学之父"和"科学教育学的奠基人"。

真题再现

【2012年上半年教资考试（中学）真题·选择题】明确提出"教学永远具有教育性"的教育家是（　　）。

A. 夸美纽斯　　　B. 赫尔巴特　　　C. 杜威　　　D. 赞可夫

19世纪末20世纪初,赫尔巴特的教育思想传到美国,引起美国教育界的极大重视,对美国教育发展起到了巨大的推动作用。随后,他的教育思想传到欧洲和日本,并通过日本于清朝末年传到我国。他的教育思想传到我国时,我国的新式学校正在发展。当时,广大教师不懂得如何进行班级授课,赫尔巴特的教育教学理论,特别是"五段教学法"给了国人很大帮助。当时我国的一些教学法书籍把"五段教学法"称为"启发式教学法"。的确,比起当时私塾和旧式学堂里死记硬背的教学方法,"五段教学法"是很先进的,是"启发式"的。

赫尔巴特的教育思想过分强调教师的作用、书本的作用,并把教学方法绝对化、形式主义化,认为其在任何学科、任何教材中都同样适用,这就在一定程度上限制了学生主动性、积极性的发挥。后世教育学者将以赫尔巴特为代表的教育学流派称为"传统教育学派",将以杜威为代表的教育学流派称为"现代教育学派"。传统教育学派形成了教师中心、教材中心、课堂中心的教育观;而现代教育学派则形成了儿童中心、活动中心、经验中心的教育观。

在这一阶段,教育学已经从哲学中分化出来,形成了独立的体系,出现了一系列理论体系比较完整的教育论著。但是由于历史和阶级的局限,从整体上来看,这些论著所体现的理论和论证方法尚未真正达到科学化的程度。

真题再现

【2012年上半年教资考试（中学）真题·选择题】以美国教育家杜威为代表的现代教育派提出的"三中心"是（　　）。

A. 儿童、教材、活动　　　　　　B. 教师、活动、经验
C. 儿童、活动、经验　　　　　　D. 教师、经验、教材

【2019年上半年教资考试（中学）真题·选择题】传统教育学派代表人物赫尔巴特主张的"三中心"是指（　　）。

A. 教师中心、教材中心和课堂中心　　B. 儿童中心、经验中心和活动中心
C. 管理中心、活动中心和教学中心　　D. 管理中心、服务中心和教学中心

三、教育学的多元化发展阶段

19世纪末20世纪初，随着世界各国发生社会转型，教育实践开始由教师中心转向儿童中心。瑞典儿童教育家爱伦·凯在其著作《儿童的世纪》中预言"20世纪是儿童的世纪"。欧洲掀起反对传统教育的新教育运动，美国继而兴起进步主义教育运动。在此背景下，以赫尔巴特教育思想为代表的教育学受到教育实践和思想界的批判，被斥为"传统教育学派"。同时，随着哲学、心理学、社会学等学科的发展，在不同理论和学科基础上发展起来的教育学开始在相互对峙和批判中不断发展，教育学的发展逐渐呈现出多元化的景象。实验教育学、批判教育学、实用主义教育学等不同的教育学派由此产生。

（一）实验教育学

实验教育学是19世纪末20世纪初在欧美一些国家兴起的用自然科学的实验法研究儿童发展及其与教育的关系的理论，其代表人物有德国教育学家恩斯特·梅伊曼和威廉·奥古斯特·拉伊，代表作有梅伊曼的《实验教育学纲要》及拉伊的《实验教育学》。他们一反此前的理论主义研究传统，把实验心理学的观察、实验、统计方法引入了教育学研究，倡导通过科学意义上的观察、实验方法得出有关教育上的种种认识。实验教育学的主要观点是：第一，反对以赫尔巴特教育思想为代表的强调概念思辨的教育学；第二，提倡把实验心理学的研究成果和方法运用于教育研究；第三，把教育实验分为三个阶段；第四，认为教育实验与心理实验的差别在于心理实验是在实验室里进行的，而教育实验则要在真正的学校环境和教学实践活动中进行；第五，主张用实验、统计和比较的方法探索儿童心理发展过程的特点及儿童智力发展水平。实验教育学所强调的观点和定量研究成了20世纪教育学研究的一个重要范式，得到了广泛的应用和发展。但由于受实证主义和自然科学研究方法的影响，其倡导的教育实验方法也有一定的局限性。

真题再现

【2009年考研真题·选择题】19世纪末20世纪初，德国教育家梅伊曼和拉伊创立的教育学说是（　　）。
A. 实验教育学　　　　　　B. 文化教育学
C. 批判教育学　　　　　　D. 科学教育学

（二）批判教育学

批判教育学是20世纪70年代之后兴起的一种教育思潮，也是当前在西方教育理论界占主导地位的教育思潮，对诸多教育问题的研究都有比较广泛和深刻的影响。其代表人物主要有巴西的保罗·弗莱雷，美国的鲍尔斯、阿普尔，法国的布迪厄等；代表作主要有弗莱雷的《被压迫者教育学》，鲍尔斯、金蒂斯的《资本主义美国的学校教育》，布迪厄的《教育、社会和文化中的再生产》，阿普尔的《教育与权力》，吉鲁的《批判教育学、国家与文化斗争》等。

批判教育学的基本观点有：第一，当代资本主义的学校教育并未像实用主义教育学所宣称的那样是一种民主的建制和解放的力量，是推动社会公平和实现社会公平的强有力手段和途径；相反，它是维护现实社会的不公平和不公正，是造成社会差别、歧视和对立的根源。第二，之所以会出现这种现象是因为教育与社会是相对应的，有什么样的社会政治、经济和文化就有什么样的学校教育机构，社会的政治意识形态、文化样态、经济结构都强烈地制约着学校的目的、课程、师生关系和评价方式等。第三，人们已经对这种事实上的不平等和不公正丧失了"意识"，将之看成自然的事实，而不是某些利益集团故意制造的结果。第四，批判教育学的目的就是要揭示看似自然的事实背后的利益关系，帮助教师和学生对自己所处的教育环境及形成教育环境的诸多因素敏感起来，即对他们进行"启蒙"，从而达到"解放"的目的。第五，教育现象不是中立的、客观的，而是充满利益纷争的，因此教育理论研究不能采取唯科学主义的态度和方法，而要采取实践批判的态度和方法，通过真实的教育行动揭示具体教育生活中的利益关系，使之从无意识的层面上升到意识的层面。

真题再现

【2012年考研真题·选择题】关注和探寻"谁控制学校""谁制定学校管理的政策""谁决定教育的伦理、社会和经济目标""谁设置课程"的教育理论流派是（　　）。

A. 制度教育学　　　　　　　　B. 改造主义教育理论
C. 存在主义教育理论　　　　　D. 批判教育学

（三）实用主义教育学

实用主义教育学是19世纪末20世纪初在美国兴起的一种教育思潮，对20世纪整个世界的教育理论与实践都产生了极大的影响。其代表人物主要有美国的教育家杜威和克伯屈；代表著作有杜威的《民主主义与教育》《经验与教育》，克伯屈的《设计教学法》。

杜威是美国哥伦比亚大学师范学院的教授、进步主义教育运动的代表、实用主义教育理论的主要建构者。杜威曾于1919—1921年访华，在中国他发表了大量的教育演讲，对中国教育产生了重大的影响。

杜威的教育思想着意解决三大教育问题：教育与社会的脱离、教育与儿童的脱离、理论与实践的脱离。实用主义教育学是在批判以赫尔巴特为代表的传统教育学的基础上形成的，其主要观点有：第一，教育即生活，教育的过程和生活的过程是合一的，而不是为将来的某种生活做准备，这就是杜威的所谓"教育无目的论"，"教育的过程，在它自身以外没有目的，它就是自己的目的"，"我们探索教育目的时，并不是要到教育过程以外去寻找一个目的，使教育服从这个目的"。第二，教育即个人经验的增长，教育在于让学生在真实的情境中增长自己的经验，这是教育的最终目的。第三，学校即社会，学校是一个社会的雏形，学生要在其中学习现实社会中所要求的基本态度、技能和知识。第四，课程组织以学生的经验为中心，而不是以学科知识体系为中心。第五，师生关系以学生为中心，而非以教师为中心，教师只是学生成长的帮助者，而非领导者。

杜威的教育思想对当时和之后的世界教育都产生了深远的影响。中国学者胡适在《杜威先生与中国》一文中，也提到："自从中国与西洋文化接触以来，没有一个外国学者在中国思想界的影响有杜威这样大。"可以看出，杜威是教育学史上一个里程碑式的人物。

拓展阅读

杜威与陶行知教育思想的异同

陶行知（1891—1946），安徽省歙县人，我国近代著名的教育家、思想家。陶行知是杜威的学生，他曾于1915年到1917年留学美国哥伦比亚大学师范学院，师从杜威。1917年陶行知回国后，提出了迥异于杜威的教育思想，即生活教育理论。

陶行知生活教育理论的三大原理是"生活即教育""社会即学校""教学做合一"。这与杜威提出的"教育即生活""学校即社会"截然相反，"翻了个跟头"。

陶行知认为生活即教育，过什么生活便是受什么教育：过好的生活，便是受好的教育；过坏的生活，便是受坏的教育。生活教育与生俱来，与生同去。出世便是破蒙，进棺材才算毕业。陶行知认为杜威的"教育即生活"是把社会引入学校，是在鸟笼里造一片树林，使生活失其真。他提倡一种把鸟儿从鸟笼放回树林的教育。

那么师从杜威的陶行知，其教育思想为什么要"翻个跟头"呢？其主要原因在于我国当时国情与美国存在巨大差别。当时我国教育尚不普及，80%以上的人都是文盲，多数人不能入学。在这种情况下，倡导"教育即生活"，主张让学校变成社会就是"无根之木"，没有社会基础。因此，陶行知回国后，结合我国实际提出了他的生活教育理论。

当然，陶行知对杜威的教育思想是有继承的。比如，陶行知也同样强调在"做中学"，只不过将其发展为"教学做合一"。1927年，陶行知在劳山脚下创办晓庄试验乡村师范学校，以"教学做合一"为校训，带领师生用自己的双手盖起茅房校舍，为大礼堂题名"犁宫"，并将图书馆命名为"书呆子莫来馆"，写下《自主歌》与师生共勉："滴自己的汗，吃自己的饭。自己的事自己干，靠人、靠天、靠祖上，不算是好汉！"

陶行知是教育学中国化的杰出代表。有学者高度评价陶行知，称赞他不仅是中华民族教育史上的一枝奇葩，也是世界教育之林的一面旗帜。

（四）马克思主义教育学

马克思主义教育学包括两部分内容：一部分是马克思、恩格斯以及其他马克思主义经典作家对教育问题的论述，也就是他们的教育思想；另一部分是教育学家根据马克思主义的基本原理对一系列现代教育问题进行研究的结果。除马克思、恩格斯等人经典的教育思想外，苏联和我国学者是马克思主义教育学的主要研究者和提倡者。

苏联一批教育家在确立和建设社会主义教育科学事业的过程中，运用马克思主义世界观和方法论阐释教育问题，逐渐形成了社会主义教育理论。苏联杰出教育家、列宁夫人克鲁普斯卡娅于1917年出版的《国民教育和民主主义》，是最早以马克思主义为基础探讨教育学问题的著作。加里宁的《论共产主义教育》，马卡连柯的《论共产主义教育》《教育诗》，凯洛夫的《教育学》等，都是马克思主义教育学的代表性著作。凯洛夫主编的《教育学》，总结了苏联20世纪二三十年代教育的经验，论述了全面发展的教育目的，并极其重视智育及教养的地位和作用，提出了一套比较严格和严密的教学理论。该书被公认为是世界上第一部马克思主义的教育学著作，对我国教育产生了很大的影响。

我国教育家杨贤江出版的《新教育大纲》（1930年）是我国第一部马克思主义的教育学著作，书中论述了教育的本质和作用，指明了教育是社会上层建筑之一，是营谋社会生活的手段，是阶级斗争的工具，揭露了旧教育的反动本质，起到了教育理论上的启蒙作用。

马克思主义教育学的基本观点是：第一，教育是一种社会历史现象，在阶级社会里具有鲜明的阶级性，不存在脱离社会影响的教育；第二，教育起源于生产劳动，劳动方式和性质的变化必然会引起教育形式和内容的改变；第三，现代教育的根本目的在于促进学生的全面发展；第四，现代教育必须与生产劳动相结合，这不仅是促进生产力发展的重要方法，也是培养全面发展的人的唯一方法；第五，在与政治、经济、文化等的关系上，教育一方面受它们的制约，另一方面又具有相对独立性，并反作用于它们，对促进社会政治、经济、文化等的发展具有巨大作用；第六，马克思主义唯物辩证法和历史唯物主义是教育学研究的方法论基础，我们既要看到教育现象的复杂性，不能用简单的态度和方法来对待教育研究，又要坚信教育现象是有规律可循的，否则就会陷入不可知论和相对论的泥坑。

教育学理论的多元化发展，反映出社会发展与教育发展对教育理论研究提出的新要求，也反映出教育学科本身的复杂性。教育学的各种理论流派是对社会需求的反映，同时，这些理论流派又在争鸣与互鉴中促进了教育学的发展。

真题再现

【2012年上半年教资考试（中学）真题·选择题】苏联凯洛夫主编的，以马克思主义为指导，系统研究教育问题，总结苏联20世纪20—30年代教育正反两方面经验，并对我国有着广泛影响的教育专著是(　　)。

A.《普通教育学》　　　　　　B.《大教学论》
C.《民主主义与教育》　　　　D.《教育学》

【2012年下半年教资考试（中学）真题·选择题】俄国十月革命胜利后，专门从事流浪犯罪儿童教育，著有《教育诗》《论共产主义教育》的教育家是(　　)。

A. 克鲁普斯卡娅　　　　　　B. 加里宁
C. 马卡连柯　　　　　　　　D. 凯洛夫

第二章　教育及其产生与发展

　　教育学是一门研究人类教育活动及其内在规律的学科，那么我们首先要考察的就是教育活动本身的内涵及其发展历程。因此，本章我们首先从教育的词源、概念、要素、形态、功能等方面去考察教育活动自身，了解什么是教育。此后，我们将对人类教育活动的大致发展历史进行考察。

第一节　认识教育

【学习目标】
1. 掌握教育的陈述类型与定义的类型。
2. 掌握教育的本质属性。
3. 了解教育的构成要素。
4. 了解教育的基本形态。
5. 掌握教育的功能分类。

　　教育是什么？这是教育学首先要回答的问题。本节我们从中西教育的词源、教育的概念、教育的要素、教育的形态和教育的功能等几个方面对教育进行考察，使学习者对教育有一个初步的印象。

一、教育的词源

（一）中国的"教育"词源

　　深入理解词语的一条重要途径就是对该词进行词源的考察，对"教育"一词的理解也不例外。中国古代主要使用"教"和"学"两个词述说教育。据考证，早在中国商代的甲骨文中就有了"教"和"育"的象形文字，他们分别写作 𝕏 和 𝕏。

　　甲骨文的"教"即"𝕏"。其左上角的符号"爻"，是《易经》中的一个卦象，可以引申为人类累积起来的生产生活经验，即教育内容；左下角的符号代表小孩；右边的符号代表成年人手持鞭子或棍子，意思是成人手拿教鞭。中国古代文字属于象形文字，因此"教"的甲骨文含义就是成人手拿教鞭压迫、监督小孩学习。可见，教的本义为学习者在教育者的示范和鞭策下学习、觉悟。许慎的《说文解字》将其解释为"上所施，下所效也"。

甲骨文的"育"即"𠫓"，其左侧为母亲，右侧为头朝下的孩子，整个字形表示成熟女性将婴儿从母体中分娩出来。"育"的本义为分娩，但是后来引申为养育、培养的意思。许慎在《说文解字》中将其解释为"育，养子使作善也"。

在古代教育中，最早将"教"和"育"两字用在一起的是孟子，他在《孟子·尽心上》中提出"得天下英才而教育之"的人生乐趣。但是在实践中，"教"与"育"两字并不是一个整体的词汇，古代教育多单独使用"教"或"学"来指代教育问题。使用"学"来指代教育的情况更为普遍，我国古代教育的话语体系是以"学"为本的。比如古代关于教育的著作多以"学"为名：《学记》《劝学》《大学》《进学解》；即使到了清末也是如此，比如当时政府成立的主管教育的机构被称作"学部"，在地方上则有"劝学司""劝学所"。直到20世纪初，"教育"一词从日本转译过来，取代了传统的"教"与"学"，从而成了我国教育学的一个基本概念。这是我国传统的以"学"为中心的教育话语体系向现代以"教"为中心的话语体系转换的一个标志。

（二）西方的"教育"词源

英语、法语和德语的"教育"（education），都起源于拉丁文"educare"。educare 由前缀 e 和词根 ducare 组成。前缀 e 有"从……引出"之意，而词根 ducare 有"带领和引导"之意。总而言之，"教育"就是采用一定手段，把某种本来就潜藏于人身上的东西引导出来，使其从一种潜质转变为现实。

从以上关于"教育"的词源分析可以看出：在中国，"教育"的词义偏重教育目的和内容，强调使用严厉的方法让学生学习，认为教育的目的在于使人为善，儿童需要在大人的棍棒监督之下习字学文、从德从善；而在西方，"教育"则隐含着儿童性本善之意，教育只需要对儿童的天性加以引导。当然，中西教育观各有利弊：中国这种传统的规训式的教育，在帮助学生掌握知识方面具有极大的优势；而西方教育重视学生学习的主体性，更有利于学生个性的发展。当然，中国传统的教育方式培养出来的学生也并非只会"死记硬背"，不能给中国传统教育贴上"死记硬背"的标签，我们应当树立文化自信、教育自信，加强对中国教育传统的研究与运用。

二、教育的概念

（一）教育概念的类型

教育实践活动的纷繁复杂导致人们对教育内涵形成了多种多样的认识，难以统一。

学界对于教育，也存在多种定义方式。美国分析教育哲学家谢弗勒在其代表作《教育的语言》（1960年）一书中提出了三种关于"教育"的陈述类型，即教育定义（教育术语）、教育口号、教育隐喻。教育定义是指对一种事物的本质特征或一个概念的内涵和外延的确切而简要的说明。教育定义旨在揭示教育的本质、内在意涵与外部特征。教育定义帮助人们认识和理解"教育是什么"，一般具有清晰的含义及较为明确的规定。教育口号是在特定的社会时空环境下，政府或权威机构、组织以及个人根据不同的教育目的和思想理念，提出符合本机构、组织及个人利益或思想的非系统化、简练、明晰、通俗易懂，并富有宣传和鼓励作用的公共言语。教育口号通常是非系统化的存在，因其朗朗上口，在传播方面具有独特优势，具有简约性、情境性和导向性等特征。例如，我国常见的一些教育口号有"百年大计，教育为本""育人为本，德育为先""人民教育人民办，办好教育为人民"等。教育隐喻是指运用比喻或暗喻的手法说明教育中的某些现象，比如我们常讲的"教育陶冶人的心灵""教学就是助产""教师是人类灵魂的工程师"等。

谢弗勒认为教育定义可分为三种类型：规定性定义（stipulative definition）、描述性定义（descriptive definition）和纲领性定义（programmatic definition）。所谓规定性定义，即作者自己所创制的定义，其内涵在作者的某种话语情境中始终是同一的。也就是说，不管其他人是如何定义某个词的，"我"就是这么定义的，并且"我"将始终在"我"定义的意义上来使用这个词。所谓描述性定义，是指对被定义对象的适当描述或对如何使用定义对象的适当说明。所谓纲领性定义，是一种有关定义对象应该是什么的界定。谢弗勒有关定义方式的区分，为我们研究纷繁多样的教育定义提供了一个逻辑视角。但事实上，任何关于"教育"的定义往往都同时具备"规定性""描述性"和"纲领性"，这也凸显了"教育"定义的复杂性、多样性和歧义性。

（二）教育概念的内涵与外延

真题再现

【2020年考研真题·选择题】联合国教科文组织为了便于统计和比较各国教育事业的发展状况，对"教育"及其相关变量进行了操作性界定。根据谢弗勒有关教育定义的分类，这种界定属于（　　）。

A. 描述性定义　　　　　　　　B. 纲领性定义
C. 功能性定义　　　　　　　　D. 规定性定义

【2021年考研真题·选择题】习近平总书记指出，广大青年要自觉践行社会主义核心价值观，勉励青年"人生的扣子从一开始就要扣好"。从教育语言上讲，这一生动表述属于（　　）。

A. 教育定义　　B. 教育术语　　C. 教育隐喻　　D. 教育话语

要弄清楚教育的概念，就需要明晰教育概念的内涵与外延。教育概念的内涵就是概念所要反映的对象的特有属性或本质属性，即教育是什么。而教育概念的外延是指概念所要反映的具体本质属性的对象（教育所指的对象范围），即什么是教育。

1. 教育的内涵

教育是什么？教育的本质是什么？有人认为教育的本质属于上层建筑；有人则认为教育是生产力，或认为其既是上层建筑又是生产力。还有人认识到教育的本质太复杂，干脆把教育的本质定义为一种特殊范畴，等等。但这些看法并不能把教育与其他上层建筑或生产力区别开来，因此这些并非教育的内涵和本质。教育是一种有目的地培养人的社会活动。这是教育区别于其他现象的基本特征，这是教育的本质属性，也就是教育的内涵。

2. 教育的外延

教育这一概念适用的范围，要求将教育的本质作为一个标准，在现实世界中找到相应的教育对象。一般情况下，我们将教育的概念分为广义和狭义。广义的教育指凡是能增进人们的知识和技能、影响人的思想品德、提高人的认识能力、增强人的体质、完善人的个性的一切活动。这种活动不论是有组织的还是无组织的，是有计划的还是无计划的，是系统的还是零散的，是有教育者教导的还是自我教育的，都是教育。而狭义的教育主要是指专门组织的不断趋向规范化、制度化和体系化的教育，主要指学校教育，即教育者根据一定社会（或阶级）的要求，有目的、有计划、有组织地对受教育者的身心施加影响，把他们培养成一定社会所需要的人的活动。

（三）教育的本质属性和社会属性

1. 教育的本质属性

教育的本质属性就是教育的内涵。教育是一种有目的、有意识地培养人的社会活动。这是教育区别于其他现象的根本特征，是教育质的规定性。理解了这一点就能理解为何教育是人类所独有的社会现象。

动物界存在的"老鹰教小鹰飞翔""猴妈妈教小猴子爬树""鸭妈妈教小鸭游泳"等现象是不是教育现象呢？我们认为在动物界，特别是高等动物的代际确实存在着与人类社会的"教"和"学"类似的现象，但两者不能等而论之，动物的这类行为与人类有着本质区别。

第一，动物对后代的爱护、照顾和哺育活动是一种本能需要。这种本能源于先天（遗传）固有的无条件反射联结，是动物适应自然环境的一种手段。而人类教育发生的基础不是本能的需要，而是人的主体性所意识到的社会需要。虽然人也有爱护和抚育后代的本能，但这种本能不是人类教育的出发点，也不是人类从事教育活动的根本力量。

第二，由于没有语言和意识，动物既不能把自己的经验积累起来向同类传授，也不能把自己的经验概括类化，使之成为同类共享的财富。而人类由于具有语言和意识，能够把自己的经验积累起来，用通行的语言或通过身体传授给同伴；也可以依靠语言和文字，使个人经验从只能意会不能言传的"隐性经验"转化为人类共享的"显性经验"。

第三，动物中所谓的"教育"（如果一定要称之为教育的话）主要是为了解决动物个体在自然环境中的适应和生存问题，而人类的教育一开始就建立在主体意识的基础之上，不仅仅是为了解决个体生存和适应环境的问题，主要是出于改造环境和发展自身的需要。

从猿到人的转变是由于生产劳动。猿在劳动中逐渐形成以大脑和手为核心的主体机制。大脑可以思考，手可以操作，这就使人区别于一般动物而变成社会性的"高级动物"。社会性和活动的意识性是人类与动物的本质区别，动物界存在学习活动，但是不存在教育。

真题再现

【2015年下半年教资考试（中学）真题·选择题】教育的本质特点是（　　）。
A. 影响人的身心发展　　　　　　B. 促进社会发展
C. 有目的地培养人　　　　　　　D. 完善人的自身生产

【2020年下半年教资考试（中学）真题·辨析题】母猴带着小猴爬树也是教育。

【2014年上半年教资考试（中学）真题·选择题】人类的教育活动与所谓的动物的教育活动的根本区别是，人类的教育活动具有（　　）。
A. 自然性　　　B. 社会性　　　C. 生产性　　　D. 适应性

2. 教育的社会属性

第一，教育具有永恒性。教育的永恒性是由教育本身的职能决定的。教育是人类所特有的社会现象，只要人类社会存在，教育就会存在。

第二，教育具有历史性。教育是一定历史时期的产物，反映一定历史时期的特点。在不同的社会或同一社会的不同历史阶段，教育的性质、目的、内容等各不相同。比如，封建时期的教育具有封建性、等级性等封建社会的特征。

第三，教育具有相对独立性。教育具有自身的运行规律和发展特点。教育受一定社会的政治经济等因素制约，作为一种培养人的社会活动，教育有其自身的规律，具有相对独立性。此外，教育的相对独立性还表现在特定的教育形态不一定跟其当时的社会形态保持一致，可能存在教育"超前"或"滞后"的现象。具体表现在：教育具有自身质的规定性、历史继承性、教育与社会生产力和政治经济制度发展的不平衡性。

真题再现

【2016年下半年教资考试（中学）真题·选择题】教育是新生一代成长与社会生活延续和发展不可缺少的手段，为一切人和一切社会所必需，并与人类社会共始终，它表明教育具有（　　）。

A. 永恒性　　　　B. 历史性　　　　C. 阶段性　　　　D. 生产性

【2018年下半年教资考试（中学）真题·选择题】在旧的社会制度下，可能出现新教育的萌芽；在新的社会制度下，也可能存在旧教育的延续。这种现象表明教育发展具有（　　）。

A. 相对独立性　　B. 历史局限性　　C. 社会制约性　　D. 社会能动性

三、教育的要素

教育作为促进人类发展的社会实践活动，是一个相对独立的社会系统，其构成十分复杂。认识教育的基本要素，对我们更加深入地学习教育理论、全面深刻地认识教育现象十分重要。教育的基本要素主要包括：教育者、学习者、教育影响。

（一）教育者——教育活动中教的主体

"教育者"就是从事教育活动的人。由于"教育"的定义有广义和狭义之分，所以人们对"教育者"也有不同的认识。如果从广义的角度来看，一切能够增进人们知识和技能、影响人们思想品德的活动都是教育，那么任何人都是教育者。因为任何人在日常生产和生活中总会通过各种途径对他人的态度、知识、技能及思想品德产生影响。在这个意义上，我们可以说父母是教育者，也可以说政治家是教育者，还可以说身边对自己有影响的人都是教育者。如果从狭义的角度来看，即从学校教育的角度来看，教育者主要就是指那些拥有教师职业身份的人。

教育者是教育活动的主导者，是构成教育活动的支撑性要素。教育是教育者有目的、有计划、有组织地向受教育者传递生产经验和社会生活经验，使其得到培养的活动。因此，离开了教育者，就不存在教育活动。

（二）学习者——教育活动中学的主体

学习者是指在各种教育活动中以学习为基本任务的人，既包括在各级各类学校中学习的儿童、少年和青年，也包括在各种形式的成人教育组织中学习的成年人。学习者是教育的对象，是教育过程中学习和发展的主体。教育是因人学习和发展的需要而产生的，教育活动如果没有学习者因学习需要而引发的主体意识和积极参与，就不会获得实质的教育效果。所以，学习者是构成教育活动的驱动性要素，离开了学习者，教育活动便难以发生和展开。

（三）教育影响

教育影响即教育活动中教育者作用于学习者的全部信息，既包括信息的内容，也包括信息的选择、传递和反馈的形式，是形式与内容的统一。教育影响又包括教育内容与教育手段。

1. 教育内容——教育活动中师生共同认识的客体

教育内容是学校基于一定社会生产力和科学技术的发展水平，向学生传授的知识和技能、灌输的思想和观点、培养的行为和习惯的总和。

教育内容的组成丰富多彩。从其涉及的范围来说，它包括人类社会各个领域的知识、经验和技能技巧；从其价值来说，它具有发展人的智慧、品德、体力、审美能力和劳动能力的重要作用；从其表现形态来说，它有物质的、符号的、精神的、行为的等不同类型。因此，虽然教育内容在学校教育中的主要表现形式是课程标准和教材，但我们不能把教育内容与学校的课程内容等同起来，也不能把教育内容等同于教材。实际上，课程内容和教材包含在教育内容之中，教育内容的内涵和外延要比课程内容和教材丰富得多。

2. 教育手段——教育活动的基本条件

教育手段是指教育者将教育内容传授给学习者时所借助的各种形式和条件的总和，它主要包括物质手段和精神手段。其中，物质手段主要指进行教育活动时所需要的一切物质条件，包括教育的活动场所和设施、教育媒体以及教育辅助手段等。精神手段主要指进行教育活动时所运用的各种非实质性手段，包括教育方法和教育途径。

人类的教育活动自产生之日起，就借助于一定的教育手段来进行，因此教育手段的演变和发展经历了一个较长的过程，而这一过程也可以从侧面反映教育的发展进程。人类最初的教育活动是在生产、生活的实践中进行的，这就决定了当时的教育手段主要是语言、示范和模仿，也就是所谓的"言传身教"。而随着教育活动的不断扩大和发展，人们对教育手段提出了新的要求。同时，人类社会物质文明和精神文明的发展也为多种新的教育手段的产生提供了必要的条件。在口头语言盛行数十万年之后，"文字"诞生了，口头语言阶段"口耳相传"的单一教育方式被文字和随之而生的书写技术替代。文字的发明对人类文明的进化及社会发展起到了举足轻重的作用。人类将长期积累下来的直接经验以文字的形式记载下来，进行广泛传播。文字更是学校教育产生的前提和基础。

造纸术和印刷术的发明与应用，更是使教育的手段得到进一步的发展，使信息的储存、复制以及传播方式又上了一个新的台阶。到了19世纪末，得益于科学技术的迅速发展，计算机、电视、电影、录音、广播等电子媒体出现了。这一系列电子媒体在处理和传递信息方面彻底颠覆了传统媒体，使便捷成为信息传播最突出的特点。与此同时，它们的出现更是改变了传统教育的师生交互方式，大大丰富了学习资源，减少了学习成本，使师生关系跨越时空，实现了实时和非实时的双向互动，使随时随地学习成为可能。

今天，在这个互联网大发展的时代，信息传播量大、速度快、影响范围广，教育也深受这些变化的影响，教育活动从简单的"书写"行为转变为"网络互动"行为，教育手段多样化、便捷化。平板电脑、智能手机、慕课、微课、翻转课堂等新鲜事物相继出现。

回顾教育手段的演变历程可以发现，每一次教育手段的发展变化都会给教育带来深刻的变革，从而使教育呈现出新的面貌。当然，教育手段的变化带来的不仅是方便，也有不好的冲击。1982年，美国传播学者尼尔·波兹曼继《娱乐至死》《技术垄断》后推出《童年的消逝》一书，警告世人在现代传媒的冲击下儿童的童年在消逝。在文字出现之前，儿童和成人都是依靠口耳相传来获取知识，当时虽然也有儿童，但童年的概念并不存在。印刷术使儿童与成人区别开来，识字能力成为区分成人和儿童的重要标志。儿童需要通过读书来变为成人，童年需要与书籍相伴。"童年"的概念因活字印刷术的发明与书籍的普及被创造出来，从某种意义上讲，是印刷术创造了"童年"。电子媒介的产生与流行又使"童年"概念逐渐衰落，甚至开始消逝。电视的出现让媒介利用通俗易懂的图像与全新的传播模式，向儿童一览无余地呈现原本只属于成人的秘密，将他们不曾提出的问题的答案一股脑儿地灌输给他们。如今，儿童与成人在语言行为、饮食习惯、休闲娱乐等诸多方面日趋同质。

通过对教育基本要素的分析可以看出，教育者、学习者和教育影响都是开展教育活动必不可少的要素。教育是由这三个基本要素构成的一种社会实践系统，是这三个基本要素的有机结合。各个要素本身的变化，必然导致教育系统状况的改变。不同教育要素的变化组合，最终形成了多样的教育形态，担负起促使不同历史时期和不同社会环境下个体社会化和社会个性化的神圣职责。

四、教育的形态

形态是指事物在一定条件下的形状和表现形式。教育形态是指由教育者、学习者、教育影响三个基本要素构成的教育系统在不同时空背景下的变化形式。依据教育活动的规范程度、活动场域，我们可以将教育分为不同的形态。

（一）正式教育与非正式教育

根据教育活动的规范程度，可以将教育的形态划分为正式教育和非正式教育。正式教育又可进一步分为正规教育和非正规教育。按照教育活动的规范程度由低到高排序，依次是非正式教育、非正规教育、正规教育。

在人类教育发展演变的早期，在学校教育制度还没有体系化的时候，教育多以非正式的形态出现。非正式教育是在日常生活、工作中进行的不具有结构性或组织性的自主、偶发性的学习活动。如与家人或邻里的自主交谈，在工作岗位和市场里进行的讨论，在图书馆、博物馆进行的读书或参观、考察活动，以及在一定场合进行的娱乐活动等。在非正式教育中，教育与生产或生活是高度一体化的，没有从日常的生产或生活中分离出来并成为一种相对独立的社会机构及制度化行为。如在古代社会，人们只能在生活的夹缝中学习，将学习融入生活，如负薪读书、带经而锄、挟策读书、高凤流麦、牛角挂书等勤学典故，都是古代读书人在艰苦条件下，边劳动边学习的例子，当时的教育多是非正式的、非制度化的。当下，随着学习型社会的建设和终身学习的日益受重视，非正式教育也越来越显示出它的重要性，由于其具有自主、灵活、范围广的特点，它在一定程度上弥补了正式教育的不足。

随着学校教育的发展，各级各类教育逐渐成为一种学校制度体系，教育就表现为制度化的正式教育形态。按照正式教育的规范程度，教育可分为正规教育和非正规教育。正规教育是指由教育部门认可的教育机构（学校）提供的有目的、有组织、有计划、由专职人员承担的、以影响入学者的身心发展为直接目标的全面系统的训练和培养活动。正规教育有一定的入学条件和规定的毕业标准，通常在教室（课堂）环境中进行，使用规定的教学大纲、教材，其特点是具有统一性、连续性、标准化和制度化。而非正规教育是对正规教育的一种补充，在我国非正规教育更多是指各种成人教育、继续教育活动。非正规教育这一概念由美国学者菲利普·库姆斯在20世纪六七十年代提出。库姆斯认为，非正规教育是业已建立的正规教育体系以外的有组织的教育活动。《中国教育大百科全书》认为，非正规教育是在正规教育系统外进行的有组织、有计划的教育活动，即国家教育行政部门统一学制要求范围以外的各类教育活动，如扫盲、文化技术培训、政治学习、业务训练、专题讲座、岗位培训和继续教育等。正规教育与非正规教育同属正式教育，它们的共同特点是都符合一定手续或遵守一定规范，这也使它们区别于非正式教育。但非正规教育未充分制度化，一般不需要注册，不发文凭，不授学位，未完全常规化。

真题再现

【2009年考研真题·选择题】小明的爷爷当年就读于半工半读学校，半天读书，半天劳动，既学到了系统的文化知识，又掌握了劳动技能。他接受的教育属于（　　）。

A. 正规教育　　B. 半正规教育　　C. 非正规教育　　D. 业余教育

随着学校教育制度化程度不断增强，正规的学校教育也使得人们对自身的学习不自信，将个人的学习视为一种不可靠的行为，这反而会在一定程度上导致教育的"异化"。

20世纪六七十年代曾在美国兴起一股"去学校化运动"的理论潮流。该理论从根本上批判现代学校教育制度并要求彻底改革乃至取消学校制度。其代表人物主要为伊万·伊利奇,他在《去学校化社会》(1971)一书中指出:近代以来人类所建立的以"组织化""制度化"和"仪式化"为主要特征的学校体系,在总体上具有"压制性""同质性"和"破坏性",妨碍了真正的学习和教育,降低了人类自我成长的责任心,是导致许多人"精神自杀"的根源。真正的教育应该是创造性的,依赖于人对出乎意料的问题的惊奇、对事物的想象以及对生活本身的热爱。所有这些,都是现代叫作学校的地方所不能提供或满足的。因此,伊利奇认为应该彻底颠覆制度化的现代学校教育以及建立于其上的学校化社会,代之以"教育网络"。他所说的"教育网络"是一种开放的、多元的、生活化的教育系统,是"学校"的代用品,也是对学校这种制度化的教育的超越。

(二)家庭教育、学校教育和社会教育

根据教育活动赖以运行的空间特性,可以将教育形态划分为家庭教育、学校教育和社会教育。

1. 家庭教育

在学校教育还未普及的时候,家庭是一个人受教育的最为重要的场域。古代的私塾教育,实质上仍然是一种特殊的、间接的家教,是父母将子女委托给塾师进行教育。随着教育的普及,家庭教育虽然式微,但是家庭教育的作用依然不可忽视,家教对一个人性格、品德的影响是终身性的,更是学校教育无法取代的。我国有着良好且悠久的家庭教育风气,"养不教,父之过",传统社会的家庭十分重视家教、家风建设,留下了弥足珍贵的家教、家风、家训文化遗产。

当前我国十分重视和倡导家庭教育的建设,习近平总书记多次强调家庭教育的重要性,指出:"家庭是社会的基本细胞,是人生的第一所学校。不论时代发生多大变化,不论生活格局发生多大变化,我们都要重视家庭建设"[1],"家庭是人生的第一个课堂,父母是孩子的第一任老师。孩子们从牙牙学语起就开始接受家教,有什么样的家教,就有什么样的人。家庭教育涉及很多方面,但最重要的是品德教育,是如何做人的教育","家庭不只是人们身体的住处,更是人们心灵的归宿。家风好,就能家道兴盛、和顺美满;家风差,难免殃及子孙、贻害社会,正所谓'积善之家,必有余庆;积不善之家,必有余殃'"[2]。2021年7月,中宣部、中央文明办、中央纪委机关、中组部、国家监委、教育部、全国妇联印发《关于进一步加强家庭家教家风建设的实施意见》,推动家庭家教家风建设高质量发展。为了发扬中华民族重视家庭教育的优良传统,引导全社会注重家庭、家教和家风,增进家庭幸福与社会和谐,培养德、智、体、美、劳全面发展

---

[1] 习近平:《在2015年春节团拜会上的讲话》,《人民日报》,2015年2月18日第2版。
[2] 习近平:《在会见第一届全国文明家庭代表时的讲话》,《人民日报》,2016年12月16日第2版。

的社会主义建设者和接班人，2022年1月1日《中华人民共和国家庭教育促进法》正式施行，我国家庭教育进入有法可依的阶段。我国将家庭教育由传统的"家事"上升为新时代的重要"国事"，意义深远，通过制度设计，加强家庭家教家风建设，以小家推动大家，以家风养成推动民风、社风建设，通过立法树立家庭是第一个课堂、家长是第一任老师的责任意识，真正实现学校教育和家庭教育相互配合，家庭教育将不再是学校教育的附庸，家长不是成长教育的旁观者。

2. 学校教育

学校教育即社会通过学校对学习者的身心施加的一种有目的、有计划、有组织的影响，以使学习者发生预期变化的活动。学校教育作为一种独立的教育形态，具有以下四个特点。

第一，较强的目的性、系统性和组织性。学校教育有特定的教育目的，有自己明确的教育方向，有自己的组织机构和相关的职能部门，具有严格的组织纪律性。第二，较强的可控性。学校教育是有目的、有计划、有组织的，其教育途径、教育手段和教育媒介都受到一定部门和教育者的控制和掌握。第三，注重教育的专业性。学校教育是由专门的机构和专职人员承担的，学校教育的任务是培养人，学习者需要取得入学资格。第四，教育时空的集中性和效率性。学校的课程设置、教材编写立足于人类文明的精华，专职教师运用科学合理的方法进行知识的传授，使学习者在相对短的时间里高效率地掌握文化知识及一定的道德观念，表现出比非正规教育更高的效率。

正是由于这些特征，学校教育才成为一种主导性的现代教育形态。

3. 社会教育

社会教育是以社会所有个体为对象，在正规学校以外的领域，通过提供包括政治、经济、文化和生活在内的内容丰富、形式多样的教育活动，促进个体身心健康、提高个体社会适应能力的教育活动。广义的社会教育泛指整个社会中存在的一切形式的教育；狭义的社会教育则指由政府、公共团体或私人通过设立社会文化教育机构或设施，对社会全体成员进行的除学校教育和家庭教育外的有目的、有系统、有组织的教育活动。

社会教育作为一种教育形态，是随着人类社会的产生而产生的，如原始社会人们定期举行的各种宗教仪式或者各种礼仪活动，奴隶制社会产生的一些祭祀、教育机构（如辟雍、泮宫），都具有社会教育的意义。进入封建社会，国家通过多样化的手段来进行社会教化：除重视学校教育外，还注重通过家训、家规来对子女进行训诫和教导；通过族规和乡约等对族人和乡民进行教化；通过各种日常读物，如我们所熟知的《三字经》《千字文》《神童诗》来对世人进行熏陶教化；通过说唱文学、戏剧等内容渗透教化；等等。总之，我国古代社会教化的方式多种多样，整个社会都可以成为进行教化的场所，无处不包含教化的意味。

近代以来，在西方文化的影响下，我国逐步建立起了比较系统的学校教育制度，但社会教化并未中断，古代的社会教化逐渐被近代的社会教育取代。社会各界充分利用有限的资源对民众进行社会教育，比如民国时期各地均建有民众教育馆；政府重视社会教育，比如民国时期的教育部曾设立社会教育司来推动全国的社会教育。新中国成立后，我国大力开展扫盲与普及教育的运动。随着扫盲任务的完成，学校教育逐渐成为教育的主流和主导，社会教育在一定程度上旁落。当前，随着我国终身教育体系的逐步建立和学习型社会建设目标的提出，我国的社会教育已越来越受到重视。

五、教育的功能

教育的功能是指教育对人的发展和社会发展所能够起到的影响和作用。教育的功能不同于教育的价值。教育的价值是教育应该发挥的作用，而教育的功能是教育能够发挥和实际发挥的作用。教育的价值是人们对"好"教育的一种期待，反映了"理想的教育应该干什么"，而教育功能体现的是实效，反映了"应该干什么"的教育在实践中"实际干了什么"，是否实现了预期的价值。按照不同的分类标准，教育的功能呈现出不同的类型。

（一）个体功能和社会功能

从教育作用的对象看，可以把教育的功能分为个体功能和社会功能。

个体功能是教育对个体的生存和发展所产生的作用和影响。教育作为一种培养人的活动，促进人的发展既是教育存在的价值，也是教育的根本追求。所以，教育的功能首先体现为促进个体发展的功能，即在促进个体从一个自然人转变为社会人的过程中所起的作用。正因为教育发挥着促进个体发展的作用，所以才使得个体能够在社会中生存和生活。虽然不同时期人才培养的质量与规格有所不同，但教育促进个体发展的功能永远不会变。

社会功能是教育对社会的稳定、运行和发展所产生的作用和影响。教育作为一个社会子系统，对其他子系统，诸如政治、经济、文化以及人口、生态、科技等都会产生相应的作用和影响，这就是教育的社会功能。教育的社会功能主要是推动社会变迁和促进社会流动。教育的社会变迁功能是指教育通过提高人的素质、促进人的社会化、引导人的社会实践，使人不仅能够适应社会的发展，而且能够推动社会的改革与发展。教育的社会流动功能是指社会成员通过教育的培养、筛选和提高，能够在不同的社会区域、社会层次、职业岗位、科层组织之间转换、调整和变动，以充分发挥其个性特长，展现其智慧才能，实现其人生抱负。教育的社会变迁功能为社会流动功能的产生奠定了客观基础，并为其实现开拓了可能的空间。而教育的社会流动功能的实现程度，既是衡量社会变迁的价值尺度，又是推进社会变迁的动力。

真题再现

【2012年考研真题·选择题】现代学校作为一种社会机构,除了具有教育功能外,还派生出许多社会功能,其中包括(　　)。

A. 社会交往与照看功能　　B. 个体个性化与个体社会化功能
C. 选拔与社会分层功能　　D. 自我保存与自我更新功能

【2017年下半年教资考试(中学)真题·选择题】社会成员经由教育的培养、筛选和提高,可以在不同的社会区域、社会层次、职业岗位以及科层组织之间转换和调动。这种教育功能是(　　)。

A. 社会流动功能　　B. 文化传递功能
C. 社会改造功能　　D. 人口控制功能

(二)显性功能和隐性功能

从表面属性和外部特征来看,教育的功能可以划分为显性功能和隐性功能。

教育的显性功能指教育活动依照教育目的,在实际运行中所出现的与之相吻合的结果。促进人的全面和谐发展、促进社会进步等,就是教育显性功能的表现。教育显性功能的主要标志是计划性。而教育的隐性功能指伴随显性教育功能出现的非预期性的功能。隐性功能的显著标志是非计划性、非预期性,例如教师的行为方式、学校文化、社会环境等对学习者的影响。

教育的显性功能与隐性功能的区分是相对的,也是可以相互转化和利用的。教育者一旦意识到隐性功能的重要性,有意识地对其进行引导和利用,隐性功能就会转变为显性功能。教育虽然具有明确的目的,但不能成为强制和灌输,而要采用隐性的教育方式。所谓"随风潜入夜,润物细无声",就是要把显性的教育转化为隐性的教育,实现"大雪无痕"的育人效果。

(三)正向功能和负向功能

从教育作用的方向看,教育的功能可分为正向功能和负向功能。

教育的正向功能指教育有助于社会进步和个体发展的积极影响和作用。教育的育人功能、经济功能、政治功能、文化功能等往往是指教育正面的、积极的功能。在实施教育的过程中,要促进教育正向功能的实现,必须充分遵循社会发展和人的发展的客观规律。教育的负向功能是指由于教育与政治、经济发展不相适应,教育者的价值观念与思维方式不正确,教育内部结构不合理等因素,教育在不同程度上对社会和人的发展起阻碍作用。例如,清末科举制度已经不能适应当时我国对新型人才的需要,这种教育制度对整个国家和个人发展产生了一定的阻碍作用。严复在《救亡决论》中批评科举考试,指出"夫八股非自能害国也,害在使天下无人才。其使天下无人才奈何?曰:有大害三。其一害曰锢智慧……其二害曰坏心术……其三害曰:滋游手"[①]。

真题再现

【2008年考研真题·选择题】某班教师为了激发和保持学生的学习动机,开展了一系列学习竞赛活动。结果如教师所料,学生的学习热情高涨,成绩明显提高。但没有想到的是,学生之间相互猜忌、隐瞒学习资料等现象日益严重。上述事实表明,教育(　　)。

A. 既有正向显性功能,又有正向隐性功能
B. 既有负向显性功能,又有负向隐性功能
C. 既有正向隐性功能,又有负向隐性功能
D. 既有正向显性功能,又有负向隐性功能

【2018年考研真题·选择题】某家长认为目前学校课业负担过重,担心会影响孩子创造力和批判反思能力的发展,决定亲自给孩子上课。该事例说明学校教育具有(　　)。

A. 正向显性功能　　　　　　　　B. 负向显性功能
C. 正向隐性功能　　　　　　　　D. 负向隐性功能

第二节　教育的起源与发展

【学习目标】

1. 了解关于教育起源的几种学说。
2. 了解教育发展各个阶段的特点。
3. 了解当代世界教育发展的趋势。

教育从何而来,又有怎样的发展历程与趋势,这些是认识教育首先需要回答的问题。本节我们主要探讨教育的起源和教育的发展历程,并对教育发展的趋势进行概括。

一、教育的起源

教育的起源问题既是教育史研究中的一个重要问题,也是教育学研究中的一个重要

---

① 陈学恂:《中国近代教育文选》,人民教育出版社,1983年,第188页。

问题。对这个问题的深入研究具有极其重要的学术价值。在教育学史上,关于教育的起源问题学界有以下几种观点。

(一) 教育的生物起源说

该学说的代表人物是法国社会学家、哲学家利托尔诺与英国教育学家沛西·能。

利托尔诺从生物学的观点出发,把动物界的生存竞争和天性本能看成教育的基础。按照他的看法,动物是基于生存与繁衍的天性本能而产生了把"经验""技巧"传给小动物的行为的,这种行为便是教育的最初形式与发端。利托尔诺在《各人种的教育演化》一书中认为,教育活动不仅存在于人类社会之中,还存在于人类社会之外,甚至存在于动物界。他在其所著的《动物界的教育》一书中认为,教育是一种生物现象,教育起源于一般的生物活动。他说:"动物,尤其是略为高等的动物,完全同人一样,生来就有一种由遗传而得到的潜在的教育。"[1] 他根据对各种动物生活的观察,认为在动物世界里存在着如禽类中的母隼教幼隼、母鸭带雏鸭,兽类中的母熊教幼熊、雌象教幼象以及老兔教小兔等示范与学习行为。他甚至说:"在脊椎动物中,人们已经可以确认存在着有意识的教育。"[2]

英国教育家沛西·能 1923 年在不列颠协会教育科学大会上的主席演说词《人民的教育》中指出:"教育从它的起源来说是一个生物学的过程,不仅一切人类社会有教育,不管这个社会如何原始,甚至在高等动物中也有低级形式的教育。我们之所以把教育称之为生物学的过程,意思就是说,教育是与种族需要、种族生活相应的、天生的,而不是获得的表现形式;教育既无须周密的考虑使它产生,也无需科学予以指导,它是扎根于本能的不可避免的行为。"

教育的生物起源说是教育史上第一个正式提出的有关教育起源的学说,也是较早地把教育起源问题作为一个学术问题提出来的学说。这一学说以达尔文生物进化论为指导,虽然在教育起源问题上开始从神话解释转向科学解释,但其根本错误在于没有把握人类教育的目的性和社会性,从而没能区分出人类教育行为与动物类教育行为的差别。

(二) 教育的心理起源说

该学说的代表人物是美国的教育家保罗·孟禄。保罗·孟禄 1869 年生于印第安纳州,在芝加哥大学获得博士学位,是教育"心理起源论"的代表人物。

孟禄认为,原始教育形式和方法主要是日常生活中儿童对成人的无意识模仿。他在其著作《教育史教科书》中指出,原始社会的教育普遍采用的方法是简单的无意识的模仿。在这种原始共同体中,儿童对年长成员的无意识模仿就是最初的教育的发展。教育产生于儿童对成人的无意识模仿,而这种无意识的模仿不是习得性的,而是遗传性的,

---

[1] 瞿葆奎:《教育学文集 教育与教育学》,人民教育出版社,1993 年,第 159 页。
[2] 瞿葆奎:《教育学文集 教育与教育学》,人民教育出版社,1993 年,第 162 页。

是先天的而不是后天的，是本能的而不是文化的和社会的。只不过这种本能是人类的本能，而不是动物的本能，这是孟禄比利托尔诺和沛西·能进步的地方。

教育的心理起源说避免了教育的生物起源说的错误，提出模仿是教育起源的新说，有其合理的一面。模仿作为一种心理现象，作为一种学习方式，可被视为教育的多种途径之一。但孟禄的错误在于他把全部教育都归之于无意识状态下产生的模仿行为，不懂得人的一切活动都是在意识支配下产生的目的性行为，因而，他的这种观点仍然是错误的。

真题再现

【2016年下半年教资考试（中学）真题·选择题】美国学者孟禄根据原始社会没有学校、没有教师的史实，断定教育起源于儿童对成人的无意识模仿。这种观点被称为（　　）。

A. 交往起源说　　B. 生物起源说　　C. 心理起源说　　D. 劳动起源说

（三）教育的劳动起源说

教育的劳动起源说是苏联教育学者以恩格斯的《家庭、私有制和国家的起源》和《劳动在从猿到人转变过程中的作用》等著作为基础，在批判教育的生物起源说和心理起源说的基础上提出的。持这一观点的学者主要是苏联的教育学家以及我国的教育学家，代表人物有苏联的麦丁斯基和凯洛夫。教育的劳动起源说的主要内容是：生产劳动是人类最基本的实践活动，教育起源于生产劳动过程中经验的传递，生产劳动过程中的口耳相传和简单模仿是最原始和最基本的教育形式，生产劳动的变革是推动人类教育变革最深厚的动力。教育的劳动起源说较为科学地解释了教育的起源问题。

二、教育的发展

任何事物都有一个产生、发展的过程，教育也不例外。教育自产生至今，历经了原始社会、古代社会、近代社会和现代社会等多个不同的历史阶段，且由于不同阶段存在着生产方式和社会文化的差异，教育也会呈现出不同的性质和特征。

（一）原始社会的教育

原始社会是人类历史上最初的社会形态，也是一个漫长的历史阶段。它存在了两三百万年之久。那时，人类还不能正确认识种种自然现象和社会现象，仅仅产生了具有巫术性质的舞蹈和仪式性知识，生产力水平低下，没有剩余产品，没有私有制，没有剥削。原始社会的这种社会状况和生活方式，决定了原始社会的教育具有以下特征。

第一，原始社会的教育没有阶级性。当时的社会生产力水平十分低下，人们的劳动仅能维持最低限度的生活水平，没有剩余产品。生产资料公有，人们共同劳动，共享劳动成果，没有阶级，也没有剥削。这就决定了原始社会的教育没有阶级性，具体表现在教育具有同一性，即教育内容的同一、对象的同一和目的的同一。教育是全民性的，人人都享有平等的受教育权利，只是根据年龄和性别的不同在各自的分工和进行的教育上有所不同而已。比如男性以学习狩猎、农耕、渔牧为主，女性以学习采集为主。

第二，原始社会的教育主要是为生产劳动服务的。原始社会的生产力水平低下，为了满足基本的生存需求，人们不得不把精力都集中于生产劳动。这也就决定了教育活动是紧紧围绕生产劳动的，是为生产劳动服务的，主要传授制造和使用生产工具技能的内容。

第三，原始社会的教育是在整个社会生产和生活中进行的。原始社会的教育还没有从社会生产和生活中分化出来，还没有成为一种专门的活动，而是同生产实际以及其他社会活动紧密融合在一起的，是在生产实践中，以及政事、宗教和艺术等活动中进行的。年长的人在日常的生产和生活中把狩猎、采集、种植等多种生产技术和经验传授给年轻人，并对年轻人进行团结互助精神和社会风俗习惯的教育。

第四，原始社会的教育手段是极端原始的。原始社会没有文字，教育手段相当简单，主要是言传身教、口耳相传、以身示范和观察模仿。

（二）古代社会的教育

古代社会包括奴隶社会和封建社会两种社会形态，这两种社会形态都属于阶级社会。因此，虽然这两个社会历史阶段生产力和政治经济的状况各有不同，但相同的剥削阶级社会形态、类似的落后生产工具和自给自足的自然经济形态，使得这两种社会形态下的教育存在着一些共同特征。

1. 学校的出现与发展

学校教育的产生是人类社会发展到一定历史阶段的产物，也是人类教育发展过程中的重大飞跃。一般认为，在原始社会末期就有了学校的萌芽，但是，作为独立存在的社会实践部门的学校教育，则是在奴隶社会才出现的。学校教育的出现需要以下几个条件：第一，社会生产水平的提高，为学校的产生提供了必要的物质基础。生产力发展到能为社会提供相当数量的剩余产品，才使社会上有一部分人可以脱离生产劳动而专门从事教与学的活动。第二，脑力劳动与体力劳动分离，社会上出现了专门从事教育活动的知识分子。巫、史、卜、贞等就是我国历史上最早脱离生产的知识分子。脑力劳动与体力劳动的分离在相当长的历史时期内，具有推动文化教育发展与社会进步的作用，是学校产生的必要条件。第三，文字的产生和知识的记载与整理达到了一定程度，使人类经验的间接传递成为可能。第四，国家机器产生，需要专门的教育机构来培养官吏和知识分子。

一般认为，学校产生于奴隶社会，约在公元前3000年的美索不达米亚和埃及就出现了对儿童和青少年进行制度化教育的训练机构。我国在夏、商时期有了庠、序、校等施教机构，后来又设立了学、瞽宗、辟雍、泮宫等学校机构，到西周时期我国形成了国学与乡学的教育系统。学校的出现标志着人类正规教育制度的建立，使教育从一般的生产和生活中分化出来，成为一种独立存在的社会活动形式，极大地推动了教育的发展。

到封建社会，学校体制趋于完备。例如，唐代已有相当完备的学校体系，京都有讲授儒学的弘文馆、崇文馆、国子学、太学、四门学；讲授律学、书学、算学、医学、天文学等专门学校；地方有按行政区划分的府、州、县学和由私人办的乡学。在西方，古希腊的斯巴达、雅典产生了文法学校、弦琴学校、体操学校以及青年军训团等教育机构。古埃及产生了宫廷学校。中世纪的欧洲出现了教会学校、宫廷学校以及城市大学、行会学校。

2. 鲜明的阶级性与严格的等级性

由于阶级的产生，学校一开始就被剥削阶级垄断，成为阶级统治的工具。统治阶级把控着教育权，学校成为培养奴隶主阶级和封建统治阶级需要的人才的专门场所，劳动人民被剥夺了受教育的权利，这使学校教育具有鲜明的阶级性。例如：我国古代的"学在官府""礼不下庶人，刑不上大夫""上品无寒门，下品无世族"；唐代在中央设有"六学二馆"，"六学"中的国子学，仅收文武三品以上官员的子女。又如，在古代欧洲出现了斯巴达和雅典两种教育体系，古代雅典教育的目的是培养有文化修养和多种才能的政治家和商人，注重人身心的和谐发展，教育内容比较丰富，教育方法也比较灵活；但是斯巴达将教育当作国家极为重要的事业，教育完全由国家控制，教育的唯一目的就是培养体格强壮的军人和武士，强调军事体育训练和政治道德灌输，教育内容单一，教育方法也比较严厉。不管是雅典培养哲学家的教育还是斯巴达培养军人的教育，实质上都是在培养奴隶制度的统治者和维护者。

真题再现

【2015年上半年教资考试（中学）真题·选择题】古希腊斯巴达的教育目的是培养（　　）。

A. 演说家　　　　　　　　B. 智者
C. 军人和武士　　　　　　D. 全面和谐发展的人

【2019年下半年教资考试（中学）真题·选择题】我国唐代中央官学设有"六学二馆"，其入学条件中明文规定不同级别官员的子孙应进入不同的学校。这主要体现了我国封建社会教育制度的哪一特征？（　　）。

A. 继承性　　B. 等级性　　C. 历史性　　D. 民族性

3. 古代学校教育与生产劳动相脱离，具有非生产性

古代社会的生产力水平还很低，处于小农经济、小手工业生产的状态，劳动者无须接受学校教育就可以参加生产劳动，同时由于封建统治者十分鄙视生产劳动，从而使学校教育逐渐脱离生产劳动和社会实践。我国古代社会的教育具有"重道轻器"的特点，对于具有实际功用的技艺性的知识持鄙视的态度，认为这是"奇技淫巧"，不足一谈。《论语》中樊迟问稼的故事就是很好的例子。樊迟请学稼，子曰："吾不如老农。"请学为圃，曰："吾不如老圃。"樊迟出。子曰："小人哉，樊须也！上好礼，则民莫敢不敬；上好义，则民莫敢不服；夫如是，则四方之民襁负其子而至矣，焉用稼？"我国古代社会的教育主要是讲授"四书五经"等儒家经典，强调规范人的伦理道德。西方国家在教育内容上则偏重对人的理性的培养，比如西方教会学校把"七艺"——文法、修辞、辩证法、算术、几何、天文、音乐作为主要内容，这些知识对西方科学技术的发展有积极的作用。

真题再现

【2016年下半年教资考试（中学）真题·选择题】孔子曰："上好礼，则民莫敢不敬；上好义，则民莫敢不服；夫如是，则四方之民襁负其子而至矣，焉用稼？"这段话表明孔子的施教内容（　　）。

A. 具有灵活性　　　　　　　　B. 脱离社会生产
C. 具有全面性　　　　　　　　D. 结合社会生产

4. 教育方法机械，管理严厉，以个别化教学为主

中国古代社会的教育大多更强调学习者对知识的识记，不重视讲解。"学童三五并排坐，天地玄黄喊一年"可谓传统私塾教育注重记诵的真实写照。不能按时完成学业任务或不听从教师训示者，则会被施以体罚。"夏楚二物，收其威也"，"夏"和"楚"即是鞭打学生的工具。古代社会的手工业生产方式决定了教育的个别施教形式。中国古代的众多官学、私塾，其教学形态大都是个别施教，至多是集体的个别施教。西方的宫廷学校、职官学校等亦是如此。

（三）近代社会的教育

随着生产力的发展，在近代社会教育步入新的阶段。哥伦布发现新大陆，极大地激发了人们的想象力；18世纪蒸汽机的发明，带来了工业革命，手工劳动、作坊生产被现代大工业取代。这些变化引起了社会制度、思想观念和生活方式的巨大变化，也引起了教育的巨大变化，具体如下。

第一，国家加强了对教育的重视和干预，公立教育崛起。14—15世纪，在欧洲封建关系解体和资本主义关系成长的过程中，近代民族意识和国家观念兴起。随着教会权威的衰落和西方"基督教大世界"的解体，欧洲陆续产生了以世俗王权为核心、统一民族为支柱的独立主权国家，即民族国家。19世纪以前，欧美国家的学校教育多由教会或行会主持，国家并不重视。19世纪以后，政府逐渐意识到公共教育的重要性，开始建立公立教育系统。清末随着列强入侵的日益严重，清政府也认识到教育的重要性，开始兴学育才，于1905年废除了运行千年之久的科举制度，与传统教育决裂，开始加强国家对教育的控制和改革。

真题再现

【2018年下半年教资考试（中学）真题·选择题】我国近代教育史上，对封建教育制度进行的废科举、兴学堂等改革始于（　　）。

A. 明朝末期　　B. 清朝初期　　C. 清朝末期　　D. 民国初期

第二，培养全面发展的人，由理想走向实践。古代社会的教育"重道轻器"，只重视道德性知识，对实践性知识不够重视；只重视知识的堆积，不重视人的身体素质、美感的培养。现代学校建立后，各国教育普遍提出要实现学生的全面发展。例如，我国在民国时期提出注重道德教育，以实利教育、军国民教育辅之，更以美感教育完善其道德的教育方针。美国在1918年发布的《中等教育的基本原则》提出了中等教育的七项目标：①保持健康；②掌握基本的方法；③成为高尚的家庭成员；④具有准备就业的能力；⑤具备公民的资格；⑥适宜地使用闲暇时间；⑦具有道德品格。

第三，教育民主化、普及化程度提高。机械化工业革命的基本完成和电气化工业革命的兴起，提出了普及初等教育的要求，并为初等教育的普及提供了物质基础。各国均比较重视国民素质的提升，推行普及教育。普及教育又称义务教育，起源于德国。宗教改革运动中，为使人们都能拥有学习《圣经》的能力，进而信仰新教，新教领袖马丁·路德最早提出了义务教育的理念。16世纪后半叶起，德国的一些封建公国开始颁布强迫教育的法令。普鲁士在1763年颁布《普通学校规章》，规定5~13岁儿童必须接受义务教育。从19世纪后半期起，主要资本主义国家相继通过立法建立义务教育制度。英国在1870年颁布《初等教育法》，建立5~12岁的七年初等义务教育制度。日本于1872年颁布《学制令》，宣布普及教育的方针，提出"邑无不学之户，家无不学之人"的要求。

在教育走向普及化的同时，各国教育仍呈现出一定的等级性，最为明显的就是欧洲的双轨制：一轨是专为资产阶级和其他的有产阶级服务的，另一轨是为劳动人民子女入学服务的。这两轨各成体系，互不沟通。

> **真题再现**
>
> 【2014年上半年教资考试（中学）真题·选择题】在学校教育制度的发展变革中，义务教育制度产生于（　　）。
>
> A. 原始社会　　B. 奴隶社会　　C. 封建社会　　D. 资本主义社会

第四，教育与生产劳动的结合日趋紧密。大机器在生产领域的广泛应用，要求劳动者必须掌握一定的科学技术知识，培养具有一定科学文化素养的劳动者成了学校教育的重要目标之一。人才培养目标的改变，也使学校的教育内容和方法发生了很大的变化，促进了教育与生产劳动的结合。19世纪中期，以斯宾塞为代表的一些教育家尖锐批评古典教育落后于时代要求，大力提倡实科教育，有力推动了教育体系的发展。19世纪后期，西欧各国在中等教育改革中逐渐使实施实科教育的教育机构，如实科中学，与实施古典教育的教育机构享有大体平等的地位。随着教育的经济功能逐渐受到重视，教育与生产劳动的联系日益紧密。

三、现代教育的发展趋势

从世界范围来看，随着社会的发展，现代教育呈现出全民化、民主化、现代化、终身化、国际化等发展趋势。

（一）教育全民化

教育全民化是指人人都享有平等的受教育的权利，且必须接受一定程度的教育。实行全民教育，其目标就是满足全民的基本教育需求，向民众提供知识、技术、价值观和人生观，使他们能自尊、自立地生活，并通过不断学习来改善自己的生活，为国家和人类发展做出贡献。1990年，联合国教科文组织等机构在泰国召开了世界全民教育大会，通过了《世界全民教育宣言》，明确提出了"全民教育"的概念。全民教育的基本内涵是，扫除成人文盲、普及初等教育以及消除男女受教育的差别。2000年，联合国教科文组织在塞内加尔的达喀尔召开了世界教育论坛，进一步评估和推进全民教育目标的实现。2005年，中国发布了《中国全民教育国家报告》，报告提出，到2010年，全国实现高质量地全面普及九年义务教育，普及九年义务教育人口覆盖率达到98%以上，扫除15~24岁文盲，全国青壮年文盲率降到2%以下，成人文盲率降到5%以下。[1] 2015年，世界教育论坛在韩国仁川举行，论坛以"通过教育改变人生"为主题，通过了为今

---

[1] 《〈中国全民教育国家报告〉首次发布》，https://zqb.cyol.com/content/2005-11/11/content_1202129.htm。

后 15 年的全球教育确立新目标的《仁川宣言》。《仁川宣言》鼓励各个国家提供全纳、公平、有质量的教育以及全民终身学习机会，在 1990 年提出的"全民教育"理念的基础上，"向前迈进了一大步"，将致力于完成"全民教育目标"和"千年发展目标"的未竟事业。

（二）教育民主化

教育民主化所涵盖的内容非常丰富，其中"教育机会均等"是核心部分。而要实现教育机会均等，实行国民教育制度和普及义务教育则是重要的手段与途径。随着义务教育年限的延长和民主精神的深入人心，时至今日，很多国家不但使中小学教育得到了普及，高等教育也实现了大众化。各级各类教育之间的界限也被打破，"教育机会均等"已经不再满足于每个人都可以上学。教育民主化要求的是平等、高质量的教育和适合个体个性特征的教育。教育民主化追求趋向个人学习权益的保障，终身学习的实现。人们不仅追求入学机会的平等，还要求教育过程的自由和结果的高质量。

（三）教育现代化

教育现代化就是用现代先进教育思想和科学技术武装人们，使教育思想观念，教育内容、方法与手段以及校舍与设备逐步提高到现代的世界先进水平，培养出适应参与国际经济竞争和综合国力竞争的新型劳动者和高素质人才的过程。教育现代化具体包括教育观念现代化、教育内容现代化、教育装备现代化、师资队伍现代化、教育管理现代化等。

20 世纪 50 年代，以机器大工业生产技术为基础的资本主义工厂制度开启了社会现代化的历史进程。社会现代化的发展在改变社会物质生产生活的面貌的同时，也在改变着人们的价值观念、思想意识以及生活方式等。社会现代化需要由具有现代意识、现代技术和现代素质的人去设计和施行，而教育是提高人的现代化的强有力影响因素。为此，世界众多国家都把实现教育现代化作为本国社会现代化发展进程的重要组成部分。

在中国，邓小平于 1983 年提出"教育要面向现代化"的口号，成为指导中国教育改革和发展的重要思想。时至今日，我们已经向教育现代化的目标迈出了一大步。随着中国经济社会发展，社会对教育将提出新的更高的要求，人们对优质教育的期盼更加殷切，教育事业改革发展的任务更加艰巨。2010 年颁布的《国家中长期教育改革和发展规划纲要（2010—2020 年）》也将"基本实现教育现代化"作为我国教育发展的战略目标之一。党的十九大报告再次强调要深化教育改革，加快教育现代化，办好人民满意的教育。2019 年，中共中央、国务院印发《中国教育现代化 2035》，提出到 2035 年总体实现教育现代化的目标。

（四）教育终身化

20 世纪 60 年代，保罗·朗格朗首次明确揭示了终身教育的内涵。他提出，终身教育即一个人从出生到进坟墓所受到的各种教育的总和。他认为，过去我们把人生分为两半，前半生用于受教育，后半生用于工作，这一分类是毫无科学根据的。接受教育应当是每个人从出生到死永不停止的事情，教育应当在每个人需要的时刻，以最好的方式提供必需的知识和技能。它包括教育体系的各个阶段和各种方式：既有学校教育，又有社会教育；既有正规教育，也有非正规教育。

终身教育思想的提出在世界各国引起了强烈的反响。1972年，联合国教科文组织国际教育发展委员会在《学会生存——教育世界的今天和明天》中，对终身教育进行了进一步的论述和确认，使这一教育理念成为世界各国教育发展的指导原则和共同追求。

（五）教育国际化

20世纪中叶以来，全球化的趋势越来越明显。随着全球化发展进程的推进，世界各国教育实践之间的联系在逐步加强，教育学也越来越多地站在跨国和全球的角度来研究、认识和阐述人类社会的教育现象。教育国际化主要表现在两个方面。

第一，国际教育组织的出现与发展。1945年，联合国教科文组织成立，其宗旨是推动各国在教育、科学、文化方面的合作。之后，国际教育局、国际劳工组织、经济合作与发展组织、东南亚教育部长组织等亦相继成立，开始展开一系列国际教育研究，发表一系列研究报告，研讨人类共同关心的教育问题。

第二，国际合作加强。各国文化教育交流日益频繁，教师、研究人员交往增多，留学生增加，教材交流与协作也逐步增强，各国均致力于使本国与国际上的各级各类学校发展趋向一致。未来各国教育在对象、制度、内容、形式、方法等方面的共同点将日益增多。

第三章　教育与社会的发展

人类社会是一个由政治、经济、文化、科技、教育、人口诸因素构成的复杂的系统。教育是社会系统的重要组成部分，教育的发展离不开社会各系统的支持和制约，同时教育的发展也会反作用于社会的各个部分。本章我们首先考察教育发展的社会制约性和相对独立性。其次考察教育对社会各个部分所起的作用，即教育的社会功能。

第一节　教育的社会制约性与相对独立性

【学习目标】
1. 理解教育发展的社会制约性。
2. 理解教育在社会发展中的相对独立性。

教育是社会系统中重要的组成部分，教育的发展要受社会其他部分的影响和制约。本节我们首先探讨教育发展的社会制约性；其次提出教育的相对独立性，指明教育在社会发展中虽然受到社会各方面的制约，但教育具有自身的规定性，并不完全受制于社会各方面的影响。

一、教育的社会制约性

教育是社会大系统中一个重要的子系统，教育产生和发展的过程不是孤立、空洞和自我依赖的，而是受到了社会发展的重要影响。教育目的、教育制度、教育内容与教育方式，以及教育发展的规模与速度，无一不受到一定社会的生产力发展水平、政治制度、人口、文化等因素的影响和制约，这就是教育的社会制约性。教育的社会制约性，具体表现在以下几个方面。

（一）生产力对教育发展的影响

教育的每一步发展都与物质生产的发展有关，社会物质生产的发展为教育的发展提供了基础性条件，又对教育不断提出新的要求，成为推动教育发展的根本性的社会动力。具体来说，生产力对教育发展的影响主要表现在四个方面。

1. 生产力发展水平决定教育的规模和速度

任何社会在办教育时都必须以一定的人力、物力和财力等物质条件为基础，必须以现实生产力发展水平所能提供的物质条件为前提，而社会能够给教育发展提供的物质基础是由生产力发展水平决定的。生产力发展在给教育提供一定物质基础的同时，会对教育事业的规模和速度产生影响。例如，当前发达国家大多普及了十年及以上义务教育，其中经济合作与发展组织国家义务教育年限基本在十二年左右，而多数发展中国家一般仅普及九年义务教育。教育事业发展的规模和速度归根结底是由生产力发展的水平和状况决定的，一定的教育必须与一定的生产力发展相适应，这是学校教育在社会发展上必须遵循的规律。

2. 生产力发展水平影响着人才培养的规格和教育结构

人才培养的规格受到生产力发展水平的制约。培养什么样的人与生产力发展的水平有密切的联系，社会生产力的水平、方式决定着劳动力的规格，进而也决定着教育所培养的人的规格和教育结构。不同的生产力发展水平对培养人的规格提出了不同的要求。奴隶社会和封建社会中的学校教育不以培养劳动者为目的，而资本主义社会的学校教育则必须承担培养生产工作者的任务，它们都受到生产力发展水平的制约。生产力发展要求教育能够满足由于劳动分工带来的对不同层次、不同类型的劳动者的需要。为此，教育就必须依照生产力发展带来的劳动分工结构变化来确定教育目标，培养与生产力发展水平相适应的不同质量和规格的人才。

生产力的发展也必然引起教育结构的变化。设立什么样的学校，开设什么样的专业，各级各类学校与各种专业之间的比例如何，都受到一定历史时期生产力发展水平和产业结构的制约。学校教育结构必须反映经济的技术结构和产业结构的发展变革。

3. 生产力发展水平影响着课程设置及内容选择

生产力发展一方面促进科学技术的发展；另一方面又对学校教育内容提出要求，要求学校培养的人必须掌握与生产力发展水平相适应的科学技术知识和生产技能。从教育发展的历史来看，由于时代不同、生产力和科技发展水平不同，学校课程设置及内容选择也各不相同。在古代社会，教育机构设置的课程门类多为哲学、政治、道德、宗教等人文学科以及语言、文字等工具课程，与生产劳动直接相关的自然科学和技术课程很少。到了近代社会，人们在算术、几何、天文学等传统课程的基础上，相继增加了代数学、三角学、植物学、动物学、物理学、化学等课程。近代以来学校课程的发展，与近代以来生产力迅猛发展的水平和状况是一致的。由此可见，学校教育内容总是随着社会生产力的发展而不断充实和更新。

4. 生产力发展水平影响着教学方法、组织形式的发展和改革

学校在物资设备、教学实验仪器、组织管理过程中所使用的工具和技术，反映了生产力发展水平。例如，幻灯片、录像、影视、电脑与网络等班级教学组织形式在教学中的运用，无不与生产力发展水平的不断提高息息相关。特别是现代科学技术的发展为教育提供了更多有效平台，没有现代科技支撑，就不会有多种形式的远程教育。

此外，教学组织形式的演变也与生产力发展水平相关。在古代社会，个别教学是主要的教学组织形式；到了近代社会，班级授课制成为基本的教学组织形式。到了20世纪中后叶，个别化教学呈现出良好的发展势头。教学方法、手段及组织形式都要适应现代化社会对人才培养的需要，因为只有经过了改造的教育才能适应当代社会生产发展的需要，成为生产力进一步发展的保证。如果不改变传统的、只能适应经济缓慢发展和技术水平较低的社会需要的教育模式，那么教育规模扩展得越快，生产力与教育的矛盾反而越大。总之，这些教育领域的变化都是以生产力的发展为前提的。

真题再现

【2016年下半年教资考试（中学）真题·选择题】一般说来，制约教育发展规模、速度和教育结构的根本性因素是（　　）。

A. 生产力发展水平　　　　　　　B. 政治制度
C. 人口数量和质量　　　　　　　D. 社会意识形态

【2018年上半年教资考试（中学）真题·选择题】发达国家已经普及十二年义务教育，而发展中国家一般仅普及九年义务教育，这说明从根本上制约教育发展规模和速度的社会因素是（　　）。

A. 政治制度　　　　　　　　　　B. 生产力发展水平
C. 人口数量和质量　　　　　　　D. 社会意识形态

（二）政治制度对教育发展的影响

政治是阶级利益的集中反映，所以政治对教育不但有着直接的制约作用，而且这种制约作用涉及教育的所有方面。教育的根本任务和核心内容是培养人，而培养具有什么样的政治方向和思想意识的人，是由社会的政治制度所决定的。一般而言，在阶级社会里，掌握生产资料的阶级一定要通过政治组织机构、法律制度以及其他行政手段来控制教育，对教育的性质、目的、制度、内容乃至方法、手段等给予一定影响，使其能够更好地为本阶级的利益服务。具体来说，政治对教育的影响主要体现在四个方面。

1. 政治制度决定着教育的社会性质

一定社会的教育具有什么性质是由这个社会的政治制度直接决定的。教育发展的历

史证明，有什么样的社会关系和政治制度，就有什么样的教育。当新的社会政治关系代替旧的社会政治关系时，就会或迟或早地产生与之相适应的新教育。例如，欧洲中世纪教育的神学性是由宗教僧侣对教育的垄断决定的，近代资本主义教育的阶级性是由资本主义制度决定的。资产阶级的社会政治关系决定了学校会完全变成资产阶级统治的工具。阶级社会中占主导地位的教育反映了统治阶级的利益和需要，从属于统治阶级建构的社会政治制度，是这一社会进行统治的重要工具。

2. 政治制度决定着教育的宗旨和目的

在一定社会中，教育的宗旨和目的是一个社会的政治制度对教育所提出的主观要求的集中体现，直接反映统治阶级的利益和需要。因而，在政治制度不同的社会里便有着不同的教育宗旨和目的。教育宗旨和目的作为指导和支配整个教育过程的"魂"，是教育实践活动的出发点和归宿。在社会中占统治地位的阶级为了确保教育能够培养出他们所需要的人才，总是利用所掌握的国家机器直接控制教育，为教育确定规格标准、选择教育内容、提出道德要求等，使教育为特定的社会关系服务。具体来说，在社会中占统治地位的阶级主要是通过以下方式实现对教育宗旨和目的的影响的：一是利用其拥有的立法权，颁布一系列教育法律、政策和规章，借此将教育部门执行教育宗旨和目的合法化；二是利用其拥有的组织人事权控制教育部门人员的教育行为，使之符合教育宗旨和目的的要求；三是利用经济手段来控制教育发展的方向。

3. 政治制度决定着教育的领导权和受教育权

教育领导权和受教育权是判断和确定教育性质最主要的标志。首先，政治上的统治者同时也是教育上的统治者，统治阶级依靠其掌握的政治经济权力掌握了教育领导权。在阶级社会中，统治阶级总是利用他们的政权力量来颁布教育的方针、路线和政策；制定教育的目的和制度，规定教育的内容，派遣和任免教育行政人员和教师；控制教育的经费，决定教育发展的规模与速度；在主流思想的指导下，编写或审定教科书、教学参考书和各种课外读物等，保证在思想上占据教育领导地位。他们通过这些手段，把教育权掌握在自己手里。其次，受教育权亦是由政治制度决定的。例如，在我国古代的奴隶社会里，学校专为奴隶主子弟开设，接受教育是他们的特权；西周时期国家规定，只有贵胄之后才能入学；唐代对进入各种学校的学生家庭的品级也作了明文规定。

真题再现

【2014年上半年教资考试（中学）真题·选择题】决定着教育领导权和受教育权的主要因素是（　　）。

A. 社会生产力和科技发展水平　　B. 社会人口数量和结构
C. 社会文化传统　　D. 社会政治制度

4. 政治制度决定着教育的内容与管理体制

为了实现不同的教育目标，不同社会经济政治条件下的教育有着不同的教育内容。教育内容是实现教育目的的主要媒介，为了保证教育内容能为教育目的服务，有些国家由中央政府主管部门直接掌握教科书的编审权，并规定学校只能使用全国统编教材，比如日本就将"审定教科书，指定各种义务教育学校使用的教科书发行人"等列为文部省的职责。在我国，教科书编审制度虽几度改变，但政府主管部门（中央教育主管部门或地方教育主管部门）直接掌握教材的审定权这一点始终未变。1986年，我国成立全国中小学教材审定委员会，负责国家课程教材的审定；2017年，我国成立国家教材委员会，在教育部下设教材局，负责对全国教材的审查管理工作。有些国家则由民间团体组织编写教科书，由中央或地方政府主管部门加以审查，并从中规定可供学校选择使用者与不准使用者。

在教育发展历史上，有什么形式的政治制度便有什么形式的教育管理制度。与中央集权式的政治制度相对应的便是中央集权式的教育管理制度，与分权式的政治制度相对应的便是分权式的教育管理制度。例如，法国、日本高度中央集权的政治制度决定了学校管理体制的集中统一；美国地方分权的政治制度决定了美国的教育分权制，各州有权根据各州实际颁布各种教育法规，而不是由联邦一统到底。我国强调发挥中央和地方两方面的积极性，因而在教育管理体制上实行大政方针上的集中统一，分级管理，既有中央集中，又有地方灵活性。这些都是不同社会关系和政治制度在教育管理体制中的具体反映。

（三）人口对教育发展的影响

人口是居住在一定地区内或一个单位内的人的总称，是人类社会存在和发展的基础，也是社会生态基础的重要组成部分。人口的数量、质量和结构等都会对教育的发展产生一定的影响。具体来讲，人口对教育的影响主要表现在以下四个方面。

1. 人口的数量影响教育事业发展的规模和速度

一定数量的人口是构成教育事业及其活动的前提和基础，尤其是学龄人口数量直接影响教育事业发展的规模和速度。人口的高增长必然要求扩大教育的规模。2016年以来，我国人口出生率出现下降趋势，这必然导致我国对学校教育资源配置的调整。如有研究指出：2021—2035年，我国学龄人口总规模将从3.28亿持续减少至约2.50亿，学龄人口年龄结构也将由"两头小、中间大"的纺锤形结构逐步向"上宽下窄"的倒金字塔结构转变。学龄人口规模与结构的快速变化对教育资源的供给弹性和适应性提出了更高的要求。①

2. 人口质量影响教育质量

人口质量是指人口身体素质、文化素养和道德水平。人口质量对教育的影响主要包括直接影响和间接影响两个方面：直接影响是指入学者已有的水平对教育质量的影响；间接影响是指年长一代的人口质量影响新生一代的人口质量，从而影响以新生一代为教育对象的学校教育质量。从文化素养和道德水平的角度看，老一代对新一代的影响更为明显。老一代人的文化素养和道德水平虽然不能通过遗传对新生一代产生影响，但却能构成新生一代生长的文化环境和社会环境，以耳濡目染的方式渗透到新生一代的心灵之中。另外，老一代人的精神素质不同，对新生一代的期望程度和要求也不同，这同样影响着新生一代的精神素质的水平。总之，学校教育质量不仅取决于教育者一方，还与受教育者的初始水平有关，与社会、家庭对学校的期望、支持与协作程度有关，即与现有社会的人口质量有关。

3. 人口结构影响教育结构

人口结构包括人口自然结构和社会结构，教育结构是指构成教育总体系的各个部分的比例关系及其结合方式。无论是人口的自然结构，还是人口的社会结构，都会对教育结构产生影响。首先，人口自然结构影响着教育结构。人口自然结构中的人口年龄结构会影响各级各类学校在学校教育系统中的比例。不同的人口年龄结构对教育发展提出的要求是不同的。一般来说，有什么样的人口年龄结构，就会有什么样的教育结构与之相适应。例如，在人口年龄结构中，学龄人口的基数多、比例大，包含中小学在内的基础教育在整个教育体系中的比例就必然会提高。相反，如果成人人口比例大，教育体系的重心就会转移到成人教育方面。其次，人口社会结构影响着教育的结构。人口社会结构中的人口就业结构影响教育发展。人口就业结构取决于一定地区的生产力发展水平，特别是产业结构和技术结构。

4. 人口的流动影响教育的布局

人口的流动制约着学校布局和办学形式，影响着教育的效果和发展速度。一个国家、一个地区的人口在领土上的分布是很不均衡的，而且其分布总是在不断地变化着。例如，我国东西部区域间和城乡间的经济文化水平存在客观差距，导致区域性的和城乡间的人口流动巨大，这在一定程度上对教育造成很大的挑战。再如，随着城镇化加速，农村人口减少，必然会引起农村学校的布局变化。我国从 2001 年开始的农村义务教育布局调整就与农村人口的变动有直接的关系。全国县域内小学及教学点由 2000 年的

---

① 张立龙、史毅、胡咏梅：《2021—2035 年城乡学龄人口变化趋势与特征——基于第七次全国人口普查数据的预测》，《教育研究》，2022 年第 12 期，第 101—112 页。

69.4万所（个）减少到2009年的33.62万所（个），累计共减少35.78万个，减幅达51.56%。[①] 此外，农村人口向城市迁移，也同样会导致农村留守儿童的教育、看护问题和城市流动儿童的入学问题。由于我国义务教育资源配置的根据是一地的户籍人口，所以流动人口的迁入必然会给流入地政府增加一定的负担，因此，解决流动儿童受教育问题也就成了一个难题。在一般情况下，学龄人口的数量是设立学校的基本依据。由于中小学校在很大程度上属于地区性服务设施，所以，中小学校的布局必须与人口的地区分布相适应，并且应该随着人口的迁移规模及由此形成的人口地区结构的变化做出适应性的改变。

真题再现

【2019年下半年教资考试（中学）真题·选择题】近年来，我国对农村中小学的布局结构进行了调整。这主要反映了下列哪一因素对教育的影响？（　　）

A. 政治制度　　B. 经济制度　　C. 人口流动　　D. 文化传统

（四）文化对教育发展的影响

文化是人类社会生活的重要领域，在社会系统中占有十分重要的地位。它与教育相伴而生、相随而长，在漫漫历史长河中，互为前提，文化给教育以社会价值和存在意义，教育给文化以生存依据和生机活力。教育是一种特殊的文化现象，教育自身是文化活动，它是人类文化的有机组成部分。教育以文化的传承和发展为己任；文化则通过教育得以传承和创新，从而推动文化的发展和社会的进步。教育与文化紧密联系、相辅相成。从某种意义上讲，教育是文化的一部分，同政治、经济相比，文化对教育的制约与影响具有广泛性、基础性、深刻性与持久性。

1. 文化观念影响教育观念

文化观念是长期生活在同一文化环境中的人们逐渐形成的对自然、社会和人本身比较一致的观点和信念。教育观念是存在于人们头脑中的对教育现象和教育问题的认识、观点和看法。事实上，教育观念是文化观念在教育领域的反映。具体来说，文化观念对教育观念的影响主要表现在两个方面。

一是文化观念影响人们对教育的态度和行为。例如，东方文化观念的核心是追求和谐、崇尚德性、关注整体；西方文化观念的核心是追求征服、崇尚理性、关注个性。沿着这两种不同的文化理念发展的教育模式，在教育态度与方法上，东方强调"师道尊

---

① 邬志辉、史宁中：《农村学校布局调整的十年走势与政策议题》，《教育研究》，2011年第7期，第22—30页。

严""唯上唯书",注重思想传承、情感体验;西方从苏格拉底开始,较注意师生平等、民主对话、逻辑推理。

二是文化观念影响教育思想的产生和发展。任何教育家的教育思想都是在一定社会文化背景中孕育的,是其世界观和价值观的反映。例如,中国近代教育史上黄炎培的职业教育思想、陶行知的平民教育思想,都是他们所处时代社会需要的集中反映。西方教育史上夸美纽斯、卢梭、裴斯泰洛齐的"自然教育"原则,则是资产阶级上升时期要求"肯定人性、削弱神性"的社会潮流的反映。

2. 文化类型影响教育目标

文化类型不同,教育目标也不同。任何社会的教育目标都是社会统治阶级利益的集中体现,是统治阶级主观意志的产物。人的意志和决断取决于人的需要和价值取向。所以,教育目标中的主观成分越多,受文化的影响就越大。在教育的目标及人才的标准方面,我国教育受我国伦理文化的影响。这种伦理型文化把崇善作为最高范畴,与西方的科学文化把爱智作为最高范畴大相径庭。在这种文化影响下,中国古代社会的主流文化是以儒家为核心的"伦理型"文化。这种文化将"崇善"作为最高范畴,强调的教育目的是"在明明德,在亲民,在止于至善",在人才规格上强调"贤者"与"君子"的培养,把道德教育放在教育的首位。而在古希腊,其文化将"爱智慧"作为最高范畴,注重通过知识学习达到对真理的认识,同时重视自然现象领域中各种知识的教育。以上说明了文化类型不同必然会影响到教育目标的追求。

3. 文化传统影响教育内容和教育方法

文化传统是被各民族广泛认同并得以世代相沿的文化观念和行为模式、思维方式、生活方式等。文化传统对于教育内容和教育方法的影响主要体现在两个方面。

第一,文化传统影响教育内容。不同民族形成了不同的民族文化传统,不同民族文化传统又塑造了不同的教育。如:中国古代社会长期重农抑商、追求仕途,导致教育内容以典章制度为主,很少有自然科学和生产知识;英国一向崇尚人文精神,直至今日教育内容中古典人文课程仍占较大比例。

第二,文化传统影响教育方法。如:我国传统文化强调读书的重要性,"耕读传家""开卷有益",这一传统直到现在都使我国教育具有重知识积累的特点;同时我国传统教育强调师道尊严,"言而不称师,谓之畔;教而不称师,谓之倍",导致我国教育中的教学关系多偏向教师一方,教师在教学中的主导地位不易改变,学生学习的主体性很难发挥。我国传统文化倡导的因材施教、启发诱导、温故知新、学思并重,循序渐进、由博返约,长善救失、教学相长,言传身教、尊师爱生等教学思想,无时无刻不在影响着我们对教育方法的选择。

真题再现

【2016年考研真题·选择题】有学者强调，教育要根据一个民族的固有特性来进行。这种观点体现了（　　）。

A. 生产力对教育的影响和制约　　B. 政治制度对教育的影响和制约
C. 文化对教育的影响和制约　　　D. 经济制度对教育的影响和制约

二、教育的相对独立性

教育是社会的一个具有相对独特功能的子系统，它既与社会有内在的联系，又具有相对的独立性。教育的相对独立性，是指教育具有自身的特点和规律，对政治、经济制度和生产力具有能动作用。具体来看，教育的相对独立性主要表现在以下几方面。

（一）教育具有自身的规定性

教育具有自身的规定性，这一规定性就是培养人。教育是一种有意识地影响人、培育人、塑造人的社会活动，教育通过促进年轻一代的身心发展，促进他们的社会化，使他们成长为社会活动的积极参与者和继承人，以保证并促进社会的生存、延续与发展。总之，通过培育人来推进社会向前发展是教育特有的重要社会功能。我们必须坚持与弘扬教育的这一特性，以便有效地推进现代社会的发展。如果离开了这一特点，急功近利地推行教育为生产服务或为政治服务，那就可能排斥或削弱教育的培育人的主要特点和社会功能，危及社会所需要的各种人才的数量与质量，严重影响社会的发展变革。

（二）教育发展具有不平衡性

教育与政治经济发展并非完全同步。一方面，教育的思想与内容往往落后于政治经济制度和生产力的发展。在社会高速发展的过程中，一定时期内人们的思想意识可能会落后于生产力的发展。由于教育强大的历史继承性，教育的思想、内容、手段、方法等容易落后于政治经济制度和生产力的发展，从而成为社会发展的桎梏，制约经济的发展和政治的革新。另一方面，由于认识了社会发展的规律，根据社会发展的趋势，预见到教育发展的方向，在旧的政治经济制度下，也可能出现新的教育思想。

当然，生产力的发展、政治经济制度的变革、文化的演进，迟早会引发和推进教育的变革与发展。我们再怎么强调教育的相对独立性，也不能把教育的相对独立性理解为绝对独立性，教育归根到底是由生产力的发展和政治制度决定的，教育的社会制约性仍是其根本特性。如果把教育的相对独立性当作绝对的独立性，就会使教育走向"超经济""超政治""超文化"的错误道路，丧失教育发展的社会基础和动力。

（三）教育具有连续性和继承性

教育的相对独立性还表现为教育发展本身所具有的连续性和继承性。由于教育有自身的特点、规律与特有的社会功能，它一经产生、发展便会形成并强化其相对独立性。无论是教育思想、教育内容还是教育制度等，都具有一定的连续性与继承性。教育在很多方面，尤其是与人的发展有关的教育规律、教育原则、教育内容、教育方法、教学组织形式等，有其自身的连续性和继承性，并不会因为社会变化而发生突变。比如因材施教、启发诱导的教育原则在任何时代都不会过时。因此，我们无论是办学校、发展教育事业，或进行教育改革，都要重视与借鉴教育的历史经验，都应在原有的基础上积极改进、稳步向前，切不可无视教育的相对独立性，大搞教育"创新"，轻率地否定教育的连续性而另搞一套，否则将不可避免地使教育在一定程度上出现紊乱，甚至使教育质量严重下滑，使教育改革或发展大起大落。

真题再现

【2017年上半年教资考试（中学）真题·辨析题】教育具有自身的发展规律，不受社会发展的制约。

【2016年上半年教资考试（中学）真题·选择题】否定教育自身的发展规律，割裂教育的历史传承，把教育完全作为政治、经济的附庸。这样的观念违背了教育的哪一特性？（　　）

A. 生产性　　　B. 永恒性　　　C. 相对独立性　　　D. 工具性

【2018年上半年教资考试（中学）真题·辨析题】教育具有历史继承性。

第二节　教育的社会功能

【学习目标】

1. 了解教育的经济功能。
2. 了解教育的政治功能。
3. 了解教育的人口功能。
4. 了解教育的文化功能。

教育的社会功能是指教育对经济、政治、人口、文化等社会子系统产生的作用或影响。教育作为社会系统中的重要组成部分，会对社会各个子系统产生重要的影响，促进社会的全面发展。本节我们将主要对教育的经济、政治、人口、文化功能进行探讨。

一、教育的经济功能

随着科学技术的迅猛发展和当代经济发展中科技含量的大幅提高，当代社会经济增长方式已由依靠物质、资金、资源的粗放型增长模式转变为依靠技术、知识和人力资本的集约型增长模式。经济增长模式的转变，使得教育的经济功能在当代社会愈发凸显。具体来说，教育对经济的促进作用体现在以下三个方面。

（一）教育促进经济增长

经济的发展取决于劳动力的质量，在现代生产中尤其如此。教育促进经济增长，主要是通过提高劳动力水平实现的。在生产力三要素中，劳动力是最关键、最能动的因素。教育是劳动力再生产的手段和途径，它通过培养社会所需要的各种劳动力推动社会生产与经济发展。20世纪60年代，美国经济学家、诺贝尔经济学奖获得者舒尔茨提出了人力资本理论，使"人力资本"成为当今经济学、教育理论中最重要的范畴。舒尔茨提出了人力资本收益测算法，强调教育及教育投资对国民经济增长的贡献率，将教育作为促进经济增长、发展社会经济的重要支撑点。

事实也证明了教育在促进国家经济发展上的有力作用。二战结束以后，战败国德国和日本受到很大的创伤。很多人认为，这两个国家的经济恐怕要很久才能恢复到原有的水平。但实际上，大约只用了15年，德国和日本的经济就奇迹般地恢复了，而且20世纪60年代以后，这两个国家继续以强大的发展势头赶超美苏，最终经济实力上升到世界前列。战争虽然破坏了这两国的物质资本，但并未破坏其充裕的人力资本，再加上两国悠久的文化传统和重视教育的现代国策，为经济发展提供了大量高素质的劳动力，这使两国的经济发展得以建立在高技术水平和高效益基础上。总之，教育能够通过自身的独有功能提高劳动力的劳动熟练程度，进而提高劳动生产率，最终促进国家经济增长和发展。

真题再现

【2015年上半年教资考试（中学）真题·选择题】在当代，教育被人们视为一种投资、一种人力资本。这是因为教育具有（　　）。
A. 政治功能　　B. 经济功能　　C. 文化功能　　D. 人口功能

（二）教育推动科技发展

教育推动科学技术的发展主要通过两个方面。首先，教育传播科学文化知识和技术，实现科学文化知识和技术的再生产。科学知识的一次传授过程便是一次再生产过程。这种再生产也是一种扩大再生产，因为由教育所进行的这种知识传授，可以使原来少数人掌握的科学知识为更多的人所了解，从而不断扩大传播范围，形成辐射效应。由学校教育过程实现的这种科学知识再生产既是一种无限的、永恒的再生产，又是一种高效率的再生产。诚如马克思所说，再生产科学所必要的劳动时间，同最初生产科学所需要的劳动时间是无法相比的，例如学生在一小时内就能学会二项式定理。其次，教育生产新的科学文化知识和技术，通过科学技术的研发把潜在的生产力转化为现实的生产力。教育，尤其是高等教育，不仅要传播科学文化知识，还负有生产科学文化的重任。开展科学研究、生产新的科学文化知识和技术是高等学校的主要职能之一。

真题再现

【2018年上半年教资考试（中学）真题·选择题】 科学技术知识的再生产有多种途径，最重要的途径是（　　）。

A. 社会生活　　B. 科学实验　　C. 生产劳动　　D. 学校教育

（三）教育提高劳动者素质

马克思曾指出，劳动生产力是由多种情况决定的，其中包括工人的平均熟练程度，科学的发展水平和它在工艺上应用的程度，生产过程的社会结合，生产资料的规模和效能，以及自然条件。[①] 能够生产某种使用价值的体力和智力总和的生产力，并非个体自然生长的结果，个体的生命的成长只构成了可能的劳动力，劳动力的培养或生产必须依靠教育。首先，教育可以把可能的劳动力转化为现实的劳动力。马克思说，"教育会生产劳动能力""为改变一般人的本性，使它获得一定劳动部门的技能和技巧，成为发达的和专门的劳动力，就要有一定的教育或训练"[②]。只有经过教育和训练，才能把由年轻一代构成的可能的劳动力，分流培养成适合社会生产各部门的现实的合格的各种劳动力或专门人才。其次，教育可以改变劳动能力形态，提高劳动者的生产能力。也就是说，教育能使劳动者提高对劳动过程的理解程度和劳动技能技巧的熟练程度，从而提高工作效率。

真题再现

【2015年下半年教资考试（中学）真题·选择题】 马克思认为，复杂劳动等于加倍

---

① 中共中央马克思恩格斯列宁斯大林著作编译局：《马克思恩格斯文集（第5卷）》，人民出版社，2009年，第53页。

② 中共中央马克思恩格斯列宁斯大林著作编译局：《马克思恩格斯文集（第5卷）》，人民出版社，2009年，第200页。

的简单劳动。这主要说明教育具有哪种功能？（　　）。

A. 经济功能　　　B. 政治功能　　　C. 文化功能　　　D. 人口功能

【2013年下半年教资考试（中学）真题·选择题】教育能够把潜在的劳动力转化为现实的劳动力。这体现了教育的（　　）。

A. 经济功能　　　B. 育人功能　　　C. 政治功能　　　D. 文化功能

二、教育的政治功能

马克思曾经指出，为了建立正确的教育制度，需要改变社会条件；为了改变社会条件，又需要相应的教育制度。这也适用于我们认识教育与政治的关系。教育具有鲜明的政治特征，并通过传播与宣传一定社会的政治理念、意识形态，调控、主导一定社会的舆论和规范，积极地影响人、引导人，尤其注意培养年轻一代的政治理念与品德，以促进和保障一定的社会政治制度与路线的巩固和发展。我们应该看到，作为一种政治工具，教育在影响社会政治生活、维护社会稳定、促进社会发展等方面都起到了不容忽视的重要作用。具体来说，教育对政治的促进作用体现在四个方面。

（一）教育维系社会政治稳定

作为一种复杂的社会实践活动，教育的首要政治功能表现在它通过传播一定的社会政治意识，促进社会主体的政治社会化，进而维护社会政治稳定。《学记》中就曾明确提出，"古之王者，建国君民，教学为先"。这就充分表明教育是"化民成俗"，是治国安邦的关键，而这正是教育的基本功能所在。从社会历史发展进程来看，即便是通过法治手段实现对社会的政治控制，也是借助教育的力量达成的，因为法的控制在本质上也是通过法治思想的教化得以实现的。《论语》里面就讲："导之以政，齐之以刑，民免而无耻。道之以德，齐之以礼，有耻且格。"教育在维系社会政治稳定方面比法律更具有持久性和渗透力，教育作为传递文化、训练思想与培养情感的活动，能以直接的或间接的、显性的或隐性的方式向年轻一代传播一定的社会政治意识，促进他们的政治社会化，从而为一定社会政治秩序的稳定创造重要条件。此外，在封建时代，教育还是封建统治者笼络人才、扩大统治基础的重要手段。比如我国古代的科举考试，打破门阀士族对统治权的垄断，扩大了庶族寒士上升的通道，在一定程度上扩大了封建王朝的统治基础，起着维护社会稳定的作用。这也是历朝历代统治者青睐科举制的重要原因。唐太宗开科举时看到新科举子从皇宫门口鱼贯而入，不禁高兴地说："天下英雄尽入吾彀中矣。"

（二）教育提高社会政治文明水平

墨子认为："国有贤良之士众，则国家之治厚；贤良之士寡，则国家之治薄。"一国的政治文明水平与教育息息相关,教育水平是政治文明水平提高的基础和条件。当人民处于普遍缺乏文化和政治素养的情况下,必然缺乏参与政治的意识和能力,因此难以提高社会政治文明水平。正如列宁所说,文盲是站在政治之外的,必须先教他们识字,不识字就不能有政治,不识字只能有流言蜚语、传闻偏见,而没有政治。一个国家的教育普及程度越高,公民素质也就越高,就越能具有公民意识,越能认识到政治文明的价值并推崇政治文明的措施,越能在政治生活和社会生活中积极履行政治文明的权利,承担相应义务。陶行知早在1914年的《共和精义》中就对共和与教育的关系做了精辟的论述:"人民贫,非教育莫与富之;人民愚,非教育莫与智之;党见,非教育不除;精忠,非教育不出。教育良,则伪领袖不期消而消,真领袖不期出而出。而多数之横暴,亦消于无形。"[①] 为把我国建设成富强、民主、文明的社会主义现代化国家,我们必须充分注意教育在这方面的作用。教育通过弘扬社会政治、思想、道德及文化领域中的正面因素,抑制与抵御腐朽、落后等消极因素,进而提高社会政治文明水平。

(三)教育促进社会政治变革

教育在实现社会政治目标、推动社会政治变革方面的驱动作用是其他任何社会因素都无法替代的。社会政治不是一成不变的,社会政治变革与教育紧密相关。在政治斗争中,要巩固或推翻一个政权都必须制造舆论,要使政府制定的政治纲领、方针、路线、政策为群众接受,也必须进行宣传,而学校常常成为制造政治舆论的一个重要场所。学校历来是知识分子和青少年群体集中的领域,他们思想敏锐,有见解、有学识。学校是新思想、新文化的发源地,能起到宣传思想、制造舆论、动员民众、影响政治生活的作用。比如,魏晋名士嵇康受钟会诬陷被判处死刑,引发京师三千太学生为之请愿,要求释放嵇康,让嵇康到太学当老师。这可谓教育影响政局的著名案例。清末的"公车上书",也是由科举举人群体引发的、对政局影响深远的教育事件。进入民国以后,学生群体成为一支重要的政治力量。学生团体通过罢课、集会、游行、示威,对社会政治的某些方面做出强烈的反应,在推动政治变迁中起到了重要的作用。

(四)教育培养社会政治人才

教育通过培养人才服务于一国的政治,维护统治阶级的利益,这是教育发挥政治功能的一个最基本的途径。孔子说"为政在人",教育是培养社会政治人才的重要手段。自古以来,任何一种政治制度的建立、巩固和发展,都离不开人才支柱。而这些人才的培养,主要依靠学校教育来实现,因为学校教育是培养一定社会所需的各方面人才的专门组织。在清末政治变局中,各个政治派别纷纷建立一定的学校教育机构以培养代表该政治派别思想的人才。比如,维新派在广州创立万木草堂、在长沙创办湖南时务学堂来传播维新变法的思想;革命派则创办爱国女校和大通师范学堂来培养革命人才。在政治

---

① 陶行知:《中国教育改造》,安徽人民出版社,2019年,第137页。

平稳的年代，学校教育也会按照一定社会政治制度的要求，向年轻一代传递该社会政治制度所要求的思想、道德、价值观等方面的知识内容，并通过各种教育活动，对他们进行公民训练，使他们能按照一定社会所要求的方向发展，具备一定的政治立场和政治能力，成为一定政治制度所要求的建设者和接班人。

真题再现

【2018年下半年教资考试（中学）真题·简答题】简述教育的政治功能。

三、教育的人口功能

教育是一项有目的、有意识地培养人的社会活动，因此，教育不管是对个人的发展还是对人口的发展都有一定的积极作用。具体来说，教育的人口功能主要体现在四个方面。

（一）教育是调控人口数量的重要手段

调控人口数量的手段有很多，但发展教育是其中一种十分重要的手段，而且被认为是一种能够长久起作用的手段。一般而言，国民的受教育程度越高，人口出生率越低。当前，欧美一些发达国家生育率极低，与国家的整体教育水平有很大的关系。文化教育水平越高，生育率越低，反之亦然。

（二）教育是提高人口素质的重要途径

与控制人口数量的功能相比较，教育在提高人口质量上的作用更为直接和突出。教育培养人的目的就是提高每个人的素质，从而提高整体的人口素质。

（三）教育可使人口结构趋向合理化

人口结构包括人口的自然结构和人口的社会结构。人口的自然结构是指人口的年龄、性别等方面的比例。人口的社会结构是指人口的阶级、文化、职业、地域、民族等方面的比例。所谓人口结构的合理化就是指人口结构有利于社会生产和人口的自然平衡。首先，教育可以使人口性别结构趋于合理化。受过一定教育的人的生育观会发生改变，摆脱"重男轻女"的传统思想，进而调整新生儿的性别结构。其次，教育可以改变人口的文化结构和职业结构，更好地适应社会发展的需要。再次，教育也可使人口的城乡结构趋于合理。接受教育是农村人口向城镇迁移的重要途径。通过受教育，不少农村人走出大山，走向城市，在城市定居，促进了人口的城镇化，也使人口的城乡结构趋于合理。

（四）教育有助于人口流动和迁移

人口流动和迁移是指人口从一个地点向另一个地点的迁居活动。教育与人口的流动和迁移有着紧密的联系，它是促使人口流动和迁移的主要因素之一。一般而言，教育程度与人口迁移倾向成正相关，即教育程度高，人口迁移倾向较高；教育程度低，人口迁移倾向较低。教育有利于人口流动和迁移，主要表现为：一方面，受过较好教育的人口更容易远距离流动和迁移。对具有较高教育程度的人来说，他们能适应多种就业岗位的要求，迁移时所能选择的就业岗位相当广泛，弹性较大。另一方面，教育本身具有人口流动和迁移功能。现代学校，特别是现代高等学校，如同一个人才集散地，把各地区的人才聚集起来加以培养，然后再根据社会发展需要、学习者志愿和特长，把他们输送出去，从而实现人才跨区域流动。

四、教育的文化功能

教育与文化之间有着天然的联系，教育是在文化生态中存活的，但教育并不是一个可有可无的仅仅为社会文化所决定、支配和控制的被动要素。教育本身就是文化的重要载体，具有促进文化延续和发展的重要作用。具体来说，教育的文化功能主要表现在四个方面。

（一）教育的文化传承功能

教育是文化传承中最重要的手段。教育是实现文化传承的重要机制，学校教育在文化传承中具有系统性、集中性、高效性和普及性的特点，成为文化传承最基本、最重要的途径。教育通过对人类文化的选择和整理，将过去社会积累的文化遗产传递给年轻一代，在促进年轻一代社会化的同时也实现了文化的传承和繁衍，教育是保存文化和传承文化的有效手段。

（二）教育的文化选择功能

教育虽是文化传承的手段，但却不等同于文化传承，因为教育不传递所有文化，其传递的文化是有选择的。因为社会文化本身是复杂的，既有文化的精华，也有文化的糟粕，既有丰富的、创生的元素，也有贫乏的、僵化的成分，所以并不是所有的社会文化遗产都适合学校的课程体系。即便这些文化遗产都是积极的，也未必都要将它们纳入学校的课程体系。事实上，由于学校课程的容量限制，也不可能将它们"全盘吸收"。没有选择的文化传递就不成其为教育，学校教育尤为如此。杜威对这个问题有精辟的论述，他认为文化过分庞杂，不能全部吸收，必须通过教育进行"简化"，吸取其基本的内容；文化环境中存在丑陋现象，必须通过教育"净化"，清除其中不良的东西，选择其中最优秀的东西；为了使人们突破自己所在社会群体的限制，必须通过教育以"平衡"社会文化中的各种成分，以便和更广阔的文化建立充满生气的联系。杜威所讲的教育对文化的简化、净化、平衡作用，就是教育的文化选择功能。

（三）教育的文化交流功能

文化是一定时期特定地域人们的思想行为的共同方式，在这个意义上，文化具有地域性和封闭性。然而，现代社会生产力的发展和市场经济的形成，使政治、经济、文化各方面已经打破了封闭的地域性而走向开放，文化的开放性是大势所趋。教育是文化交流的重要途径，一般而言，教育的文化交流功能主要通过两种途径得以实现：一是以教育活动本身为交流手段，如互派留学生、学者进行学术交流等；二是通过教育过程本身对不同文化内容进行学习、选择、融合和创新以实现文化交流。

通过文化交流互鉴，能够更好地建立起人类命运共同体。近年来，随着我国综合国力的增强和在国际上地位的不断提升，中国文化不断通过教育走向世界。比如，为了发展我国与世界各国的友好关系，增进世界各国人民对中国语言文化的理解，我国在世界上不少国家设立了孔子学院。孔子学院累计为数千万各国学员学习中文、了解中国文化提供服务，在推动国际中文教育发展方面发挥了重要作用，成为世界认识中国的一个重要平台。

（四）教育的文化创新功能

文化的生命不仅在于它的保存和积累，更在于它的更新与创造。教育的文化创新功能的实现主要是通过两种途径：一是教育本身固有的文化选择、批判功能使文化创新成为可能；二是教育自身，尤其是高等教育，通过教育教学、科研活动等不断创造着新文化。高等教育机构，尤其是大学，具有不同于其他社会组织系统的内部结构，其基本组成主要来源于各领域专家、学者和研究人员等，肩负着教学和科研的双重任务，既是知识传播者，又是知识创新者。同时，作为各种学术思想和价值观念交汇的中心，大学自身的学术传统也有利于文化创新。

真题再现

【2014年下半年教资考试（中学）真题·选择题】教育可以"简化"文化，吸取其基本内容；教育可以"净化"文化，清除其不良因素。这体现了教育对文化具有（　　）。

A. 选择功能　　B. 发展功能　　C. 传递功能　　D. 保护功能

【2015年下半年教资考试（中学）真题·简答题】简述教育的文化功能。

【2017年下半年教资考试（中学）真题·选择题】近年来，越来越多的"一带一路"沿线国家的留学生来我国学习，并把中国文化带回自己的祖国。这反映了教育具有（　　）。

A. 文化传承功能　B. 文化选择功能　C. 文化创新功能　D. 文化交流功能

第四章 教育与人的发展

教育的发展既要遵循外部的规律，处理好教育与社会发展的关系，同时也要遵循内部的规律，即遵循人的发展的规律。教育是一项培养人的活动，因此，教育工作者必须了解人的发展的特点与规律，认识影响人的发展的基本因素，明确教育对人的发展的主导作用，正确处理教育与人的发展的关系。这是按照科学规律做好教育工作、提高教育质量的重要保证。

第一节 人的身心发展规律及影响因素

【学习目标】
1. 掌握人身心发展的主要规律，并能够运用其来指导教育实际。
2. 掌握遗传在人发展中的影响。
3. 了解环境在人发展中的影响。
4. 掌握人的主观能动性在人发展中的作用。

人的发展是指人的身心方面及其整体结构与特征随着年龄的推移而不断发生变化的过程。作为个体的人的发展，有着区别于其他生命体的明显特征。人的身心发展具有特殊性。首先，人的身心发展是在社会实践过程中实现的。人是社会性动物，总是生活在一定的社会关系之中。人的身心发展必然受社会关系的制约，同时，人的发展在很大程度上也需要不断适应社会的需要。只有投入社会的怀抱，人才能更好地实现作为人的价值。其次，人的身心发展具有能动性。人不同于物，具有极强的能动性。人的发展不完全是自然成熟的过程，而是一个自为的、自觉的过程。人的身心发展的能动性为教育活动指明了努力的方向，也为教育活动提供了基本的依据。

一、人的身心发展规律

在教育学的视野中，人的发展不仅有其特定的含义，也有其区别于其他生命体的明显特征与规律，主要表现为人的发展的顺序性、阶段性、不平衡性、差异性和互补性。

教育受人的发展规律的制约与影响，教育工作者应遵循这些规律。

（一）人的身心发展的顺序性

从生理学和心理学分析，人的身心发展必然要经历一个由低级到高级、由量变到质变的连续不断的发展过程，这一过程具有一定的方向性和顺序性。个体身体的发展遵循着从上到下、从中间到四肢、从骨骼到肌肉等发展规律。个体心理的发展总是由机械记忆到意义记忆，思维过程由具体的上升到抽象的。在情感变化上，由喜怒哀乐等初级情感到理智感、道德感、美感等复杂情感。这种顺序是自然发生的，是不可改变的。外部的力量只能加快发展速度，但不能改变发展的顺序。人的身心发展的顺序性，要求教育必须遵循量力性原则，循序渐进，不能"揠苗助长""陵节而施"，应该遵循学生身心发展的顺序性，这样才能有效地促进青少年的发展。

（二）人的身心发展的阶段性

人的身心发展变化既体现出量的积累，又表现出质的飞跃。当某些代表新质要素的量积累到一定程度时，就会导致质的飞跃，即表现为发展的阶段性。个体生长的顺序性和不平衡性决定了个体在不同的年龄阶段表现出身心发展不同的总体特征及主要矛盾，面临着不同的发展任务。在人的发展过程中，身体、心理的发展都呈现出相对独立的前后衔接阶段。现代心理学将人的发展阶段概括为婴儿期、幼儿期、儿童期、少年期、青年期、成年期等。人的身心发展的阶段性，要求对不同年龄阶段的学生实施分段教学，不能搞"一刀切"，在教育内容和方法上应实施有针对性的教育。比如，小学生各个方面发展不成熟，在授课中要尽可能直观。除此之外，还要注意各阶段间的衔接和过渡，例如，从以游戏为主要学习方式的幼儿园向以上课形式为主的小学的过渡，需要教师慢慢指引。

（三）人的身心发展的不平衡性

人的身心发展并不总是按相同的速度直线前进的，个体身心发展存在不平衡性。一方面，同一方面的发展在不同的年龄阶段是不均衡的。比如，同样都是生理的发展，但是0~1岁、青春期的时候生长速度比其他时候都快。另一方面，不同方面所达到的某种发展水平和成熟的时期是不均衡的。比如，有的人淋巴系统成熟在先，生殖系统成熟在后。

针对身心发展的不平衡性，教育工作者要抓住人的身心发展的敏感期或关键期。"关键期"这一概念最早是由奥地利生态学家劳伦兹提出的。他在对鸟类自然习性的观察中，发现刚孵出的幼鸟，如小鸡、小鹅等，会在出生后很短的一段时间内学会追逐自己的同类或非同类，过了这段时间便再也不能学会此类行为或印刻自己的母亲，而这段时间是很短的，故称为关键期。心理学家将这类研究借用到对儿童早期发展的研究中，提出了儿童心理发展的关键期概念，如2~3岁是儿童口头语言发展的关键期，4~5岁是儿童学习书面语言的关键期等。因此，所谓发展关键期是指身体或心理的某一方面机能和能力最适宜形成的时期。在这一时期，对个体某一方面的训练可以获得最佳成效，并能充分发挥个体在这一方面的潜力。错过了关键期，训练的效果就会降低，甚至永远无法补偿。比如，在"狼孩"步入社会后才给他教一些文化知识和思想观念，往往会得到事倍功半的效果，就是因为教育错过了关键期。教育要遵循儿童身心发展的不均衡性，要应时而教，即要在儿童发展的关键期或最佳期及时进行教育。

（四）人的身心发展的差异性

由于遗传、环境及教育等因素的影响，即使在同一年龄阶段，不同人之间的发展优势（方向）、发展速度、发展高度（达到的水平）也往往是千差万别的。这体现在：一方面，不同人身心发展的速度与质量不同，比如两个同为 6 岁的儿童，一个儿童的抽象思维有很好的发展，已经掌握数的概念，可以利用概念进行运算，另一个还不能脱离实物进行运算。另一方面，不同的人所具有的个性倾向性也不同，比如有的人性格活泼，有的人性格内向。依据人的身心发展的差异性，教育必须从实际出发，充分考虑受教育者在不同年龄阶段的不同发展特征，做到因材施教，充分发挥每个学生的潜能，有的放矢地进行教育，使每个学生得到最大程度的发展。

（五）人的身心发展的互补性

人的身心发展的互补性指机体某一方面的机能损失甚至缺失后，可能通过另一方面机能的超常发挥得到部分补偿，主要体现在两个方面。一方面是生理机能之间的互补。比如在人的感觉器官方面，若视觉器官受损或失明，在与环境相互作用的过程中，人的听觉、触觉、嗅觉等方面的发展就可能达到超出常人的水平，借助于此，有机体能保持与环境的协调。另一方面是心理机能和生理机能之间的互补。人的精神力量、意志、情绪状态对整个机体具有调节作用，能帮助人战胜身体方面的残缺与不足，使身心得到发展。比如，有的人身残志坚。相反，如果一个人的心理承受能力极差，缺乏自我调节能力和坚强的意志，即使身体健康，也可能失去信心。在教学中，教育者应该结合学生实际，运用科学的教育方法，善于发现学生的优点，扬长避短，长善救失，激发学生自我发展的信心和积极性，从而促进学生身心协调、统一地发展。

真题再现

【2014 年上半年教资考试（中学）真题·选择题】当代教育家苏霍姆林斯基在他曾经担任校长的帕夫雷什中学创立了几十个兴趣小组供学生选择。这反映了教育必须适应人身心发展的哪一个特点？（　　）

  A. 顺序性   B. 稳定性
  C. 可变性   D. 个别差异性

【2017年下半年教资考试（中学）真题·选择题】在某个时期内，个体对某种刺激特别敏感，过了这个时期，同样的刺激则影响很小或没有影响。这个时期被称为（　　）。

A. 关键期　　　　　　　　　B. 发展期
C. 转折期　　　　　　　　　D. 潜伏期

【2017年上半年教资考试（中学）真题·选择题】儿童身心发展存在高速发展期，某一时期某一方面的发展特别迅速而在其他阶段相对平稳。这一现象体现了儿童身心发展的哪一特性？（　　）

A. 顺序性　　　　　　　　　B. 阶段性
C. 个别差异性　　　　　　　D. 不平衡性

【2019年上半年教资考试（中学）真题·选择题】人的发展既体现出量的积累，又表现出质的飞跃。当某些代表新质要素的量积累到一定程度时，就会导致质的飞跃，出现新的年龄特征。这表明人的发展具有（　　）。

A. 顺序性　　　　　　　　　B. 不平衡性
C. 阶段性　　　　　　　　　D. 个别差异性

二、人的身心发展的动力学说

关于人的身心发展的动因，人们存在着不同的认识，主要分为内发论与外铄论。

（一）内发论

内发论强调人的身心发展的力量主要源于人自身的内在需要，身心发展的顺序是由身心成熟机制决定的。该理论认为个体的心理发展完全是由个体内部所固有的自然因素预先决定的。心理发展的实质是这种自然因素按其内在的目的或方向而展现的，即在人的身心发展过程中起决定作用的是遗传因素。

内发论的代表人物有中国古代的孟子、奥地利的弗洛伊德与美国的格塞尔等人。孟子的性善论认为人的本性就是恻隐、羞恶、恭敬、是非四端，这是仁、义、礼、智四种品性的根源，人只要善于修身养性，向内寻求，这些品质就能得到发展。精神分析学派创始人弗洛伊德认为人的本能是推动人发展的潜在的、无意识的、最根本的动因。心理学家格塞尔强调人的成熟对于人的发展的决定作用。他认为人的发展受特定的顺序支配，并用著名的同卵双生子爬梯实验为内发论提供了实证性证据。内发论重视人的内部需要以及人体内在的发展机制，但忽视了外部因素对个人的影响以及人的主观能动性。

（二）外铄论

外铄论的基本观点是人的发展主要依靠外在的力量，如环境的刺激或要求，以及他人的影响和学校的教育等。外铄论者强调外部力量的意义，因此一般看重教育的价值和作用，对教育改造人的本性，培养人具备社会发展所需要的知识、能力、态度等方面持积极乐观的态度。他们关心的重点是人的学习，即学习什么以及如何有效地学习。

外铄论的代表人物有中国古代的荀子、英国的洛克与美国的华生等人。荀子认为人的本性是恶的，"今人之性，生而有好利焉，顺是，故争夺生而辞让亡焉；生而有疾恶焉，顺是，故残贼生而忠信亡焉；生而有耳目之欲，有好声色焉，顺是，故淫乱生而礼义文理亡焉"。人可以通过后天"化性起伪"的方式来改造恶性，即通过"伪"的过程对人性进行改造。哲学家洛克的"白板说"认为心灵犹如一块白板，本身没有内容，可以任人涂抹，外部的力量决定了人的发展状况。行为主义心理学家华生认为只要通过环境和训练，个体就可以被塑造成任何你想塑造的样子。华生曾指出："给我一打健康的婴儿，我可以按自己的愿望培养，我保证把他们培养成我选择的任何特定的类型——医生、律师、艺术家、商人、领袖，甚至乞丐和小偷，不拘他的祖先的天才嗜好、脾气、能力、职业和种族如何。"外铄论强调外部力量的作用，重视教育的价值，但忽视了人的内在发展机制。

三、影响人的发展的主要因素

人的发展取决于多种因素，是诸种因素相互作用与建构形成的结果。人们对这些因素有不同的划分，对其在人的发展中的作用也有不同的认识和评估。影响人发展的因素从大的方面讲，主要有遗传、环境、主观能动性、教育四个方面。这些因素对人的影响不是孤立的，而是相互的、有机联系的。

（一）影响人的发展的遗传因素

遗传因素是人先天继承的、与生俱来的解剖生理特征，如机体的结构、形态、感官和神经系统类型等。遗传赋予了生物体第一要件，构成了人发展的原始起点。历史上和现实中有不少人夸大遗传在人的发展中的作用，提出"遗传决定论"。比如英国人类学家高尔顿通过量化研究，提出"天才是遗传的"观点；美国心理学家霍尔提出"复演说"，认为个体心理的发展反映着人类发展的历史。霍尔十分强调遗传在人的发展中的作用，他认为"一两的遗传胜过一吨的教育"。这些观点片面地强调了遗传在人的发展中的作用。遗传素质为人的发展提供了物质基础和生理前提，但是遗传对人的发展并不能起决定作用。

真题再现

【2015年上半年教资考试（中学）真题·选择题】"唯上智与下愚不移""生而知之"等反映了影响人的发展因素的哪一理论？（　　）

A. 环境决定论　　B. 遗传决定论　　C. 教育万能论　　D. 儿童学理论

遗传素质是人身心发展的前提，为人的发展提供了可能性。遗传是指人从上代继承下来的生理解剖上的特点，是人的发展的自然的或生理的前提条件。对个体发展来说，遗传为个体发展提供了物质基础和生理前提，没有遗传提供的物质基础，就不可能有个体相应的发展。很明显，一个生来失明的孩子，不可能被培养成一个画家；一个生来失聪的孩子，就很难被培养成音乐家。所以，遗传素质对人的发展是具有一定的影响的。据此，我们应当高度重视优生优育问题。

遗传素质的差异性对人的发展有一定的影响。人的遗传素质是有差异的，遗传素质的差异对人的发展有很大的影响。从一两岁的婴儿身上，你可以看到，他们在对外界事物反应的快慢、情感表现的强弱和注意力是否容易转移等方面存在着差异，这些都与神经活动的类型密切相关。

遗传素质的成熟机制制约着人的身心发展的水平与阶段。遗传素质本身有一个发展与成熟的过程，主要表现为人的身体的各种器官的形态结构及机能的发展变化与完善。遗传素质的成熟程度，为一定年龄阶段的身心特点的出现提供了可能，制约着人的发展的年龄特征。例如，人们常说"三翻六坐九爬爬"，这反映了人的遗传素质的发展过程。如果让6个月的婴儿学走路，不但是徒劳的，而且是无益的。同理，让4岁的儿童学高等数学，也是难以成功的。只有当人体的发展具有了一定的生理条件，才能为学习一定的知识技能提供可能。美国著名的发展心理学家格塞尔曾通过经典的双生子爬梯实验提出成熟论，强调身心遗传素质的成熟对个体发展的作用。格塞尔在1929年对一对双生子进行实验研究。他首先对双生子1和双生子2进行行为基线的观察，认为他们的发展水平相当。接着在双生子出生第48周时，他对双生子1进行爬楼梯训练，而对双生子2则不予相应训练。训练持续了6周，其间双生子1比双生子2更早地显示出某些技能。到了第53周，当双生子2达到能够学习爬楼梯的成熟水平时，格塞尔开始对他进行集中训练，发现只要少量训练，双生子2就达到了双生子1的熟练水平。进一步的观察发现，在第55周时，双生子1和双生子2的能力没有差别。因此，格塞尔断定儿童的学习与发展能力取决于生理的成熟，生理成熟之前的早期训练对最终的结果并没有显著作用。

遗传素质具有可塑性。遗传素质具有先天的稳定性，为人的发展提供了可能性，但遗传素质会在环境、教育、人的主观能动性等内外因素作用下发生改变，如美国心理学家雷蒙德·卡特尔把智力的构成区分为流体智力和晶体智力两大类。流体智力属于人类的基本能力，受先天遗传因素影响较大，受教育文化影响较少。流体智力的发展与年龄有密切的关系：一般人在20岁以后，流体智力的发展达到顶峰，30岁以后流体智力随着年龄的增长而降低。这就说明了遗传素质具有可塑性。遗传素质是教育的基础，同时遗传素质的可塑性也为人的教育提供了可能性。

真题再现

【2016年上半年教资考试（中学）真题·选择题】如果让六个月的婴儿走路，不但徒劳而且无益。同理，让四岁的儿童学高等数学，也难以成功。这说明（　　）。

A. 遗传素质的成熟程度制约着人的发展过程及阶段
B. 遗传素质的差异性对人的发展有一定影响
C. 遗传素质具有可塑性
D. 遗传素质决定人发展的最终结果

【2016年下半年教资考试（中学）真题·辨析题】遗传素质具有可塑性。

（二）影响人的发展的环境因素

遗传素质是人的发展的生理前提，但也只是为人的发展提供了先天可能性，要把这种发展的可能性转化为发展的现实性，还有赖于后天生活中的环境影响。环境是人的发展的现实根基与资源。恩格斯曾指出，自然和历史是人类在其中生存、活动并表现自己的那个环境的两个组成部分。恩格斯所说的"自然"和"历史"，就是我们赖以生活的自然环境和社会环境。环境对人的发展也起着重要的作用，所谓"一方水土养育一方人"，讲的就是这个道理。历史上曾有一些学者提出了环境决定论。例如，中国古代的思想家墨子认为，人的发展犹如白布被放进染缸，"染于苍则苍，染于黄则黄；所入者变，其色亦变"。荀子也有类似的观点，他说："蓬生麻中，不扶而直；白沙在涅，与之俱黑。"西方行为主义心理学家提出的刺激—反应学说认为，人的发展就是环境刺激的结果。环境决定论者把人看成环境的消极、被动的产物，片面夸大环境对人的发展的作用。我们应客观认识环境在人的发展中的作用。具体来说，环境对人的发展的影响主要表现在以下两个方面：

第一，环境为人的发展提供了条件和可能性。人作为一个自然生物体，离不开自然环境；作为一个社会人，离不开社会环境。环境不是外在于人的，而是人参与创造和建构的。环境为人的发展提供外部资源和条件，缺少这些外部条件，就会影响人的正常发展。"狼孩"的例子就是一个很好的证明。具有正常人类遗传因素的孩子，因为到了狼的生活环境中，脱离了人正常的社会环境，就具有了狼的习性，而不具有正常人的特征，不可能获得人的社会发展。"狼孩"只有回到人的生活环境中，人性才能逐步得以恢复。

第二，环境对人的发展的作用离不开人对环境的能动活动。环境虽然具有一定的给定性，但其对人的影响还取决于人的选择性。环境的给定性，反而激发了人的能动性、创造性。人不仅能够适应环境而生活，而且能够选择、改造环境以求自身的发展，进而还能够有意识地选择、利用环境的条件与资源来为让年轻一代获得更好的发展服务。因此，对于教育而言，不仅要重视环境的塑造，更要重视人的自我意识和主观能动性的激发，培养人在环境面前积极的人生态度。

（三）人的能动性在发展中的作用

人的主观能动性是指人类所特有的能动地反映世界和改变世界的能力和作用。人是一个能动的个体，环境和教育的影响只是人的身心发展的外因，对人的发展的影响只有通过人的身心发展的内因才能起作用。因此，人的个体的主观能动性是其身心发展的动力。所谓"逆境可以毁才也可以成才""同流而不合污""出淤泥而不染""君子群而不党""威武不能屈"等古训就是这个道理。个体的主观能动性对自身发展的作用主要表现在以下两个方面。

第一，个体的主观能动性是其身心发展的动力，在个体发展中起着最终的决定作用。在人的发展过程中，人不仅能反映客观环境，还能改造客观环境以促进自身的发展。学校、环境和遗传素质只是为人提供了发展条件。这些条件能否发挥作用以及能在多大程度上发挥作用，最终完全取决于人自己。如果学生没有学习的要求，厌恶学习，懒于思考，缺乏学习的动力，教师所讲的东西是不会变成学生的精神财富的。因此，在教育的过程中，学习者必须有一定的"向学"精神。学生不仅仅代表着一种身份，更代表着一种生命的动态过程。学生不是一种静态的身份描述，而是一种不断涌动着可能性、积极成长的生命属性。学生不是被动的盛装知识的容器，而是向着知识世界自主发展、自我成长的人。学生在学校教育过程中所显现出来的向学之心，向着美好事物积极求索与进取之心，乃是学生之为学生的根本所在。学生之为学生的实质就是成为向学的生命。[1]

第二，人的主观能动性是通过人的活动表现出来的。离开了人的活动，遗传素质、环境和教育所赋予的一切发展条件，都不可能成为人的发展的现实。人的身心发展是通过活动来实现的，个体的活动是个体发展的决定性因素。个体通过能动的活动选择、建构自我的发展。这就要求：一方面，在学习过程中，学习者要有"纸上得来终觉浅"的实践意识，要亲自在各类事物上磨炼自己，摄取外部世界的资源，使其转化为自己的知识和能力；另一方面，学习者也要有"只争朝夕"的勤奋刻苦的学习心理，因为没有不断的实践活动，就不可能有对知识和技能的熟练掌握。正如荀子所讲："无冥冥之志者，无昭昭之明；无惛惛之事者，无赫赫之功。"没有精诚专一的志向，就不会有明辨是非的智慧；不能专心一志，苦干一番，就不会有显著的功绩。

以上，我们对遗传、环境和个人的主观能动性对人发展的影响作了具体的论述，至于学校教育在人的发展中的作用，我们将在下一节作进一步的论述。

---

[1] 刘铁芳：《让学生成为向学的生命》，《中国教育学刊》，2013年第9期，第17—22页。

第二节 学校教育在人的发展中的作用

【学习目标】
1. 掌握学校教育在人的发展中起主导作用的原因。
2. 掌握学校教育在人的发展中发挥主导作用的条件。

学校教育是一种有目的、有计划、有组织地培养人的活动。因此，学校教育在人的发展中能够结合人的遗传因素，自觉地调控环境的影响，促进人的发展向最大的可能性迈进。具体而言，学校教育能够促进个体的社会化与个性化。

一、学校教育在人的发展中起主导作用的原因

学校教育是一种特殊的社会环境，它是按照人的身心发展这种特殊需要组织起来的环境。与遗传素质的可能性、环境因素的自发性相比，学校教育在青少年儿童的身心发展中起主导作用。学校教育之所以对人的发展发挥着主导作用，主要有以下几方面原因。

第一，学校教育是一种有目的、有计划、有组织、有系统地培养人的活动。教育作为一种有目的地培养人的社会活动，就是在一定的教育目的的引领下，有目的、有计划地组织教育活动，引导个体朝着预定的方向发展，改变人在自然状态下自发的发展过程，以期形成教育目的所规定的理想品质。与家庭教育相比，学校教育更代表社会对个体发展提出的社会性规范要求，个体必须遵照这种规范性要求，认同社会的主流价值观，形成符合社会需要的品质，成为符合社会要求的人。学校中进行的大量有目的、有意识、有计划的活动的特殊性正在于它是为影响受教育者的成长而精心设计的。这类设计只要符合一系列的基本要求，就有可能对参与活动的受教育者的发展起主导作用。

第二，教育工作是由受过专门训练和培养的教师或教育工作者来进行的。教师作为专业的教育人员，具有从事教育教学的知识、能力和道德人格，担负着教育学生的责任。学生是处于人生某一阶段的儿童，是发展中的人，他们不仅具有可塑性，而且有强烈的发展愿望，在发展的过程中需要得到教师的指导。学校教育是由担当教育责任的教师和具有发展愿望的学生共同参与的活动，学校活动是在人为设置的环境中进行的。这一环境中有意识提供的条件与活动对象，都是为实现教育目的和完成教育任务服务的。其最大的特点是弥漫着科学、文化和道德规范的气息。在这特殊的环境中，教师在先进教育理念的指导下，围绕着教育目的和教学目标，通过选择合适的教学内容，实施有效的教学活动和教学方法，在专门的环境中对学生施加系统的影响，促进学生的有效

发展。

第三，教育可以把遗传素质提供的可能性、自发的环境影响以及个人的主观努力纳入教育轨道，以促进青少年儿童的发展。学校教育不再被看作与环境、遗传并列的一个影响发展的基本因素，也不再被看作包含在环境中的特殊环境，而是被当作一种包含着特殊个体与特殊环境的特殊活动因素，即三因素的特殊综合。学校教育是有目的地设计的，是特殊的主体在特殊的环境中进行的特殊活动。学校教育正是因为其综合性，才能够有目的地整合个体自身的因素、外部环境因素与主观能动性，共同促进人的发展。

真题再现

【2013年上半年教资考试（中学）真题·选择题】在影响人的身心发展的诸因素中，教育，尤其是学校教育在人的身心发展中起（　　）。
A. 决定作用　　　B. 动力作用　　　C. 主导作用　　　D. 基础作用

【2016年上半年教资考试（中学）真题·简答题】为什么教育对人的发展起主导作用？

【2019年上半年教资考试（中学）真题·辨析题】教育在人的身心发展中起决定作用。

二、学校教育对人的发展起主导作用的条件

教育具有促进人发展的功能，但并非所有的教育都能够发挥这样的功能，学校教育亦是如此。所以，学校教育要发挥促进人发展的功能，必须正确地认识和把握促进人发展的条件，在遵循这些基本条件的前提下，实施适合人的教育，只有这样才能在人的发展中起到主导的作用。学校教育要在人的发展中起主导作用需要做到以下几个方面。

（一）学校教育必须遵循人的身心发展规律

人的身心发展是有规律的，学校教育作为以促进人的身心发展为直接目的的活动，必须遵循人的身心发展规律。其一，要认识人的身心发展的一般性规律，包括身心发展的顺序性、阶段性、不平衡性、差异性和互补性，按照人的身心发展的规律组织和开展教育活动。其二，要把个人作为一个独特的个体加以认识，了解个体的兴趣爱好、动机、态度、价值观等。不遵循人的身心发展规律，教育就会成为盲目的活动，不仅不能促进人的身心发展，反而会给人的身心发展带来危害。只有遵循个人的身心发展规律，学校教育才能正常地开展。具体而言，在我国，我们在学校教育中就要树立素质教育的观念，尊重学生，"育人为本"，面向全体学生，促进学生德、智、体、美、劳各方面的全面发展。

（二）学校教育必须符合社会发展的方向和要求

人是社会的人，人的社会化要求教育活动的方向必须与社会一致，只有这样，才能培养社会所需要的人。学校教育的目标应符合社会发展的总方向，立足于人类社会发展的当代水平以及所在国家的现有发展水平，使社会大环境与学校小环境能取得正向的一致。教育的目标要主动与国家发展的目标对接，为党育人、为国育才。学校教育要牢记这一使命，培养有理想、有本领、有担当的堪当复兴重任的时代新人。

（三）学校教育要充分调动学生个体的能动性，把学生作为教育活动的主体

个人的主观能动性是个人发展的最终决定力量和动力，因此，学校教育要促进人的发展，离不开学生的主体性的发挥。教育促进人的发展，而人的发展是自己的发展，是他人所不能替代的，是自主的发展。虽然人的发展借助于教育，教育可以加速人的发展和引导人的发展方向，但教育必须把人作为发展的主体。联合国教科文组织在《学会生存——教育世界的今天和明天》报告中深刻地指出："未来的学校必须把教育的对象变成自己教育自己的主体。受教育的人必须成为教育他自己的人；别人的教育必须成为这个人自己的教育。"[①] 教育过程不是教师对学生进行灌输和强迫学生改变的过程，而是教师引导学生自主发展、自我建构的过程。教育能否发挥其主导作用的关键是能否激起学生不断建构新知识的欲望。要实现学校教育对学生发展的主导作用，其基本条件是学生的能动活动。学校教育主导作用的实现，最重要的条件是必须通过学生自身的积极活动。离开了学生自身的主观能动性，学校教育的作用便无从谈起。

（四）学校教育要和家庭教育、社会教育相互协调、配合

一个人的良好发展，受到学校教育、家庭教育和社会教育的综合影响。一个人的培养不可能由学校教育独立完成，这样也不现实。学校教育要发挥好培养人的主导作用，离开家庭教育和社会教育的积极配合是不可能的。正因为如此，现代社会的教育越来越要求学校教育与家庭教育、社会教育协同育人，构建"三位一体"教育格局，充分发挥学校教育的主渠道作用、家庭教育的基础作用以及社会教育的平台和依托作用。

虽然我们讲学校教育在人的发展中起主导作用，但并不是说学校教育的作用是无限的，我们认为学校教育在人的发展中所起的作用是有一定限度的。人的发展是遗传、环境、学校教育、个人主观能动性等多方面因素促成的，我们不能简单地将一个人的成功或失败归咎于以上某一方面，无限夸大学校教育在人的发展过程中的作用是错误的。我国古代社会将人性分为"三品"。孔子说"唯上智与下愚不移"，上智下愚是孔子根据人

[①] 联合国教科文组织国际教育发展委员会：《学会生存——教育世界的今天和明天》，华东师范大学比较教育研究所译，教育科学出版社，1996年，第200页。

的智力发展水平对于智力类型的划分。《颜氏家训》指出："上智不教而成，下愚虽教无益，中庸之人，不教不知也。"董仲舒的"性三品说"把人性区分为"圣人之性""中民之性"和"斗筲之性"。其中，"斗筲之性"被认为是无"善质"的、生来就"恶"的，教化无用。以上说法皆认为教育对于不同类型的人而言，所起到的作用有差异，对于下愚和中庸之人的影响微乎其微。这些思想尽管渗透着浓烈的封建主义色彩，但不可否认的是，后天的教育只是主体发展的某一因素，并不能完全实现主体的进步发展，个体的发展是内外因素、先天后天因素共同促成的。

真题再现

【2013年上半年教资考试（中学）真题·选择题】要实现学校教育对学生发展的主导作用，其基本条件是（　　）。

A. 学校的环境创设　　　　　　B. 教师的主导作用
C. 家长的积极配合　　　　　　D. 学生的能动活动

第五章　教育目的

教育是一项有目的地培养人的社会活动。选择和确立教育目的是教育活动开展的起点。本章我们将对教育目的选择和确立的依据、我国的教育目的、全面发展教育的组成及其关系等基本问题进行探讨。

第一节　教育目的概述

【学习目标】
1. 了解教育目的选择和确立的依据。
2. 了解教育目的选择和确立的价值取向。
3. 了解我国教育方针的演变。

教育目的是教育活动的出发点和归宿。本节我们首先探讨教育目的的内涵及其层次，了解教育目的是什么；其次将对教育目的选择和确立的依据、价值取向等问题进行探讨；最后介绍我国教育目的的演变历程及当前的教育方针。

一、教育目的的内涵与层次

（一）教育目的的内涵

教育目的是把受教育者培养成一定社会需要的人的总要求。它反映了一定社会对受教育者的要求，是教育工作的出发点和最终目标，也是确定教育内容、选择教育方法、检查和评价教育效果的根据。

在我国，教育目的这一概念经常由教育方针来指代，那么教育目的与教育方针有怎样的区别呢？我们认为教育目的较为宏观，而教育方针较为具体。教育方针是国家为实现教育目的所规定的教育工作总方向，是一定时期国家教育发展的总的指导思想和发展方向，它包括教育性质和方向、教育目的和实现教育目的的基本途径等。教育方针要及时反映特定历史时期社会政治、经济的要求，具有易变性；教育目的指向人才的培养，具有稳定性。

(二) 教育目的的层次

教育目的的层次结构，是指在国家教育的总目的指导下，由各级各类学校的培养目标以及实现这些目标所必需的课程与教学目标构成的教育目标系统，它们由抽象到具体，形成了一个完整的目标体系结构。一般来说，这一目标体系由四个层次构成：教育目的、培养目标、课程目标、教学目标。

一是国家或社会所规定的教育总目的，即代表国家或社会对受教育者提出的总的要求。它是各级各类学校所要遵循和实现的总要求，是人才培养最根本的质量规格。

二是各级各类学校的培养目标，即在总目的指导下，依据学校的层次、性质、人才培养的具体质量和规格的不同，形成的不同学校的不同培养目标。比如我国的小学、初中、中专、职高和大学，都有各自不同的培养目标，这也是教育的总目的在不同层次、类别学校的反映。又比如，《中华人民共和国义务教育法》第三条提出义务教育的培养目标是"使适龄儿童、少年在品德、智力、体质等方面全面发展，为培养有理想、有道德、有文化、有纪律的社会主义建设者和接班人奠定基础"；2017年教育部制定的《普通高中课程方案（2017年版）》提出，高中阶段的培养目标是在义务教育的基础上，进一步提升学生综合素质，着力发展学生核心素养，使学生成为有理想、有本领、有担当的时代新人。

三是课程目标，即各个教学科目的课程方案设置，如语文、数学、外语、历史、地理、物理、化学、生物等课程所规定的教学应达到的要求或标准。这个层次的目标是各级各类学校培养目标的具体化，学校通过课程目标的实现来完成培养目标。因此，实现课程目标是实现人才培养目标的基本保证。

其四是教学目标，指教师在实施课程计划的过程中，在完成某一阶段（如一节课、一个单元或一个学期）的教学工作时所期望达到的要求或结果。

从教育目的到教学目标是从抽象到具体的关系，后者是前者的具体化，只有实现了具体的教学目标，才能达到实现教育的总目的的要求；反过来，从教学目标到教育目的是从具体到抽象的关系，上一个层次的教育目标是下一个层次教育目标的依据、任务和方向，对下一个层次的目标起制约和指导作用。因此，教育工作者既需要熟悉具体化的课程目标和教学目标，也需要对国家的教育目的、各级各类学校的培养目标有所了解。只有心怀"国之大者"，才能更好地制定教学目标，完成国家教育目的所规定的任务。

具体而言，教育目的与培养目标都属于培养人才的概括性要求，前者是针对各级各类学校的总要求，后者是对某一级或某一类学校的特殊要求，两者是一般与特殊的关系。课程目标和教学目标都指向学生在知识与技能、过程与方法、情感态度与价值观方面的变化，前者是就某一门课程而言的，后者是就某一教学时段而言的。两者在具体化程度上有所不同，相比课程目标，教学目标更加具体。

真题再现

【2015年上半年教资考试（中学）真题·辨析题】教育目的和培养目标是同一概念。

【2016年考研真题·选择题】小学"1~2年级认识常用汉字1600个左右，其中800个左右会写"。这项要求属于教学目的层级中的（　　）。

A. 教育目的　　B. 培养目标　　C. 课程目标　　D. 教学目标

【2007年考研真题·辨析题】培养目标是根据教育目的制定的。

【2008年考研真题·辨析题】作为教师，不一定要有明确的教育目的，但必须有明确的教学目标。

二、教育目的的选择和确立

培养什么样的人，怎样为社会培养人，一直是古今中外一切教育活动展开的前提。教育目的的确立事关人才培养的核心问题。教育目的的选择和确立受到多方面因素的影响。

（一）教育目的选择和确立的依据

1. 社会的政治、经济、文化是教育目的选择和确立的主要依据

教育产生于社会需要，与一定的社会现实及其发展有着密切联系。要更好地服务于社会，必须依据社会现实和发展需要来选择和确立教育目的。

（1）教育目的受到一定社会政治制度的影响。

从教育目的的性质来看，一个社会总是要求培养出的人才为其政治经济服务，一个社会需要什么样的人，具有什么样的政治倾向和思想意识，需要哪些类型与规格的劳动力，都集中地反映在其所制定的教育目的上。

（2）教育目的受到社会生产力和科学技术发展的影响。

人的发展与生产力的发展有着内在的联系，因而，生产力发展必然影响着人的发展。培养什么样的人，必然要反映一定社会生产力发展的水平。

（3）教育目的的制定受文化传统的影响。

文化传统是一个民族、一个国家或一个地区世代沿袭下来的文化性格或文化模式。教育目的的选择和确立受文化传统的影响。例如，受传统文化的影响，长期以来，我国教育的最高理想是培养道德完善的"圣人""君子"，在教育中比较重视道德教育，教育的普遍特征就是道德至上；英国社会所向往的理想人物是"绅士"，所以就比较重视文

化素质，教育目的强调陶冶学生的人格，注重培养有教养的人；德国是一个后起的国家，为了同当时较为发达的国家进行竞争，必须重视科学技术，因此注重科学技术教育，要求培养出来的各种人才具有创新思想和开拓精神。

2. 人自身的发展特点是教育目的选择和确立的重要依据

人在不同年龄阶段，身心发展特点和水平也有所不同，教育目的在转化为人们所期望的受教育者的成长的过程中，就不能不考虑受教育者的身心发展规律和特点。各级各类学校的培养目标应该既有联系又有区别，既有衔接性又有各自的质量、规格要求，使各级各类教育目标形成一个循序渐进、相互联系的有机序列，切实提高目标的针对性和可行性。

3. 教育目的的选择和确立受决策者教育理性与价值观的影响

教育政策的制定者持什么样的教育目的论，如何看待教育的功能和价值，也是影响一个时期教育目的制定的重要因素。比如民国时期，蔡元培任教育总长时制定的教育宗旨就受其教育思想的影响。他在1912年2月发表了著名的教育论文《对于新教育之意见》，根据专制时代和共和时代对教育的不同要求，从养成共和国国民健全之人格的观点出发，提出军国民教育、实利主义教育、公民道德教育、世界观教育和美感教育"五育"并举的教育思想，这一思想成为中华民国初期教育宗旨的基础。

真题再现

【2017年下半年教资考试（中学）真题·选择题】教育目的的制定受到诸多因素的影响，其中决定教育目的的性质、方向和内涵的因素是（ ）。

A. 受教育者的身心发展特点　　B. 哲学思想和教育思想
C. 生产力水平和政治经济制度　　D. 文化传统和教育传统

（二）教育目的选择和确立的价值取向

教育目的的价值取向，是指教育目的的提出者或从事教育活动的主体，依据自身对人的发展和社会发展需要的理解而对教育价值做出选择时所持有的一种倾向。在教育目的的价值取向上，争论最多、影响最大、最具根本性的问题是：教育活动究竟是应当注重满足人的个性发展需要，还是应当注重满足社会发展需要？由此，构成了教育目的选择上的两种典型的价值取向，即个人本位论和社会本位论。

1. 个人本位论

个人本位论，即把人作为教育目的根本所在的思想主张。其特点是：重视人的价值、个性发展及需要，把人的个性发展及需要的满足视为教育的价值所在；认为教育目的的根本在于使人的本性、本能得到自然发展，使其需要得到满足；主张教育应根据人的本性发展和自身完善这种"天然的需要"来选择、确立教育目的。个人本位论的渊源可以追溯到古希腊的智者派，18世纪和19世纪上半叶是这一理论的全盛时期，主要反映在自然主义和人文主义的教育思想中，其主要代表人物有中国的孟子、法国的卢梭、瑞士的裴斯泰洛齐、德国的康德、美国的马斯洛、法国的萨特等。

个人本位的价值取向把人视为教育目的的根本，它在历史发展中的每一变化，都具有不同程度的变革性，或面对社会，或面对教育自身。它在人类历史的进程中不乏进步意义，特别是在文艺复兴以后的历史条件下，它高扬人的个性解放的旗帜，对于打破宗教神学和封建专制对人的束缚、促进人的解放、使教育回归人间，起到了重大的历史奠基作用。

但是，激进对立的个人本位的价值取向脱离社会来思考人的发展，在提出教育目的时，无视人的发展的社会要求和社会需要，甚至把满足人的需要和满足社会的需要对立起来，把教育的个人目的和社会目的看成是不可调和的。这种倾向易在现实中导致个性、自由和个人主义的绝对化。因此，个人本位的价值取向在社会发展中带有明显的片面性。

2. 社会本位论

社会本位论与个人本位论相对应，把满足社会需要视为教育的根本价值。这种观点认为，社会是人们赖以生存和发展的基础，教育是培养人的社会活动，教育培养的效果只能以其社会功能的好坏来加以衡量，离开了社会需要，教育就不能满足社会的需求。因此，教育目的不应从人本身出发，应以社会需要为本，强调要根据社会发展需要来制定教育目的。

社会本位论者强调教育目的就是使个体社会化，使个人适应社会生活，成为对社会有用的公民；教育过程就是把社会的价值观念或集体意识强加于个人，把不具有任何社会特征的人改造成具有社会所需要的个人品质的"社会的新人"。

涂尔干认为，社会才是真正的存在，人实际上因为生活在社会中才是人，教育在于使年轻一代系统地社会化。这一理论的思想渊源可以追溯到古希腊的柏拉图和春秋战国时期的荀子。19世纪下半叶，随着西方社会学的兴起，这一理论进入鼎盛时期，其主要代表人物有德国的纳托普、凯兴斯泰纳，法国的孔德、涂尔干等人。

人与社会是密切联系、不可分割的两个不同的方面，应该历史地、具体地看待个人本位论与社会本位论的观点。上述两种主张是在具体的历史条件下对教育目的的分析，都具有一定的合理性。虽然两者中的激进观点或多或少都有割裂人与社会相互关系的嫌疑，导致对教育目的的片面认识，但在个人本位论中同样不乏有人对"社会的人"的思考，在社会本位论中也有人没有完全抛开"为了人"的论调。在西方教育史上，还有人尝试调和教育目的的个人本位论和社会本位论的分析，以实现两者的兼顾与和谐。比如杜威就认为,教育过程和教育目的应该"使个人特性与社会目的和价值协调起来"。一方面,他提出教育只存在于"教育过程以内",不存在"教育过程以外",反对脱离儿童本能、需要、兴趣、经验的强加的外在目的,主张教育目的随着儿童的不同而变化,随着儿童生长和教育者经验的增长而变化。另一方面,杜威又强调把教育的社会方面放在第一位,由教育者从教育过程内部提出教育目的在于"使个人能继续他们的教育",而这样的教育是"民主主义"社会本身的要求,并以"民主主义"社会为背景,教育应该"成为民主观念的仆人",从而实现了个人本位论与社会本位论的调和。

任何僵化、绝对的思考和讨论,都无益于对教育目的全面、深刻的认识,也不利于教育活动的开展和教育价值的实现。在选择、确立教育目的时,我们应把教育满足人的需要和满足社会的需要结合起来,把重视人的价值和重视社会价值结合起来,既避免教育压抑人,也避免教育脱离社会实际与发展需求。

真题再现

【2019年上半年教资考试(中学)真题·选择题】18世纪法国思想家卢梭认为,"儿童的自然"决定教育目的。这种教育目的的价值取向属于(　　)。

A. 个人本位论　　　　　　　　B. 社会本位论
C. 国家本位论　　　　　　　　D. 生活本位论

【2017年上半年教资考试(中学)真题·选择题】在教育目的的价值取向问题上,主张教育是为了使人增长智慧、发展才干、生活更加充实幸福的观点属于(　　)。

A. 个人本位论　　　　　　　　B. 社会本位论
C. 知识本位论　　　　　　　　D. 能力本位论

【2014年上半年教资考试(中学)真题·选择题】德国教育家凯兴斯泰纳曾提出过"造就合格公民"的教育目的论。这种教育目的论属于(　　)。

A. 个人本位论　　　　　　　　B. 社会本位论
C. 集体本位论　　　　　　　　D. 个别差异论

【2014年下半年教资考试(中学)真题·选择题】在教育目的的价值取向上,存在的两种典型对立的理论主张是(　　)。

A. 个人本位论与社会本位论　　B. 国家本位论与社会本位论
C. 全面发展论与个性发展论　　D. 国家本位论与个人本位论

三、我国的教育目的

(一)我国教育目的的历史沿革

我国的教育目的虽然在不同的历史时期有不同的表述,但其精神实质都是通过教育塑造理想人格，并以个人的人格魅力和德行修养来服务并服从于统治阶级的需要，培养统治阶级需要的统治人才。

中国近代实行新学制以后，我国教育开始转向现代教育的轨道。1906年，《学部奏请宣示教育宗旨折》提出"忠君、尊孔、尚公、尚武、尚实"的教育宗旨，虽带有浓厚的封建色彩，但是一些教育思想却具有划时代的意义，如提倡"尚公"，强调"务使人人皆能视人犹己，爱国如家"；倡导"尚实"，强调"实行""实用"，重视职业教育，一改封建社会重道轻器的传统，以图培养"可农可工可商之才"。

中华民国成立后，蔡元培提出"以美育代宗教"的思想，将美育纳入国家的教育方针中。1912年，教育部提出"注重道德教育，以实利教育、军国民教育辅之，更以美感教育完成其道德"的教育方针。在新文化运动和五四运动的深刻影响下，1919年教育部教育调查会通过由沈恩孚、蒋梦麟提交的《教育宗旨研究案》，确立"养成健全人格，发展共和精神"的教育宗旨。此后，1929年颁布的"三民主义"教育宗旨，提出中华民国之教育，根据三民主义，以充实人民生活、扶植社会生存、发展国民生计、延续民族生命为目的，务期民族独立、民权普遍、民生发展，以促进世界大同。

1940年，在《新民主主义论》中，毛泽东又提出了建立"民族的、科学的、人民大众的新文化和新教育"[①]的新民主主义教育方针。新中国成立以来，随着时代的发展，由于不同的历史时期对人才的要求不同，我国教育目的几经变化，先后出现了多种不同的表述。

1949年9月，中国人民政治协商会议第一次会议通过的《共同纲领》明确规定："中华人民共和国的文化教育为新民主主义的，即民族的、科学的、大众的文化教育。人民政府的文化教育工作，应以提高人民的文化水平，培养国家建设人才，肃清封建的、买办的、法西斯主义的思想，发展为人民服务的思想为主要任务。"[②]

为了贯彻这一方针，1949年12月，教育部召开第一次全国教育工作会议，明确了新中国教育工作的目的，即"为人民服务，首先为工农服务，为当前的革命斗争与建设服务"。"两为"作为我国新民主主义教育方针，是毛泽东新民主主义教育思想的具体体现，确立了新中国成立初期我国教育的基本职能、作用和政策基点。

从1952年开始，我国进入由新民主主义向社会主义过渡时期。与此相适应，我国教育也开始了由新民主主义教育向社会主义教育的过渡，教育中的社会主义因素不断增长。

1956年，我国生产资料所有制的社会主义改造基本完成后，全面转入大规模的社会主义建设时期。为使教育事业适应大规模社会主义建设对人才的迫切需求，我国社会主义教育方针逐步明确。1957年2月，毛泽东在《关于正确处理人民内部矛盾的问题》中提出，"我们的教育方针，应该使受教育者在德育、智育、体育几方面都得到发展，

[①] 中共中央文献研究室：《毛泽东在七大的报告和讲话集》，中央文献出版社，1995年，第80页。
[②] 《人民政协文件》，人民出版社，1951年，第54页。

成为有社会主义觉悟的、有文化的劳动者"①，突出培养"劳动者"的教育目的。

1958年9月，中共中央、国务院发布的《关于教育工作的指示》明确提出，"党的教育工作方针，是教育为无产阶级政治服务，教育与生产劳动相结合"，同时指出"教育的目的，是培养有社会主义觉悟的有文化的劳动者"。这是新中国成立后，中央文件首次将关于教育的表述冠以"教育方针"字样。此后，人们将这一方针与1957年提出的教育方针结合起来，作为统一的教育方针加以贯彻，这就是1961年《教育部直属高等学校暂行工作条例（草案）》（即"高教六十条"）提出的，"教育必须为无产阶级政治服务，必须同生产劳动相结合，使受教育者在德育、智育、体育几方面都得到发展，成为有社会主义觉悟的有文化的劳动者"②。至此，我国形成了较为完整的教育方针的表述。

改革开放新时期，党和国家的工作重点转移到社会主义现代化建设上来，为适应这一根本任务转变，中国特色社会主义教育方针得到了发展与逐步完善。1985年5月，中共中央《关于教育体制改革的决定》明确提出，"教育必须为社会主义建设服务，社会主义建设必须依靠教育"，在教育方针上实现了由"教育为无产阶级政治服务"到"教育必须为社会主义建设服务"的思想升华和历史飞跃。

20世纪90年代初，为适应国家经济社会发展，教育方针的表述更加规范化。1990年12月30日，党的十三届七中全会通过的《中共中央关于制定国民经济和社会发展十年规划和"八五"计划的建议》提出，"继续贯彻教育必须为社会主义现代化服务，必须同生产劳动相结合，培养德、智、体全面发展的建设者和接班人的方针"③，将以往的"劳动者"改为"建设者和接班人"。1993年，中共中央、国务院颁布的《中国教育改革和发展纲要》重申了"教育必须为社会主义现代化建设服务，必须与生产劳动相结合，培养德、智、体全面发展的建设者和接班人"的方针。1995年3月，八届全国人大三次会议通过的《中华人民共和国教育法》沿用这一教育方针，但在文字上作了重要修改，除了在"建设者和接班人"前加上了"社会主义事业的"外，还在"德、智、体"后加上了"等方面"，反映了我国在教育方针认识上的深化。至此，我国改革开放新时期的教育方针已完成了法律程序，写进了教育的根本大法。

1999年，中共中央、国务院颁布的《关于深化教育改革全面推进素质教育的决定》对于人才培养提出了"美"的要求。这样，改革开放新时期的教育方针就表述为"教育必须为社会主义现代化建设服务，必须与生产劳动相结合，培养德、智、体、美等方面全面发展的社会主义事业建设者和接班人"。

2018年，习近平总书记在全国教育大会上指出，要努力构建德、智、体、美、劳全面培养的教育体系，提出要在学生中弘扬劳动精神，教育引导学生崇尚劳动、尊重劳

---

① 《毛泽东同志论教育工作》，人民教育出版社，1958年，第9页。
② 中国劳动关系学院：《劳模学概论》，人民出版社，2020年，第233页。
③ 《中共中央关于制定国民经济和社会发展十年规划和"八五"计划的建议》，人民出版社，1991年，第30页。

动，懂得劳动最光荣、劳动最崇高、劳动最伟大、劳动最美丽的道理，长大后能够辛勤劳动、诚实劳动、创造性劳动。① 我国把"劳"和"劳动教育"纳入教育方针的培养规格的总要求中，明确提出要构建实现德、智、体、美、劳全面发展的育人体系，这是对党的全面发展教育方针的重大创新。②

2021年修订后的《中华人民共和国教育法》，将我国的教育方针表述为"教育必须为社会主义现代化建设服务、为人民服务，必须与生产劳动和社会实践相结合，培养德、智、体、美、劳全面发展的社会主义建设者和接班人"③。

真题再现

【2019年上半年教资考试（中学）真题·简答题】简述我国当前教育方针的基本内容。

【2016年考研真题·选择题】20世纪50年代末，我国的教育方针强调（　　）。

A. 教育必须与生产劳动相结合　　B. 教育必须与社会实践相结合
C. 教育必须为人民服务　　D. 教育必须为现代化服务

（二）我国教育目的的精神实质

纵观新中国成立后我国教育方针的历史演变，虽然各个历史时期的表述略有不同，但整体而言，这些教育方针都具有相同的精神内涵。我国教育目的的精神实质可以概括为以下几点。

第一，坚持教育目的的社会主义方向，是我国教育目的的根本特点。我国是社会主义国家，我国的学校教育必须反映社会主义的基本特征，为国育人，为党育才，为我国社会主义事业的发展服务。

第二，使受教育者德、智、体、美、劳等方面全面发展，是我国教育、培养人才的总体规格。我国教育目的中蕴含人才培养的素质要求：一是明确了人才应有的基本素质，即德、智、体、美、劳全面发展；二是明确了在注重基本素质形成发展的同时，也要注重受教育者个性的丰富发展。

第三，培养劳动者或社会主义事业的建设者和接班人，是我国教育目的的基本使命。

第四，坚持教育与生产劳动相结合，是我国教育发展的基本途径。只有坚持教育与生产劳动相结合，教育才不会脱离社会主义实践，人才培养也才会更为全面。

---

① 中国劳动关系学院：《劳模学概论》，人民出版社，2020年，第64页。
② 李雨燕：《准确把握新时代劳动教育的育人导向》，《光明日报》，2020年4月17日第6版。
③ 《全国人民代表大会常务委员会关于修改〈中华人民共和国教育法〉的决定》，《人民日报》，2021年4月30日第4版。

（三）我国教育目的的理论基础

不同国家的教育目的会有不同的理论基础，我国教育目的的理论基础是马克思主义关于人的全面发展的学说。马克思主义关于人的全面发展的学说，主要有以下几个观点。

第一，人的全面发展是与人的片面发展相对而言的，全面发展的人是精神和身体、个体性和社会性都得到普遍、充分而自由发展的人。

马克思主义关于人的全面发展学说是相对人的片面发展而言的。人的发展是由社会存在决定的，社会物质生活和生产条件决定着人的身心发展的根本方面和特征。马克思主义关于人的全面发展学说，从生产力要素的人的角度考察论述了人的全面发展，认为人的全面发展，即人的劳动能力的全面发展，即劳动者的智力、体力及才能、志趣同时获得多方面的、充分的、自由的发展。

第二，人的发展是与社会生产发展一致的，旧式劳动分工造成了人的片面发展，大工业机器生产要求人的全面发展，并为人的全面发展提供了物质基础。

造成人的片面发展及人与人发展的不平衡的根本社会原因，是随着生产力发展出现的社会分工。社会分工引发了脑体的分离、城乡的分离。这种分离也造成了人的片面发展。生产力不发达的私有制社会造成人的局部能力的发展。工场手工业把一种手工艺分成各种精细的工序，把每个工序又分给个别工人，使他们一生都束缚在单一的操作和单一的工具之上。

由于劳动被分成几部分，劳动者自身也就被分成几部分，为了训练某种单一的活动，就必须牺牲其他方面能力的发展。劳动分工在工场手工业中高度发展，使人的发展也因此走向片面、畸形的境地。

大工业生产是人全面发展的客观基础，生产力发展到大工业生产以后，客观地要求消除以脑体分离和对立为基础的旧分工，要求让全面发展的劳动者参加生产过程。大工业生产提出了人的全面发展的必要性和可能性：其一，市场的扩大和交往的普遍性为人的全面发展提供了可能性；其二，大工业的发展使自由时间增多，从而为个人的全面发展创造了重要条件；其三，大工业的发展使新的产业不断兴起，劳动变化加速，从而要求人们必须全面发展。

第三，实现人的全面发展的根本途径是教育同生产劳动相结合。

机器大工业生产所提供的人的全面发展的可能性，在资本主义社会并不能充分地实现。只有消灭剥削，实现生产资料公有制，为全体劳动者提供物质的和精神的条件，才能使他们全面发展。

社会主义制度是实现人的全面发展的社会条件。当然，也应该看到，社会主义社会是刚刚从旧社会脱胎出来的社会，是向共产主义过渡的社会形态，生产力还不很发达，社会分工还存在，人的全面发展还受到一定的限制。只有到了共产主义社会，个人的全面发展以及全体社会成员的全面发展，才能得到彻底实现。在共产主义社会里，生产劳动给每一个人提供全面发展和表现自己全部的能力（即体力和脑力）的机会。这样，生产劳动就不再是奴役人的手段，而成了解放人的手段。因此，生产劳动就从一种负担变成一种快乐，教育与生产劳动相结合是培养全面发展的人的唯一途径。

真题再现

【2016年上半年教资考试（中学）真题·选择题】确立我国教育目的的理论基础是（　　）。

A. 素质教育理论　　　　　　　　B. 创新教育理论
C. 马克思主义关于人的全面发展的理论　　D. 生活教育理论

【2014年下半年教资考试（中学）真题·选择题】马克思主义认为，培养全面发展的人的根本途径是（　　）。

A. 教育与生产劳动相结合　　　　B. 知识分子与工人农民相结合
C. 普通教育与职业教育相结合　　D. 学校教育与社会教育相结合

第二节　全面发展教育与素质教育

【学习目标】
1. 掌握德、智、体、美、劳在全面发展教育中的价值和任务。
2. 了解全面发展教育与个性发展的关系。
3. 掌握素质教育的基本内涵。

促进受教育者的全面发展，是我国教育目的的基本要求。本节我们将探讨全面发展教育所表现出来的五种教育形态，明晰德、智、体、美、劳"五育"各自在全面发展教育中的价值、任务等，以更好地促进"五育"并举，落实全面发展教育。此外，本节还对与全面发展教育直接相关的理念——素质教育理念的基本内涵进行了探讨。

一、全面发展教育的组成

所谓全面发展教育，是为使受教育者得到多方面发展而实施的多种素质培养的教育活动的总称，是由多种相互联系而又各具特点的教育组成的。在我国，全面发展教育由德育、智育、体育、美育、劳动教育五部分组成。

（一）德育

德育是使学生形成一定思想品德的教育。在我国，德育包括思想教育、政治教育、道德教育、法制教育和心理教育。我国学校的德育不同于西方语境中的道德教育，而是一种涵盖整个社会意识形态教育的"大德育"。

1. 德育在全面发展教育中的作用

学校德育在学生的全面教育中起着灵魂、核心、统帅作用，学校德育的实施可以保证人才培养的方向，使学生形成正确的思想道德品质和良好的心理基础，为学生一生的成长奠定坚实的思想基础。

无论是"德、智、体、美、劳"还是"立德树人"，德育都排在第一位，这足以说明德育在学校教育和青年成长中的重要地位和作用。"才者，德之资也；德者，才之帅也。"人才培养是育人和育才相统一的过程，而育人是本。人无德不立，育人的根本在于立德。这是人才培养的辩证法。因此，德育是我国学校教育的首要任务。

2. 我国德育的主要内容

2017年8月，教育部印发的《中小学德育工作指南》将我国中小学的德育内容分为五大方面：理想信念教育、社会主义核心价值观教育、中华优秀传统文化教育、生态文明教育、心理健康教育。结合已有的认识，可以将我国德育的内容概括为下列五个方面。

（1）政治教育。

包括我国基本政治制度教育、爱国主义教育等，培养学生对党和国家的政治认同、情感认同、价值认同。

（2）思想教育。

包括世界观教育、人生观教育、价值观教育等。主要是理想信念的教育、中华优秀传统文化教育、生态文明教育等。

（3）道德教育。

包括社会主义核心价值观的教育等。引导学生牢牢把握富强、民主、文明、和谐作为国家层面的价值目标，深刻理解自由、平等、公正、法治作为社会层面的价值取向，自觉遵守爱国、敬业、诚信、友善作为公民层面的价值准则，将社会主义核心价值观内化于心、外化于行。

（4）法制教育。

包括我国基本法律法规的学习，培养学生的民主法治意识。

（5）心理教育。

主要是心理健康教育。引导学生增强调控心理、自主自助、应对挫折、适应环境的能力，培养学生健全的人格、积极的心态和良好的个性心理品质。

3. 学校德育实施的主要途径

学校德育实施的主要途径有课程育人、文化育人、活动育人、实践育人、管理育人、协同育人。

（二）智育

智育是向学生传授系统的现代文化科学基础知识和基本技能，发展他们的智力，培养他们的能力的教育。它帮助学生认识自然规律、社会规律，提高学生分析和解决问题的能力，是学生全面发展的知识和智力基础。

1. 智育的基本任务

智育的基本任务主要包括：①向学生系统传授科学文化知识，为学生各方面发展奠定良好的知识基础；②培养、训练学生，使其形成基本技能；③培养和发展学生的智力才能，增强学生各个方面的能力；④培养学生良好的学习品质和热爱科学的精神。

2. 智育的内容

中小学智育的内容包括语言文字的学习、数理逻辑的学习、自然课程的学习、历史地理的学习等。在学校的教育实践中存在"智育独大"的局面，智育挤占其他教育内容的时间和空间，使得人们经常将智育与教学相混淆。这里要注意的是，智育与教学是不同的概念。智育是教育的一项任务和内容，而不是教学的全部任务；教学是实施教育的途径，教学不仅要完成智育的任务，还要完成其他各育的任务。

（三）体育

体育是向学生传授体育运动和卫生保健知识，增强他们的体质，发展他们的体力，培养他们运动的技能、技巧和健身能力的教育。体育是促进学生全面发展不可缺少的重要条件，是智力活动及一切精神活动的物质基础，同时内含丰富的思想教育因素，具有独特的育人价值。

1. 体育的目标任务

学校体育的目标任务主要有：有效地增强学生的健康；使学生能较为熟练地掌握和应用基本的体育与健康知识和运动技能；培养学生的运动兴趣和坚持锻炼的习惯；培养学生良好的心理品质，提高学生人际交往的能力与合作精神；提高学生对个人健康和群体健康的责任感，使其形成健康的生活方式；使学生形成积极进取、乐观开朗的生活态度；提高少数学生的运动技术水平。

2. 体育的主要内容

我国中小学体育的内容大致可分为运动参与、运动技能、身体健康、心理健康和社会适应五个方面。

（1）运动参与。

运动参与是指学生主动参与体育活动的态度与行为表现，是学生获取运动知识、技能，丰富学习生活与促进身心健康发展，培养良好的社会适应能力的有效途径。经常参与体育活动的学生，可以培养和发展对运动的兴趣和爱好，养成体育锻炼的习惯，使体育活动成为生活中的重要组成部分。

（2）运动技能。

运动技能是指学生在体育学习和锻炼中完成运动动作的能力，反映了体育与健康课程以身体练习为主要手段的基本特征。运动技能学习包括获得运动基础知识、学习和运用运动技能、安全地进行体育活动、获得野外活动的基本技能等。

（3）身体健康。

身体健康是指人的体能良好、机能正常和精力充沛的状态，与人的体育锻炼、营养状况和行为习惯密切相关。

（4）心理健康。

体育活动不仅有助于身体健康，还能增进心理健康。体育活动可提高学生的自信心、意志品质和调节情绪的能力，从而促进学生心理健康水平的提高，是学校体育的重要目标。

（5）社会适应。

一般认为社会适应能力包括个人生活自理能力、基本劳动能力、选择并从事某种职业的能力、社会交往能力、用道德规范约束自己的能力。社会适应能力是反映一个人综合素质能力高低的间接表现，是人这一个体融入社会、接纳社会能力的表现。体育活动中的竞争与合作，有助于学生社会适应能力的发展。

真题再现

【2018年下半年教资考试（中学）真题·选择题】与群众体育、竞技体育相比，学校体育的突出特点是（　　）。

A. 娱乐性与竞技性　　　　B. 普及性与文化性
C. 教育性与基础性　　　　D. 全体性与全面性

（四）美育

美育是指培养学生正确的审美观点，发展他们感受美、理解美、鉴赏美、创造美、评价美的能力，培养他们的高尚情操和文明素质的教育。2015 年 9 月 15 日，《国务院办公厅关于全面加强和改进学校美育工作的意见》指出，"美育是审美教育，也是情操教育和心灵教育，不仅能提升人的审美素养，还能潜移默化地影响人的情感、趣味、气质、胸襟，激励人的精神，温润人的心灵"[①]。美育在净化学生心灵、提高和丰富学生的精神境界、陶冶学生的道德情操、增强学生追求美好事物和创造美好生活的愿望与理想方面，具有其他各育取代不了的作用。

1. 美育在人的全面发展中的作用

美育在人的全面发展中起枢纽作用。不论是美育最早的倡导者王国维，还是扛起美育大旗的蔡元培，都视美育为完美人格养成的桥梁和枢纽。比如王国维在 1903 年的《论教育之宗旨》中特意强调道："美育者，一面使人之感情发达，以达完美之域；一面又为德育与智育之手段，此又教育者所不可不留意也。"[②] 蔡元培在 1912 年的《对于新教育之意见》中也同样强调美感教育"介乎现象世界和实体世界之间，而为津梁"，"教育家欲由现象世界而引以达实体世界之观念，不可不用美感之教育"。[③]

美育是通达德、智、体的"津梁"，可以起到以美储善、以美启真、以美健体、以美育劳的作用。美育能够陶冶个体的性情，抑制其功利化倾向，使其在潜移默化中修养超越生死、不计功利的道德情操，使人逐渐高尚，即起到以美储善的作用。

美育可以开发大脑的潜能，审美教育可以促进大脑两半球的协调发展，可提高学习的兴趣，为人了解客观世界提供更广阔的空间，使其在对自然美、艺术美和社会美的体验中，激发强烈的求知欲，培养广泛的兴趣和创造的精神，即起到以美启真的作用。美育要求整齐清洁，美化环境，这有利于人的健康，也有助于体育的开展；另一方面，美育可以促进人的形体美和体育技巧的提高，起到以美健体的作用。美育可以净化人的心灵，使劳动者表现出舍我的奉献情怀、执着的工匠精神、精湛的劳动技艺、健美的身心体态等意识与行为之美，将美汇入劳动过程和产品，使劳动产品展现美的艺术。因此，美育可以起到以美育劳的作用。

2. 美育的主要任务

美育的主要任务有以下四个方面。

（1）培养和提高学生感受美的能力。

感受美是审美活动的起点，因而也是学校美育的基本任务。美育要爱护、发展个体的审美感受力，同时提高人的整体精神素养。

---

① 蔡梦：《从教育看向音乐学：蔡梦音乐教育研究文集》，人民出版社，2020 年，第 72 页。
② 璩鑫圭、童富勇：《中国近代教育史资料汇编　教育思想》，上海教育出版社，2007 年，第 606 页。
③ 高平叔：《蔡元培教育论著选》，人民教育出版社，2017 年，第 5 页。

(2) 培养和提高学生鉴赏美的能力。

学校美育既要教会学生正确地鉴别美的内容，也要使他们具有欣赏美的形式的能力。美育的实施，既需要个体具有美的基本知识，同时也需要个体具有理解美的形式的能力。所以，必要的审美知识传授和艺术修养的培养，是学校美育的基本任务之一。

(3) 培养和提高学生表现美、创造美的能力。

个体将自己对美的感悟和把握用不同的形式表现出来，就会自然形成审美创造活动。

(4) 培养和提高学生追求人生高雅趣味和理想境界的能力。

在学校及班级美育中，培养和提高学生感受美、鉴赏美、创造美的能力主要不是为了培养艺术家，而是要培养学生的审美品质和品位。因此，学校美育的根本任务，是使学生具有发现和创造美好生活的基本能力，从而努力追求高品位的生活、高境界的人生。

3. 美育的内容

中小学美育的内容十分广泛，主要以自然美、社会美、艺术美以及科学美为审美教育内容。组织学生观察和欣赏自然美；引导学生体验社会生活美和劳动美；引导学生欣赏和感悟艺术美，如文学、音乐、图画、戏剧、电影、舞蹈等；引导学生认识科学中的美。

真题再现

【2016年上半年教资考试（中学）真题·简答题】简述美育对促进学生德、智、体全面发展的意义。

【2019年下半年教资考试（中学）真题·简答题】简述学校美育的基本任务。

（五）劳动教育

劳动教育是指通过劳动活动，引导学生掌握劳动知识和技能，形成劳动观念和习惯的教育。

1. 劳动教育的价值

劳动教育具有树德、增智、强体、育美的综合育人的价值。通过劳动教育，学生可以获得有关劳动工具和劳动对象的知识，将所学知识与实际生产劳动联系起来，有助于学生智力的发展。劳动教育对实践者提出劳动纪律、劳动态度等要求，要求劳动者能够吃苦耐劳，因而劳动教育有助于培养学生热爱劳动、遵守劳动纪律、爱护劳动果实、吃苦耐劳的品质。劳动实践过程还有助于促进学生机体的发育和发展，有助于学生体质的增强。此外，劳动实践过程以及劳动成果所包含的美的因素，也有助于学生审美意识、审美能力的培养。概言之，人的全面发展可以在劳动教育过程中全面实现。

2. 劳动教育的任务

劳动教育主要有以下几个任务。

（1）使学生养成良好的劳动观念和劳动精神。

通过劳动教育，使学生理解和形成马克思主义劳动观，牢固树立劳动最光荣、劳动最崇高、劳动最伟大、劳动最美丽的观念；体会劳动创造美好生活，体认劳动不分贵贱，热爱劳动，尊重普通劳动者，培养勤俭、奋斗、创新、奉献的劳动精神。

（2）使学生掌握基本的劳动知识和技能。

通过劳动教育使学生习得基本的劳动知识和技能，具备满足生存发展需要的基本劳动能力。

（3）使学生形成良好的劳动习惯。

劳动习惯是指通过经常劳动而巩固下来的一种具有自动劳动需要的行为方式，由一定的劳动观点、劳动态度和实际劳动行为方式构成。良好劳动习惯的培养是学校劳动教育的任务之一。良好劳动习惯的形成可使学生乐于劳动，并有助于学生提高劳动技能，按有效方式劳动，有助于学生形成健全的个性品质。

3. 劳动教育的主要内容

在我国，劳动教育的主要内容有以下几个方面。

（1）日常生活劳动教育。

让学生立足个人生活事务处理，注重生活能力和良好卫生习惯的培养，树立自立自强意识。目前就小学生而言，他们参与最多的就是日常生活劳动，日常生活劳动最贴近孩子们的生活，也最易开展。《义务教育劳动课程标准（2022年版）》对此提出的学段目标有：1～2年级学生能够完成比较简单的个人物品整理与清洗，居室、教室等卫生保洁、整理与收纳，以及垃圾分类等劳动任务，参与简单的家庭烹饪；3～4年级学生能够主动分担家务，协助参与家庭环境卫生清洁，能制作简单的日常饮食。

（2）生产劳动教育。

让学生在工农业生产中直接经历物质财富的创造过程，体验从简单劳动、原始劳动向复杂劳动、创造性劳动的发展过程，学会使用工具，掌握相关技术，感受劳动创造价值，增强产品质量意识，体会平凡劳动中的伟大。《义务教育劳动课程标准（2022年版）》对此提出的学段目标有：7～9年级学生要适当体验金工、木工、电子、陶艺、布艺等项目的劳动过程，体验其中蕴含的独特智慧和人类创造力。

（3）服务性劳动教育。

让学生利用知识、技能等为他人和社会提供服务，在服务性岗位上见习实习，树立服务意识，实践服务技能；在公益劳动、志愿服务中强化社会责任感。《义务教育劳动课程标准（2022年版）》对此提出的学段目标有：7~9年级学生要定期参加校园包干区域的清洁和美化，以及助残、敬老、扶弱等公益劳动，体验以自己的劳动服务他人、服务社区的自豪感与幸福感，初步形成对学校、社区负责任的态度。

《义务教育劳动课程标准（2022年版）》中规定，义务教育劳动课程以培养学生的核心素养为导向，围绕日常生活劳动、生产劳动和服务性劳动，以任务群为基本单元，构建内容结构。

课程标准的实施应充分发挥家庭、社会和学校的作用。家庭要发挥在劳动教育中的基础作用；社会要发挥在劳动教育中的支持作用；学校要发挥在劳动教育中的主导作用。就学校而言，要整体优化学校课程设置，将劳动教育纳入中小学国家课程方案和职业院校、普通高等学校人才培养方案，形成具有综合性、实践性、开放性、针对性的劳动教育课程体系。根据各学段特点，在大中小学设立劳动教育必修课程，系统加强劳动教育。

二、正确认识全面发展教育

第一，"五育"之间既相对独立又相互依存。"五育"中的每一育都有其特定的任务、内容和功能，是全面发展教育不可缺少的组成部分。在教育实践活动中，应坚持使学生在体、智、德、美、劳诸方面都得到发展，防止和克服重此轻彼、顾此失彼的片面性，坚持全面发展的教育质量观。同时，"五育"之间又相互制约、相互依存。在"五育"的贯彻实施中，应该努力做到"五育"并举，发挥"五育"的整体功能。

第二，全面发展不是平均发展。全面发展不能理解为要求学生的"五育""样样都好"的平均发展。全面发展是指每个人在各育的基本要素上均能达到基本的要求，但是由于自然禀赋和家庭影响不同，每个人在各育上能够达到的水平也会有所不同，"五育"在学生的身上存在不平衡性。

第三，全面发展不妨碍个性发展。全面发展是个性发展的基础和前提。全面发展要求培养学生达到国家在德、智、体、美等基本范畴规定的所有受教育者都应达到的基本标准，最终实现身心和谐发展。个性发展必须以尊重基本的道德价值规范、遵守国家法律为基础和前提，是在全面发展基础上的选择性发展。我们的教育是要培养全面发展而又富有个性的人。

真题再现

【2015年下半年教资考试（中学）真题·辨析题】全面发展就是指学生德、智、体诸方面平均发展。

三、素质教育

（一）素质教育的提出与发展

素质教育是具有中国特色的一个教育理念，其提出与 20 世纪 80 年代教育上"片面追求升学率"的问题有直接的关系，同时也与国民素质提升的时代要求相关。1993 年，《中国教育改革和发展纲要》明确提出，中小学要由应试教育转向全面提高国民素质教育的轨道，面向全体学生，全面提高学生的思想道德、文化科学、劳动技能和身体心理素质，促进学生生动活泼地发展，办出各自的特色。1996 年，《中华人民共和国国民经济和社会发展"九五"计划和 2010 年远景目标纲要》提出，改革人才培养模式，由应试教育向全面素质教育转变。1999 年，中共中央、国务院颁布《关于深化教育改革全面推进素质教育的决定》，这是我国第一份直接把"素质教育"放进名称的政策文本。2006 年，素质教育被写入修订后的《中华人民共和国义务教育法》，标志着素质教育已上升到法律层面，成为国家意志。2010 年，《国家中长期教育改革和发展规划纲要（2010—2020 年）》公布，把"坚持以人为本、全面实施素质教育"作为教育改革发展的战略主题。进入新时代后，2019 年 7 月中共中央、国务院印发《关于深化教育教学改革全面提高义务教育质量的意见》，提出坚持"五育"并举，全面发展素质教育，从突出德育实效、提升智育水平、强化体育锻炼、增强美育熏陶、加强劳动教育五个方面全面发展素质教育。素质教育从 20 世纪八九十年代提出，到 21 世纪确立为我国教育的发展方向，最终成为引领新时代教育发展的思想内核。

（二）素质教育的基本内涵

1997 年发布的《关于当前积极推进中小学实施素质教育的若干意见》是我国第一个正式的关于"素质教育"的政策文件，该文件明确规定："素质教育是以提高民族素质为宗旨的教育。它是依据《教育法》规定的国家教育方针，着眼于受教育者及社会长远发展的要求，以面向全体学生，全面提高学生的基本素质为根本宗旨，以注重培养受教育者的态度、能力，促进他们在德、智、体、美、劳等方面生动、活泼、主动地发展为基本特征的教育。"[①] 综合来看，素质教育的内涵包括了以下五个方面：

第一，素质教育以提高国民素质为根本宗旨。
第二，素质教育是面向全体学生的教育。
第三，素质教育是促进学生全面发展的教育。
第四，素质教育是促进学生个性发展的教育。
第五，素质教育是以培养学生的创新精神和实践能力为重点的教育。

[①] 何东昌：《中华人民共和国重要教育文献 1991—1997》，海南出版社，1998 年，第 4289 页。

全面发展教育是实施素质教育的基本理论依据，是素质教育的实践基础和方向。二者在本质上是一致的，人的全面发展学说是实施素质教育的基本理论依据。搞好全面发展教育，才能提高人的素质。同时，素质教育是全面发展教育的具体落实和进一步深化，是贯彻全面发展教育的必由之路。

真题再现

【2013年下半年小学真题·选择题】下列对素质教育的理解，存在片面性的是（   ）。

A. 促进学生专业发展　　　　B. 尊重学生个性发展
C. 教育面向全体学生　　　　D. 引导学生协调发展

【2016年上半年教资考试（中学）真题·选择题】期末考试要到了，数学老师请综合实践活动课的吴老师把课时让给他上数学课，吴老师欣然同意。他们的做法（   ）。

A. 合理，体现了教师双方的意愿　　B. 不合理，不利于学生的全面发展
C. 合理，有利于提高学生的成绩　　D. 不合理，违背了团结协作的要求

【2020年下半年教资考试（中学）真题·材料分析题】崔老师刚工作就担任了副班主任。崔老师对学生很"宽容"。有的学生偏科，他说："没有关系，很多天才都偏科。"有的学生不喜欢体育锻炼，他也表示理解："人有自己喜欢的事情，也一定有自己不喜欢的事情，不可能什么都喜欢。"

崔老师很喜欢学习成绩好的学生，经常召集这些学生谈话，告诉他们要有远大的理想，并引导他们树立正确的人生目标。对于成绩不大好的学生，他也不加干预，还说："学习上的差异古今中外都存在，十个手指头还不一样长呢。"班主任与崔老师商量，打算分头联系家长，了解学生的基本情况，敦促家长为学校工作提供支持。他觉得没有必要，理由是："家长平时都很忙，我们应该理解家长。教育孩子是我们老师的责任，不能给家长增加负担。"很多老师对崔老师的做法不理解。

题目：请结合材料，从教育观的角度，评析崔老师的教育行为。

第六章 教育制度

制度是人类活动得以高效运行的重要保障，是人类智慧的结晶。人类的教育活动是一个逐渐制度化的过程，当前我们的教育形成了各种各样的制度，这些制度为教育活动的开展提供了便利和规范。在教育制度中，学校教育制度是核心。本章我们主要对学校教育制度的类型、学校教育制度建立的依据、学校教育制度的演变和发展趋势等基本问题进行探讨。

第一节 学制概述

【学习目标】
1. 掌握学制的概念。
2. 掌握学制建立的依据。
3. 了解学制的三种类型。

教育制度是实现教育目的的组织保证。教育制度是指一个国家或地区各级各类教育机构与组织的体系及其各项规定的总称。它包括相互联系的两个基本方面：一是各级各类教育机构与组织的体系；二是各级各类教育机构与组织的体系赖以存在和运行的一整套规则，如各种相关的教育法律、规则、条例等。在教育学里，人们通常把教育机构与组织的管理规则当作教育管理问题来专门加以论述。本节主要是论述各级各类教育机构与组织的体系，即学校教育制度。

一、学制的概念

学校教育制度，简称学制，是一个国家各级各类学校的总体系，具体规定各级各类学校的性质、任务、目的、要求、入学条件、学制年限以及它们之间的相互关系。学校教育制度是教育制度的核心与主体，体现了一个国家国民教育制度的实质。

学制是社会的上层建筑。它以制度的形式规定人们受教育的权利和机会，为充分发挥学校教育的社会职能提供制度上的保证，对于经济发展与社会进步有重要影响。在一般情况下，国家通过立法对学制作出规定，以保证国家学制的统一性与稳定性。一个国家的学制是否科学完善，直接影响整个学校系统的效率，关系到培养人才的质量和速度，关系到各类专门人才的培养能否适应社会发展的要求。学制是一个国家的教育制度的核心和主体，学制的制定与变革涉及方方面面，受许多因素影响；同时，学制的制定和变革也牵涉多方面利益，"牵一发而动全身"。因此，学制具有很强的稳定性。

真题再现

【2013年上半年教资考试（中学）真题·选择题】通常把一个国家各级各类学校的总体系称为（　　）。

A. 国民教育制度　　　　　　　　B. 学校教育制度
C. 教育管理体制　　　　　　　　D. 学校教育结构

二、建立学制的依据

建立学制的依据是多方面的，受许多因素影响，但归结起来，主要依据有以下五个方面。

（一）取决于生产力和科学技术发展水平

一个社会的生产力发展水平决定这个社会的科学文化水平，制约着这个社会的学制发展情况。在奴隶社会和封建社会，生产力水平低下，自然科学不发达，对劳动者的文化技术要求不高，就不可能出现现代的工艺、机电、航空之类的专业学校。到了资本主义社会，大工业机器生产的发展迫使资产阶级不得不向劳动人民打开学校大门，随之出现了国民义务教育制度，学校的专业设置和修业年限也发生了一系列变化。正如马克思所说，工艺学校和农业学校是这种变革过程在大工业基础上自然发展起来的一个要素；职业学校是另一个要素，在这种学校里，工人的子女受到一些有关工艺和各种生产工具的实际操作的教育。

当前，人类社会正进入一个知识经济时代。这个时代出现的许多新型高科技产业必将对教育的种类、科类以及人才培养的目标产生深刻的影响，从而影响教育制度的发展和变革。

（二）必须反映一定社会政治经济的要求

学制是社会发展到一定历史阶段的产物，反映一定社会政治经济的要求。不同社会的学制，反映着不同性质的政治经济的要求，并为统治阶级利益服务。特别是关于学校专业的设置，各级学校的教育目的、学制年限、入学条件等，总是直接受统治阶级的有关政策的制约，反映统治者的愿望和要求。在我国古代社会，根据当时的政治经济制度，学制规定只有统治者子弟可以入学，教育只培养统治阶级的接班人，不培养社会劳动者。在封建社会，学制中又明显反映出等级性，把受教育者分为若干等次，依其父兄的官位大小升入不同等次的学校。

在西方资本主义社会，学校不仅培养统治者，也培养劳动者。但在学制上有明显的"双轨制"，把学校系统分成两种类别，实行两种制度。一类是为资产阶级子弟设立的学校。学制规定学生可就读小学、中学，进而升入大学。另一类是为劳动人民子弟设立的学校。学制规定学生小学毕业后只能升入职业学校，毕业后参加社会生产。这种"双轨制"是资本主义学制，把劳动人民子弟升入普通中学的道路堵死了，更谈不上升入大学了。这是因为学制就其性质来说是以统治阶级的政治经济需要为转移的。

（三）受青少年身心发展规律的制约

青少年的身心发展具有一定的规律。在他们的成长过程中有不同的年龄阶段，这些互相衔接的各个阶段，各有其年龄特征。学校教育制度的确立必须适应这种特征。例如，许多国家都规定小学的入学年龄为5岁至6岁，就是因为儿童到了这个年龄阶段脑的发育已经成熟，能够适应系统的学习活动。到16、17岁，脑的机能逐步增强，接受和储存事物的能力比其他年龄阶段都强。从青少年生理和心理的发展规律来看，这一年龄阶段正是学习的最佳时期，所以许多国家都把基础教育，即小学、中学的教育，放在这个年龄阶段。这就说明，学制的建立还要受青少年身心发展规律的制约。

（四）要考虑人口状况

人口是指生活在一定社会、地区的个体的总和，人口状况通常包括人口的数量、质量和结构。人口是一个社会发展教育事业的重要基础，也是制约学制的重要因素。首先，人口数量直接制约着教育的规模、类型和形式。人口数量多，不但要求教育规模大，而且要求教育类型齐全、形式多样。此外，人口的结构，如年龄结构、性别结构、职业结构等也制约着学校教育制度的制定。随着社会的发展，第一产业和第二产业人口数量逐渐减少，而第三产业人口数量逐渐增加。这就要求教育的类型和结构也必须发生相应的变化。

（五）依据本国学制的历史，参考国外学制的经验

每个国家的学制都有它形成和发展的过程，制定新学制时，不能脱离本国学制的发展历史，要吸收原有学制中有用的部分，使其适应自己的民族传统和文化传统。在继承和发扬本国学制的长处时，也要参照国外学制有益的经验。由于青少年身心发展规律和生产力的发展对学制的要求具有普遍性，所以，不同社会制度国家的学制也反映出某些共同的因素。因此，政府在制定学制的时候也应参照别国的学制经验。比如我国的壬寅学制和癸卯学制是学习日本得来的，而1922年的壬戌学制参照了美国等多个国家的学制。

真题再现

【2017年上半年教资考试（中学）真题·选择题】世界各国的学制存在着差异，但在入学年龄、中小学分段等方面却有较高的一致性。这说明学制的建立主要依据（　　）。

A. 社会政治经济制度　　　　B. 生产力发展水平
C. 青少年身心发展规律　　　D. 民族和文化传统

【2015年上半年教资考试（中学）真题·简答题】一个国家学制建立的主要依据有哪些？

三、学制的类别

现代学制主要有三种基本类型：双轨学制、单轨学制、分支型学制。西欧原来的学制多属双轨学制，美国学制为单轨学制，苏联的学制为分支型学制。

（一）双轨学制

18至19世纪的西欧，在特定的社会政治、经济及文化发展条件的影响下，由古代学校演变而来的带有等级特权痕迹的学术性现代学校和新产生的供劳动人民子女入学的群众性现代学校，同时得到比较充分的发展，形成了欧洲现代教育的双轨学制，简称双轨制。一轨自上而下，其结构是大学（后来也包括其他高等学校）、中学（包括中学预备班）；另一轨从下而上，其结构是小学（后来是小学和初中）及其后的职业学校（先是与小学相连的初等职业教育，后发展为与初中相连的中等职业教育）。双轨制是两个平行的系列，既不相通，也不相接，最初甚至也不对应，因为一轨从中学开始（基于家庭教育），一轨最初只有小学。这样就剥夺了在群众性小学上学的劳动者子女升入中学和大学的权利。后来，群众性小学发展到了中学时，才有了初中这个相对应的部分。初中阶段的双轨制，一轨是文法中学（英国）、国立中学（法国）和文科中学（德国）的第一阶段，另一轨是现代中学（英国）、市立中等学校（法国）和初级中学（德国）。欧洲国家的学制都曾为双轨制。

双轨制与工业技术革命所推动的普及初中、高中教育的发展趋势相矛盾，这迫使西欧国家在20世纪对双轨制加以改革。

（二）单轨学制

北美多数地区最初沿用了欧洲的双轨制。18世纪末，美国北部各州都有了在城镇设立初等学校的法令。1830年以后，美国的小学得到了蓬勃的发展。由于产业革命和电气化的推动，美国由农业社会向工业社会稳步发展，于是继小学的大发展之后，从

1870年起，中学也得到大力发展。在经济快速发展和美国没有特权传统的文化历史背景下，美国原来的双轨制中的学术性一轨还没有得到充分的发育，就被在短期内迅速发展起来的群众性小学和中学所淹没，从而形成了美国的单轨学制，简称单轨制。

美国单轨制自下而上的结构是：小学、中学、大学。其特点是一个系列、多种分段，即六三三、五三四、四四四、八四、六六等多种分段。单轨制最早产生于美国，被世界许多国家采用是因为它有利于教育的逐级普及。它不但有利于过去初等教育的普及，而且有利于后来初中教育的普及，以及20世纪以来高中教育的普及。实践证明，它对现代生产和现代科技的发展具有更强的适应能力。

（三）分支型学制

帝制俄国时代的学制属欧洲双轨制。十月革命后，苏联建立了单轨的社会主义统一劳动学校。后来在发展过程中，苏联又恢复了某些传统和职业学校单设的做法。于是，就形成了既有单轨制特点又有双轨制某些因素的苏联型学制。苏联型学制不属于欧洲双轨制，因为它一开始并不分轨，而且职业学校的毕业生也有权进入高等学校学习。但它和美国的单轨制也有区别，因为它在中学阶段时开始分化。简言之，苏联型学制是介于双轨制和单轨制之间的分支型学制。苏联型学制的中学上通（高等学校）下达（初等学校），左（中等专业学校）右（中等职业技术学校）畅通，这是苏联型学制的优点和特点。俄罗斯现行学制基本保留了苏联学制的组成部分。

真题再现

【2016年考研真题·选择题】双轨学制形成于18、19世纪的西欧，其中一轨是"学术性"，另一轨是"职业性"。以下关于这种学制形成方式的描述中，正确的是（　　）。

A. 两条轨道发端于高等教育，是自上而下形成的
B. 均发端于初等教育，是自下而上形成的
C. 学术型轨道是自上而下形成的，职业型轨道是自下而上形成的
D. 学术型轨道是自下而上形成的，职业型轨道是自上而下形成的

【2016年上半年教资考试（中学）真题·选择题】英国政府1870年颁布的《初等教育法》中，一方面保持原有的专为资产阶级子女服务的学校系统，另一方面为劳动人民的子女设立国民小学、职业学校。这种学制属于（　　）。

A. 双轨学制　　B. 单轨学制　　C. 中间型学制　　D. 分支型学制

【2019年上半年教资考试（中学）真题·选择题】在现代学制发展过程中，西欧19世纪形成了"双轨"的学制。这里的"双轨"（　　）。

A. 衔接并且对应　　　　　　B. 衔接但不对应
C. 不衔接也不对应　　　　　D. 不衔接但对应

第二节　我国的学制及其改革

【学习目标】
1. 了解我国学制的演变历程。
2. 了解我国学制的主要内容。
3. 了解我国学制改革的趋势。

学制是教育制度的核心，本节我们主要对我国学制的历史演变和当代学制的变革历程进行考察，以便让学习者了解我国学制的演变。

一、新中国成立前我国学制的演进

我国现代学制的建立是从清末开始的。在清末教育救国的浪潮下，各地均有兴学浪潮，但是最初没有形成相互衔接的学制体系，使得教育制度混乱。因此，清政府在亡国灭种之际，被迫开始进行教育革新，"废科举，兴学校"，而兴学校，首应建立系统化的学制，以规范办学。

我国有系统的近代学制，是从1902年的壬寅学制开始的。该学制是中国近代第一个以中央政府名义制定的全国性学制系统，但并未正式实施。此后，清政府以"中体西用"思想为指导，颁布了癸卯学制。1912年中华民国成立后，制定了中国近代第一个资产阶级性质的学制——壬子癸丑学制，改学堂为学校，废除了尊孔读经，取消了进士出身奖励，确定了妇女的受教育权利和男女同校制度。1922年，北洋政府颁布了以美国学制为蓝本的壬戌学制。该学制规定初等教育6年，中等教育6年，中等教育分初、高两级，取消大学预科，改设为高级中学。初、高两级各为3年，因此，该学制又称为"六三三学制"。这个学制虽几经修改，但基本没有变动。

真题再现

【2016年下半年教资考试（中学）真题·选择题】在我国近现代学制改革中，明确规定将学堂改为学校，实行男女平等，允许初等小学男女同校的学制是（　　）。
A. 壬寅学制　　　B. 癸卯学制　　　C. 壬子癸丑学制　　　D. 壬戌学制

新中国成立后，中央人民政府政务院于1951年颁布了《关于改革学制的决定》，明确规定了中华人民共和国的新学制（见图6-1）。该学制呈现出几个突出的特点。

第一，充分保障了全国人民，尤其是工农干部受教育的机会，如把为工农干部和为工农群众专设的学校分别列入学制系统，并使其互相衔接。

第二，明确规定了各类技术学校在学制中的地位，体现了教育重视培养各种建设人才和为生产建设服务的方针。

第三，重视工农干部的速成教育和工农群众的业余教育，显示出终身教育的萌芽。这标志着我国的学制进入了一个崭新的阶段。

第四，正式将幼儿教育作为独立的一级教育列入学制。新中国成立后的幼儿园面向全体幼儿，代替父母承担一部分保育幼儿的责任。

第五，小学实行五年一贯制，且将入学年龄提高为七足岁；而民国新学制实行小学六年制，四二分段，入学年龄为六足岁。但后来发现当时实行小学五年一贯制在教材、师资等方面准备不足，故政务院在 1953 年 11 月 26 日发布的《中央人民政府政务院关于整顿和改进小学教育的指示》中决定停止推行小学五年一贯制，小学学制仍沿用四二制，分初、高两级。

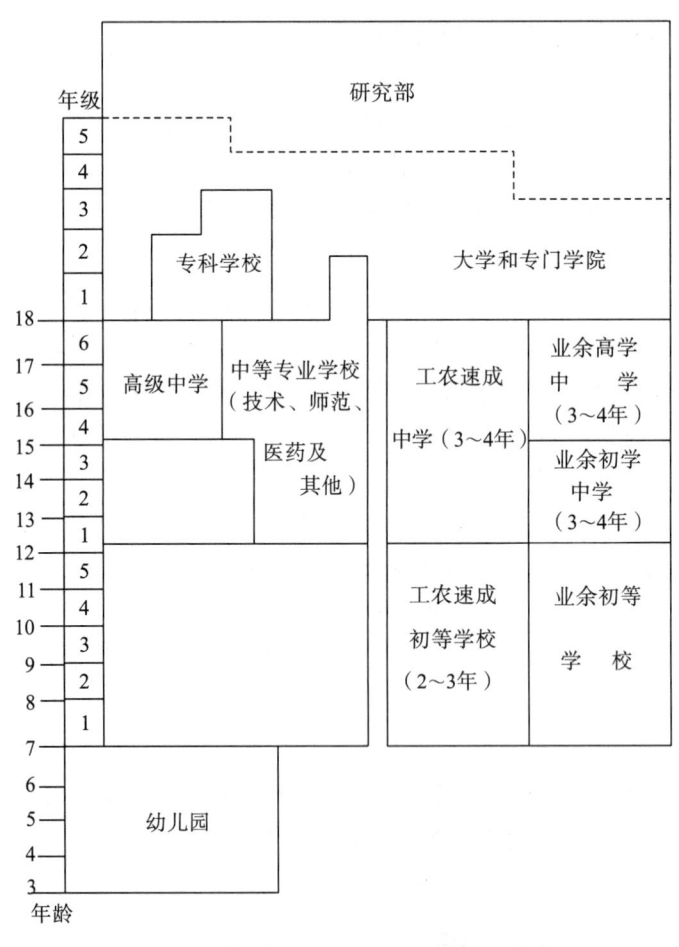

图 6—1　1951 年中华人民共和国学校系统图

来源：《中央人民政府政务院关于改革学制的决定》，《人民日报》，1951 年 10 月 3 日第 1 版。

二、我国现行的学制

我国现行学制是从单轨学制发展而来的分支型学制。20世纪初,我国从西方引入的现代学制总体上是单轨制。新中国成立后,随着生产和社会的发展,对有文化的劳动者和各类专门人才的需求越来越大,我国建立了具有分支型特点的新学制。经过一个世纪的发展,我国已建立了比较完整的学制。这个学制在1995年颁布的《中华人民共和国教育法》里得到了确认。它包括以下几个层次的教育。

①学前教育:承担的主要机构是幼儿园和学前班,招收3~6、7岁的幼儿。

②初等教育:主要指全日制小学教育,招收六七岁儿童入学,学制为5~6年,还包括成人业余初等教育。

③中等教育:指全日制普通中学、各类中等职业学校和业余中学。全日制中学修业年限为6年,其中初中3年、高中3年。职业高中2~3年,中等专业学校3~4年,技工学校2~3年。属成人教育的各类业余中学,修业年限适当延长。

④高等教育:指全日制大学、专门学院、专科学校、研究生院和各种形式的业余大学。高等学校招收高中毕业生和同等学力者。专科学校修业为2~3年。大学和专门学院为4~5年,授予毕业考试合格者学士学位。业余大学修业年限适当延长,学完规定课程、经考核达到全日制高等学校同类专业水平者,承认学历,享受同等待遇。条件较好的大学、专门学院和科学研究机构设立研究生教育机构。硕士研究生修业年限为2~3年,博士研究生为3年,在职研究生修业年限适当延长。

真题再现

【2014年下半年教资考试(中学)真题·辨析题】目前,我国普通高中不属于基础教育。

三、我国学制改革的趋势

(一)推动学前教育普及普惠发展

"人生百年,立于幼学",学前教育是人生接受正规学校教育的起始阶段,在人生发展过程中起着"启蒙"的作用,"蒙以养正,圣功也"。学前教育在整个人生的教育中有着极其重要的地位。因此,我国自古而今都很重视学前教育。早在1904年就设定了"蒙养院","专为保育教导三岁以上至七岁之儿童",中华民国成立后改为"蒙养园",1922年壬戌学制颁布后改为"幼稚园",新中国成立后改为"幼儿园"。

新中国成立前，我国学前教育在学制中的地位较低，一般均附设于小学学制之内，没有独立的地位。直到1951年，《关于学制改革的决定》确立了幼儿园在学制中的独立地位。此后在解放妇女和教育为工农服务的号召下，我国学前教育的发展迎来前所未有的高潮，学前教育事业成为一项福利性事业。但是随着社会主义市场经济体制的建立，学前教育事业逐渐由福利性事业转为一项社会性事务。公办幼儿园不足、民办幼儿园收费高，导致进入新世纪后，我国学前教育呈现出"入园难、入园贵"的问题。

2010年的《国家中长期教育改革和发展规划纲要（2010—2020年）》提出到2020年基本普及学前教育的目标；2010年，国务院发出《关于当前发展学前教育的若干意见》，实施学前教育三年行动计划，着力解决学前教育"入园难、入园贵"的问题，推动学前教育走向普及。2018年，《中共中央 国务院关于学前教育深化改革规范发展的若干意见》，明确提出：到2020年，学前三年毛入园率达到85%、普惠性幼儿园覆盖率达到80%，基本建成广覆盖、保基本、有质量的学前教育公共服务体系，有效解决"入园难、入园贵"问题；到2035年，全面普及学前三年教育。截至2021年，我国学前教育三年毛入学率达到88.1%，我国已基本完成了普及学前教育的任务，正向全面普及学前教育的目标迈进。

（二）推动义务教育优质均衡发展

我国于2000年世纪之交如期完成了基本"普九"的任务。基本"普九"任务完成后，义务教育发展的重心由普及转向质量提升，而提升义务教育发展质量就必须实施均衡的义务教育发展策略。2005年，《教育部关于进一步推进义务教育均衡发展的若干意见》第一次将"均衡"作为义务教育发展的指导思想和发展方向。2011年我国义务教育实现全面普及后，义务教育的发展任务全面转向均衡发展。2012年，《国务院关于深入推进义务教育均衡发展的意见》提出，率先在县域内实现义务教育基本均衡发展的目标。截至2021年底，31个省（区、市）和新疆生产建设兵团的2895个县全部实现了县域义务教育基本均衡发展。这是继全面实现"两基"后，我国义务教育发展的又一重要里程碑。我国的义务教育开始由"基本均衡"向"优质均衡"目标迈进。

（三）努力普及高中阶段教育

在全面普及九年义务教育以后，普及高中阶段教育就成为教育发展的重要趋势。2017年，教育部等四部门发布《高中阶段教育普及攻坚计划（2017—2020年）》，提出到2020年全国普及高中阶段教育，适应初中毕业生接受良好高中阶段教育的需求，全国、各省（区、市）毛入学率均达到90%以上。

我国普及高中阶段教育的方针采用的是多样化的高中发展模式，即"普职均衡"。在普及高中阶段教育的过程中，强调普通高中与中等职业教育结构要更加合理、招生规模要大体相当。一方面，扩大普通高中在高中阶段所占的比例，以满足我国高等学校不断扩大招生的需要；另一方面，大力发展中等职业教育，兼顾未能升入高中的学生。但是，强调"职普比相当"，在学生初中毕业后进行分类，在一定程度上加重了家长和学生的教育焦虑。随着高等教育大众化的快速发展，学生接受更高层次教育的需求持续增长，初中学生向普高与职高分流，成为家长和学生普遍高度重视的分界线，由此导致社会上出现"内卷"的非理性竞争，造成义务教育学段学生课业负担过重。对此，一些学者提出应尽快普及十二年义务教育，我国在全面实现县域义务教育均衡发展以后，应尽快逐步推进十二年制的中小学义务教育，在中学阶段终止初、高两级分段，普及普通高中段的义务教育，将中等职业教育提升为高等职业技术教育。由此一来，我国中小学就可实行"五、六""六、五"或"六、六"的完全小学和完全中学的 11 年或 12 年一贯制学制。这是完善中国特色学制体系建设的重要内容之一，也是切实实现"双减"长效化的制度保障。

（四）推动职业教育纵向连贯化

2019 年，国务院印发《国家职业教育改革实施方案》，首次明确提出职业教育与普通教育是两种不同的教育类型，具有同等重要地位，强化了职业教育在教育体系中的地位。2021 年，中共中央办公厅、国务院办公厅印发《关于推动现代职业教育高质量发展的意见》，提出要推进不同层次职业教育纵向贯通。国家试图通过大力发展职教本科，建立"职教高考"制度，打通中职、大专的上升渠道，使得职业教育成为通畅的一种类型教育，形成中职—高职—应用型本科（职业本科教育）—专业硕士—专业博士这一完整的职业教育学制体系。

（五）推动高等教育高质量发展

美国著名的教育社会学家、加利福尼亚大学伯克利分校公共政策研究生院教授马丁·特罗于 1973 年提出高等教育大众化三阶段论。根据马丁·特罗的理论，高等教育的毛入学率低于 15％ 的属于精英教育阶段，毛入学率为 15％～50％ 的属于大众化阶段，毛入学率大于 50％ 的为普及化阶段。2019 年，我国高等教育毛入学率达到 51.6％，标志着我国高等教育从大众化转向普及化。在高等教育普及化阶段，提高高等教育的质量就显得相当重要。

（六）建立终身教育体系

终身教育体系是教育系统和社会机构为社会成员提供终身参与有组织学习机会的教育制度安排和网络。2019 年，中共中央、国务院发布《中国教育现代化 2035》，提出到 2035 年建成服务全民终身学习的现代教育体系，具体包括：构建更加开放畅通的人才成长通道，完善招生入学、弹性学习及继续教育制度，畅通转换渠道；建立全民终身学习的制度环境，建立国家资历框架，建立跨部门、跨行业的工作机制和专业化支持体系；建立健全国家学分银行制度和学习成果认证制度；强化职业学校和高等学校的继续教育与社会培训服务功能，开展多类型多形式的职工继续教育；扩大社区教育资源供给，加快发展城乡社区老年教育，推动各类学习型组织建设。

真题再现

【2010年考研真题·选择题】2008年，我国高等教育的毛入学率为23.3%。根据美国学者马丁·特罗的观点，我国高等教育处于(　　)。

A. 精英化阶段　　　　　　　　B. 大众化阶段
C. 普及化阶段　　　　　　　　D. 全民化阶段

第七章 课　程

人类的教育活动是文化传承的过程，教育内容是人类教育活动的重要因素。学校教育作为一种高效地传承文化的机构，其教育内容的选择、组织等就成为一个重要的问题。课程是学校教育系统的核心要素，是教育改革最关键和最敏感的部分。本章我们主要对课程概念的理解、课程的表现形式、课程类型等基本问题进行探讨。

第一节　课程概述

【学习目标】
1. 了解人们对课程的不同理解。
2. 掌握课程的三种表现形式，认识到课程标准的重要性。
3. 掌握基本的课程类型及其特征。

一般而言，课程是课业及其学习进程的合称。本节我们首先对学术界关于课程的不同认识进行梳理；其次提出课程的表现形式的概念，使学习者能够更为具象地认识课程，了解课程在现实中的表现形式；最后对课程的不同类型进行介绍，使学习者更全面地认识课程。

一、课程的概念

在我国，"课程"一词最早出现在南宋朱熹的相关论述中，他提出"宽着期限，紧着课程""小立课程，大作功夫"等说法。但是这里对"课程"的理解与我们传统的理解是不一致的。所谓"宽着期限，紧着课程"，是指按照学习时限，抓紧完成学习任务。这里的"课"是动词，有学习、研求的意思。这与我们传统的对"课程"的认识明显不同，在我国传统的认识中，课程就是课业及其进程。

在西方，"curriculum"（课程）一词最早出现在英国教育家斯宾塞的《什么知识最有价值》一文中。西方的"curriculum"是从拉丁语"currere"派生出来的，本意为"跑道"（race-course）。根据这个词源，西方最常见的课程定义是"学习的进程"，简称"学程"。

随着教育的发展和人们对教育认识的不断深入，学界对于课程有着不同的认识，归纳起来，主要有以下两种。

（一）课程即教学科目

把课程等同于所教科目，是最普遍使用，也最常识化的一种课程定义。这种理解由来已久。我国古代的课程有礼、乐、射、御、书、数"六艺"；欧洲中世纪的课程有文法、修辞、辩证法、算数、几何、音乐、天文学"七艺"。所谓教学科目，是指根据教学目的而划分的教学内容的各个科目，教材则是各门学科的具体内容。在学科中心的教育观念指导下，课程被看成是学科的教材的综合，学生学习的全部学科被称为课程。一些权威的教育辞书也沿用这样的定义，如《中国大百科全书·教育》提出：课程是指所有学科（教学科目）的总和，或学生在教师指导下各种活动的总和。这通常被称为广义的课程；狭义的课程则是指一门学科或一类活动。《教育大辞典》将课程定义为，为实现学校教育目标而选择的教育内容的总和。

这种课程定义将课程视为源自文化遗产的学科知识而予以强调，但忽略了课程内容与课程实施过程的动态关系，其最大的缺陷是把课程视为外在于学习者的静态的存在，对学习者的经验不够重视。

（二）课程即学习经验

这种课程定义把课程视为学生在教师指导下所获得的经验或体验，以及学生自发获得的经验或体验。美国教育学家杜威根据实用主义经验论，反对"课程是活动或预先决定的目的"这类观点。杜威反对把学校当作一个传授某些知识、学习某些课业或养成某些习惯的场所，强调教学必须"成为儿童生活经验的一部分"。正是从这个意义出发，杜威认为，课程的组织必须围绕儿童的需要和经验，并通过这种课程使儿童能够自我发展，自由发挥自己的主动性和创造性本能，使儿童与生俱来的能力得以生长。受杜威的影响，许多人持这一观点，如美国著名课程理论专家卡斯威尔和坎贝尔认为，"课程是儿童在教师指导下所获得的一切经验"。

这种课程定义把学生的直接经验置于课程的中心位置，从而消除了课程中"见物不见人"的倾向，消解了内容与过程、目标与手段的二元对立。目前，这种课程定义代表了国际课程理论发展的趋势。但这种课程定义过度强调学生的自我经验，忽视了系统的文化知识在儿童成长中的意义，这也是需要纠正的。

上述两种对课程的理解都有其合理因素，结合我国的教育实际，我们认为课程是指学校为了实现培养目标而选择的教育内容及其进程的总和。课程不仅包括学校开设的全部学科，还包括学校有目的地开展的各种活动，以及学校内其他影响学生发展的各种潜在的教育影响。

当然，在日常的教育实践中，我们对课程的理解是多层次的。美国学者古德莱德曾归纳出五种不同的课程理解：第一种是理想的课程，即指由一些研究机构、学术团体和课程专家提出应开设的课程。第二种是正式的课程，即由教育行政部门规定的课程计划和教材等。第三种是领悟的课程，即指任课教师所领会、理解的课程。第四种是运作的课程，即指在课堂里实际开展的课程。我国学者将这种由教师重构后的课程称作"师定课程"。第五种是经验的课程，即指学生实际体验到的东西，称作"生定课程"。

真题再现

【2008年考研真题·选择题】按照美国学者古德莱德的观点，课程可以分为五个层面，除理想的课程、正式的课程、领悟的课程之外，还有（　　）。
A. 生活的课程和经验的课程　　　　B. 运作的课程和经验的课程
C. 隐性的课程和运作的课程　　　　D. 隐性的课程和生活的课程

【2010年考研真题·辨析题】课程即学校开设的全部学科的总和。

二、课程的表现形式

在教育实践中，"课程"一般表现为三种文本形式，即课程方案、课程标准和教材。课程的这三种文本形式是与教育实践密切联系的，教育工作者需熟悉这三种课程的表现形式。

（一）课程方案

课程方案，又称课程计划，是根据教育目的和不同类型学校的教育任务，由国家教育主管部门制定的有关教学和教育工作的指导性文件。

课程方案的内容主要包括：①指导思想；②培养目标；③课程设置（开设哪些科目是教学计划的中心问题）；④课时安排；⑤课程开设顺序和时间分配；⑥考试考察制度和实施要求。其中，课程设置就是根据国家的教育目的和各级各类学校的任务、培养目标和修业年限来确定学校的学科和课程。这是制定课程计划的首要问题。

当前，我国基础教育的课程计划主要有《义务教育课程方案（2022年版）》和《普通高中课程方案（2017年版）》两个课程文件。其中，《义务教育课程方案（2022年版）》的主要内容包括培养目标、基本原则、课程设置、课程标准编制与教材编写、课程实施五个部分。

真题再现

【2012年上半年教资考试（中学）真题·简答题】简述课程计划的含义和内容。

（二）课程标准

课程标准是指在一定课程理论指导下，依据培养目标和课程方案，以纲要形式编制的关于教学科目内容、教学实施建议以及课程资源开发等方面的指导性文件。课程标准一般按学科分别编制。学科课程标准体现了国家对每门学科教学的统一要求，规定了学科的教学目的与任务，知识的范围、深度和结构，教学进度以及有关教学法的基本要求，是编写教材、教师进行教学的直接依据，也是考试命题、衡量各科教学质量的重要标准。

课程标准的结构一般包括：①前言：包括课程的性质、课程的基本理念、课程设计的思路等。②课程目标与内容：包括课程的总体目标与内容、课程的学段目标与内容。③实施建议：包括教学建议、评价建议、教材编写建议、课程资源开发与利用建议等。

真题再现

【2015年下半年教资考试（中学）真题·选择题】教师进行教学的直接依据是（ ）。

A. 课程计划　　　B. 课程目标　　　C. 课程标准　　　D. 教科书

【2012年上半年教资考试（中学）真题·选择题】编写教材（教科书）的直接依据是（ ）。

A. 课程计划　　　B. 课程目标　　　C. 课程标准　　　D. 课程说明

【2017年下半年教资考试（中学）真题·选择题】在一定课程理论指导下，依据培养目标和课程方案，以纲要形式编制的关于教学科目内容、教学实施建议以及课程资源开发等方面的指导性文件是（ ）。

A. 课程计划　　　B. 课程标准　　　C. 教学方案　　　D. 教学指南

（三）教材

教材又称课本，它是依据课程标准编制的、系统反映学科内容的教学用书，是教师和学生用来进行教学活动的材料，包括教科书、讲义、讲授提纲、参考书、活动指导书以及各种视听材料。其中，教科书是教材的主体部分，故人们常把教科书视为教材。

真题再现

【2014年上半年教资考试（中学）真题·选择题】课程的文本一般表现为（ ）。

A. 课程计划、课程标准、教科书　　　B. 课程计划、课程目标、课程实施
C. 课程目标、课程实施、课程评价　　　D. 课程主题、课程任务、课程标准

【2020年下半年教资考试（中学）真题·选择题】要充分发挥课程在学校教育中的作用，就必须编制好三个文本。这三个文本是（　　）。

A．课程计划、课程目标、课程内容　　B．课程计划、课程标准、教科书
C．课程方案、课程标准、课程内容　　D．课程方案、课程实施、课程评价

三、课程类型

按照不同的分类标准，可以将课程分为不同的类型。这里主要介绍学科课程与活动课程、综合课程与核心课程、显性课程与隐性课程、国家课程与校本课程，最后对课程结构略作讨论。

（一）学科课程与活动课程

从教学形态来看，课程可分为学科课程和活动课程。学科课程亦称"分科课程"。它以有组织的学科内容作为课程组织的基础，根据学校培养目标和科学发展要求，分门别类地从各门学科中选择由适合学生年龄特征与发展水平的知识所组成的教学科目。这种课程有悠久的历史，中国古代的"六艺"（礼、乐、射、御、书、数）、古希腊的"七艺"（逻辑、语法、修辞、数学、几何、天文、音乐）和"武士七艺"（骑马、游泳、投枪、击剑、打猎、下棋、吟诗）都是最早的学科课程。近代学校的学科课程是文艺复兴后逐步形成的百科全书式的课程。

学科课程的优点在于有助于人类文化遗产的完整保存与传递；有助于学习者获得系统连贯的文化科学知识；有助于教学的组织、评价以及教学效率的提高等。但是学科课程也存在不少弊端：第一，科目繁多的学科课程加重了学生的课业负担；第二，造成学生认知结构的支离破碎，不利于学生综合能力的培养和发展；第三，较少考虑学科之间的相互联系，将各学科看成与其他学科互不相关的实体。由于学科划分过细，学科课程的知识面过窄，内容偏深偏难。但学科课程在课程设置上仍是主流，至今仍为各国学校广泛采用。

活动课程与学科课程相对立，亦称"儿童中心课程"。它打破了学科逻辑系统的界限，是以学生的兴趣、需要、经验和能力为基础，充分发挥学生主动性、创造性的课程。活动课程产生较晚，其思想源于卢梭的自然主义教育，产生于19世纪末20世纪初欧美的新教育运动和进步教育运动，代表人物是美国实用主义教育家杜威。杜威认为，学校科目相互联系的真正中心不是科学，不是文学，不是历史，不是地理，而是儿童本身的社会活动。他认为传统的学科分得过细，同实际生活的距离较远，更忽视了儿童的兴趣和需要，主张"做中学"。他把儿童的活动大致分为社交活动、探究活动、制作活动、表现活动四大类，并注重游戏、表演、活动作业、实验、缝纫、烹调、手工等。他相信这些活动代表了社会活动的基本类型，通过这些活动把儿童引入更正式的课程中，

这是可能的，也是值得向往的。

活动课程作为实施素质教育的重要途径，优点在于：第一，重视学生的需要与兴趣，尊重学生的主体性，有利于学生学习的主动性、积极性的发挥；第二，强调实践活动，重视学生通过亲身体验获得直接经验，有利于培养学生解决实际问题的能力；第三，重视课程的综合性，主张以社会生活问题来统合各种知识，有利于学生获得对世界的完整认识。但活动课程也存在一定的缺陷，如：过分地夸大了儿童个人经验的重要性；忽视系统的学科知识的学习，忽视儿童思维力和其他智力品质的发展；对于习惯了学科课程的讲授方式的教师而言，活动课程的组织较困难。

真题再现

【2018年上半年教资考试（中学）真题·选择题】学校课程有多种类型，其中最有利于学生系统掌握人类取得的经验和科学认识的课程是（　　）。

　　A. 学科课程　　B. 经验课程　　C. 活动课程　　D. 隐性课程

【2019年下半年教资考试（中学）真题·选择题】我国古代教育内容中的"六艺"，欧洲古代教育内容中的"七艺"和工业革命以后出现的物理、化学等课程属于（　　）。

　　A. 学科课程　　B. 活动课程　　C. 综合课程　　D. 融合课程

【2015年下半年教资考试（中学）真题·选择题】主张课程的内容和组织应以儿童的兴趣或需要为基础，鼓励学生"做中学"，通过手脑并用以获得直接经验，这反映的课程类型是（　　）。

　　A. 学科课程　　B. 活动课程　　C. 分科课程　　D. 综合课程

【2016年下半年教资考试（中学）真题·选择题】围绕着学生的需要和兴趣，以活动为组织形式的课程类型属于（　　）。

　　A. 学科课程　　B. 经验课程　　C. 综合课程　　D. 活动课程

【2016年下半年教资考试（中学）真题·简答题】简述活动课程的特点。

（二）综合课程与核心课程

1. 综合课程

从综合化程度来看，课程可分为综合课程和核心课程。综合课程，又称"广域课程""统合课程"或"合成课程"，主张整合若干相关联的学科，使其成为一门关于更广泛的共同领域的课程。其根本目的是克服学科课程分科过细的缺点。它采取合并相关学科的办法，减少教学科目，把几门学科的教学内容组织在一门综合学科之中。

综合课程相对于学科课程而言，具有以下优点：第一，综合课程除克服了学科课程分科过细的缺点以外，还减少了课程的门类，有利于减轻学生的负担。第二，综合课程可以发挥学习者的迁移能力。通过综合课程的学习，学生常常会把某一学科领域的概念、原理和方法运用到其他学科领域。通过综合课程的学习，学生能够更加充分地理解和把握各门学科的要领、原理和方法之间的异同，在更大程度上体验人类知识的综合性，并在学习中主动形成正迁移，用所掌握的某种知识技能促进其他知识技能的学习。第三，综合课程也符合学生未来就业的需要。随着社会的发展，科学技术不断综合，在未来的就业生涯中，学习者必须学会综合运用不同学科的知识，才能获得成功。

2. 综合课程的分类

根据综合程度及发展轨迹，综合课程可分为以下几种：相关课程、融合课程、广域课程、核心课程。

相关课程，亦称"联络课程"，是指让两个或两个以上的科目建立共同的关系，但各科目仍保持原来的独立状态。相关课程一般采取两种设计方式。一种方式是以某一学科为中心，让另一学科进行配合。这种形式一般是某一学科的逻辑结构相当固定，另一学科则可以有变化。另一种方式是找出几个共同的主题，每个科目都选教与此主题有关的内容。不论采取哪一种方式，寻求科目间的关联，必须找到关联的焦点，这个焦点可以是事实、原则、理论、规范或技能。相关课程通常把自然科学和数学、母语和历史学习联系在一起。比如：学习代数的同一年学习化学，两个学科平行排列；学习伊丽莎白时期文学的同时学习伊丽莎白统治英格兰的历史。学科间紧密关联的相关课程并没有让各科知识统合起来，只是让各科知识发生了联系，也就是在保留原来学科的独立性基础上，寻找两个或多个学科之间的共同点，使这些学科的教学顺序能够相互照应、相互联系、穿插进行。

融合课程，亦称合科课程，是指把有内在联系的学科内容融合在一起而形成一门新的学科，与相关课程不同，合并后原来的科目不再单独存在。融合比关联更进一步，它是把相关学科内容融合为一门学科。这些融合到一起的学科都存在内在的联系。打个比方的话，这些学科都是"亲戚"。真正的融合课程应该是有机地化合各学科的内容，而不是不同科目内容的混合并列。例如，在20世纪20年代，美国高中的课程开始将植物学、动物学、生理学、解剖学这些原来独立的教育科目合并为生物学，作为高中普通教育的科目。此外，音乐、体育融合为唱游，物理、化学融合为理化。

广域课程就是合并数门相邻学科的教学内容而形成的综合性课程，在范围上比融合课程要大。例如，有的国家把地理、历史课程综合成"社会研究"课程；把物理、化学、生态、生理、实用技术课程综合成"综合自然科学"课程。打个比方的话，这些学科都是"邻居"。

核心课程，又被称为问题中心课程，它围绕一些重大的社会问题组织教学内容，社会问题就像包裹在教学内容里的果核一样，如以人类生存、环境保护、交通运输、社会组织和管理、娱乐和审美活动等人类的基本活动为主题设计的课程。

相关课程、融合课程、广域课程都是在学科领域的基础上进行的知识综合的课程形式，它们打破了原有的学科界限，是旧的学科课程的改进和扩展；而核心课程则是以解决实际问题的逻辑顺序为主线来组织教学内容的。

核心课程的主要优点在于：第一，强调内容的统一性和实用性，以及对学生和社会的适用性。它把各门学科的内容结合起来从属于要学习的题目，在学习中强调理解问题、分析问题和解决问题的技能，所学的内容是实用的。第二，课程内容主要来自周围的社会生活和人类不断出现的问题，学生积极参与学习，具有相当强烈的内在动机。第三，通过积极的方式认识社会和改造社会。

同时，核心课程也暴露出一些缺陷：第一，课程的范围和顺序没有明确的规定，学习的内容可能是凌乱的、琐碎的或肤浅的；第二，学习单元可能被搞得支离破碎，知识的逻辑性、系统性和统一性受到影响；第三，由于缺乏有组织的内容，文化遗产不可能得到充分体现，而且还可能背离家长对课程的期望和高等院校对课程的要求。

真题再现

【2011年考研真题·选择题】把两门或两门以上的学科内容整合在一门课程中，加强学科联系，但不打破学科界限。这种课程属于（　　）。

　　A. 活动课程　　　B. 核心课程　　　C. 相关课程　　　D. 融合课程

【2016年考研真题·选择题】教育界尝试以综合课程加强学科之间以及学科知识与现实生活之间的联系，典型的综合课程按照课程综合程度，由高到低排列为（　　）。

　　A. 相关课程、广域课程、核心课程　　　B. 广域课程、相关课程、核心课程
　　C. 核心课程、相关课程、广域课程　　　D. 核心课程、广域课程、相关课程

【2017年考研真题·选择题】我国中学的课程曾经分设动物学和植物学两个科目，后来合并为生物学一个科目。从课程组织的类型来看，合并后的生物学属于（　　）。

　　A. 融合课程　　　B. 综合课程　　　C. 分科课程　　　D. 核心课程

（三）显性课程与隐性课程

以课程影响学生的方式为依据，课程可分为显性课程与隐性课程。

显性课程也叫显在课程、正规课程、官方课程。从定义来看，显性课程是一个教育系统内或教育机构中用正式文件颁布而提供给学生学习，学生通过考核后可以获取特定教育学历或资格证书的课程，表现为课程方案中明确列出和有专门要求的课程。

隐性课程，也称潜在课程、隐蔽课程，是以内隐的、间接的方式呈现的课程，是学生在显性课程以外所获得的所有学校教育的经验，不作为获得特定教育学历或资格证书的必备条件。

显性课程与隐性课程的本质区别在于：显性课程是指有明确目标要求的、公开性的，并被所有课程主体意识到的课程，即一般意义上的课程；而隐性课程则是在学校环

境中伴随着显性课程的实施与评价而产生的,可能对学习者产生实际影响而又没有被某一课程主体(开发者、实施者、学习者)意识到的教育因素。

隐性课程的表现形式有:①观念性隐性课程,包括隐藏于显性课程之中的意识形态,学校的校风、学风,有关领导与教师的教育理念、价值观、知识观、教学风格、教学指导思想等;②物质性隐性课程,包括学校建筑、教室的布置、校园环境等;③制度性隐性课程,包括学校管理体制、学校组织机构、班级管理方式、班级运行方式;④心理性隐性课程,主要包括学校人际关系状况,师生特有的心态、行为方式等。

真题再现

【2016年上半年教资考试(中学)真题·选择题】校风、教风和学风是学校文化的重要构成部分,就课程类型而言,它们属于( )。

A. 学科课程　　B. 活动课程　　C. 显性课程　　D. 隐性课程

(四)国家课程与校本课程

从课程的管理制度和权限的角度可将课程分为国家课程、地方课程和校本课程。

国家课程是自上而下由中央政府负责编制、实施和评价的课程。国家课程具有权威性和强制性。

地方课程是结合地方实际,由地方政府负责的课程。

校本课程是以学校为本位、由学校自己确定的课程。校本课程主要分为两类:一类是国家课程和地方课程校本化、个性化,即学校和教师通过选择、改编、整合、补充、拓展等方式,对国家课程和地方课程进行再加工、再创造,使之更符合学生、学校的特点和需要;另一类是学校设计开发新的课程,即学校在对该校学生的需求进行科学评估,并充分考虑当地社区和学校课程资源的基础上,以学校和教师为主体,开发旨在发展学生个性特长的、多样的、可供学生选择的课程,如成都草堂小学的诗文化校本课程、蒲江成佳学校的茶文化校本课程。

校本课程开发对于学校教育教学有着积极的意义。校本课程开发可以弥补国家课程的不足,有利于学生主体性的发展,有利于教师专业水平的提高,有利于学校办学特色的形成。因此,学校要重视校本课程的开发。

真题再现

【2017年上半年教资考试(中学)真题·选择题】某沿海城市在义务教育阶段的学校全面开设海洋教育课程。这种课程属于(　　)。

A. 国家课程　　B. 地方课程　　C. 校本课程　　D. 生本课程

【2018年下半年教资考试（中学）真题·选择题】在专家指导下，地处贵州东南的侗寨中学组织有关教师对面临传承危机的侗族织锦工艺进行课程开发，开设了具有民族特色的"侗族织锦课程"。该课程属于（   ）。

A. 国家课程　　　B. 地方课程　　　C. 校本课程　　　D. 社会课程

（五）课程结构

课程结构，又称课程形态结构，是课程各部分的组织和配合，即课程内容有机联系在一起的组织方式。它规定了组成课程体系的学科门类，以及各学科内容的比例关系，必修课与选修课、分科课程与综合课程的搭配等，体现了一定的课程理念和课程设置的价值取向。

我国于2001年开启的新一轮课程改革试图改变课程结构过于强调学科本位、科目过多和缺乏整合的现状，在课程结构上强调课程的综合性和课程的选择性。具体而言，新一轮课改规定：整体设置九年一贯的义务教育课程；小学阶段以综合课程为主；初中阶段设置分科与综合相结合的课程；高中以分科课程为主；为使学生在普遍达到基本要求的前提下实现有个性的发展，课程标准应有不同水平的要求，在开设必修课的同时，设置丰富多样的选修课程；从小学至高中设置综合实践活动并作为必修课程，其内容主要包括信息技术教育、研究性学习、社区服务与社会实践，以及劳动与技术教育。

真题再现

【2015年下半年教资考试（中学）真题·选择题】在我国新一轮基础教育课程改革中，要求义务教育课程实行（   ）。

A. 六三分段设置　　　　　　　B. 五四分段设置
C. 九年整体设置　　　　　　　D. 多种形式设置共存

【2016年上半年教资考试（中学）真题·选择题】根据《基础教育课程改革纲要（试行）》规定，我国中小学课程设置"综合实践活动"，开设的学段是（   ）。

A. 小学一年级至高中　　　　　B. 小学三年级至高中
C. 小学五年级至高中　　　　　D. 初中一年级至高中

【2014年上半年教资考试（中学）真题·选择题】根据《基础教育课程改革纲要（试行）》的规定，我国初中阶段课程设置主要是（   ）。

A. 分科课程　　　　　　　　　B. 分科课程和综合课程结合
C. 综合课程　　　　　　　　　D. 活动课程和综合课程结合

【2013年上半年教资考试（中学）真题·选择题】目前我国普通高中课程实施的主要类型是（   ）。

A. 分科课程　　　B. 综合课程　　　C. 活动课程　　　D. 探究课程

【2014年下半年教资考试（中学）真题·选择题】从课程形态上看，当前我国中学实施的"研究性学习"属于（　　）。

A. 学科课程
B. 拓展性学科课程
C. 辅助性学科课程
D. 综合实践活动课程

【2017年下半年教资考试（中学）真题·简答题】简述综合实践活动的主要领域。

【2020年下半年教资考试（中学）真题·选择题】设置综合实践活动课程是我国基础教育课程结构方面的重大改革。作为一门必修课，其开设的范围是（　　）。

A. 从幼儿园到初中
B. 从小学到初中
C. 从初中到高中
D. 从小学到高中

第二节　课程理论流派

【学习目标】
1. 了解不同课程理论流派的基本观点。
2. 理解不同课程理论流派的优缺点。

课程是教育实践最核心的要素。在漫漫的课程实践历史中，有识之士不断总结课程经验，形成了课程理论。我国元代教育家程端礼（1271—1345）撰写了《程氏家塾读书分年日程》（成书于1315年），以日程的方式为学校教育排列教育内容，是元、明、清三代近七百年的教学准则，是我国最早的课程论著述。在西方，一般认为，美国学者博比特在1918年出版的《课程》一书标志着课程作为一个专门研究领域的诞生。1949年，美国教育学家拉尔夫·泰勒出版了著作《课程与教学的基本原理》，该书被视为"现代课程研究的范式"以及20世纪以来对学校课程领域影响最大的著作之一。泰勒本人也被誉为"现代课程理论之父"，标志着课程理论由初建走向成熟。在课程理论发展的过程中，形成了以下主要的课程理论流派。

一、学科中心主义课程理论

学科中心主义课程理论是最早出现、影响最广的课程理论。该理论的基本观点有：第一，主张教学内容应以知识为中心；第二，学校课程应以学科分类为基础；第三，学校教学以分科教学为核心；第四，通过分科教学，使学生掌握各科的基本知识、技能、思想方法，从而形成学生的知识结构。从早期斯宾塞崇尚科学的课程理论、赫尔巴特以兴趣为中心的课程理论，一直到永恒主义和要素主义课程理论以及布鲁纳的学科结构课程理论，它们大多是在学科知识本位的基础上来阐述课程的。

学科中心主义课程理论的早期代表是英国的斯宾塞，他在《什么知识最有价值》一文中提出，为人类的种种活动做准备的最有价值的知识是科学知识。他认为在学校课程中自然科学知识应占最重要的位置，学习自然科学是所有活动的最好准备。德国教育学家赫尔巴特提出编制课程应以人类"客观的文化遗产"——科学为基础，以发展人的"多方面的兴趣"为轴心，设置相应的学科。他认为人的兴趣主要有六个方面，并由此开设六类课程。20 世纪 30 年代，美国要素主义对进步主义的儿童经验论持批判态度，认为人类文化遗产中存在"一种知识的基本核心"，即共同的、不变的文化要素。要素主义强调以学科为中心和学习的系统性，主张恢复各门学科在教育过程中的地位，严格按照逻辑系统编写教材。这一思想影响了美国 20 世纪 50 年代末的课程改革，当时将数学、自然课程和外语称为"新三艺"。与此同时，永恒主义也在美国兴起，永恒主义认为最有价值的教育内容是那些具有理智训练价值的传统的"永恒学科"，也就是出自伟大的知识分子之手的"名著"。

1957 年 10 月 4 日，苏联成功地发射了第一颗人造地球卫星。苏联第一颗人造卫星上天，美国为之震惊，一场关于教育的大讨论随之展开，杜威的实用主义教育思想受到质疑。1958 年，美国国会迅速通过了拖延十年之久的《国防教育法》。1959 年，美国各方面的专家聚集在伍兹霍尔讨论中小学教育改革，会议的主持人是著名心理学家布鲁纳。他在会后发表的《教育过程》的小册子，被誉为"划时代的著作""有史以来教育方面最重要最有影响的一本书"，并成为随后掀起的课程改革运动的理论指导。布鲁纳认为，一门学科的概念、关键概念、原理，及其相互关系是一门学科的基本结构，是组成一门学科的核心，这种知识结构应该成为教育的重点。

整体来看，学科中心主义课程论强调按照教育目标的要求来确定课程内容，有利于学生继承和掌握人类文化遗产的精华，有利于传授系统的文化科学知识。学科中心主义课程论的弊端在于，以知识为中心编订课程容易把各门学科知识割裂开来，不能在整体中、联系中进行学习；各学科容易出现不必要的重复，增加学生的负担；忽视学生的兴趣和需要，容易导致理论和实践脱节，不能学以致用。

真题再现

【2007 年考研真题·选择题】强调知识的内在逻辑和系统性，主张分科教学的是（　　）。

A. 经验主义课程论　　B. 学科中心主义课程论
C. 存在主义课程论　　D. 后现代主义课程论

【2013 年上半年教资考试（中学）真题·简答题】简述学科中心主义课程理论的主要观点。

【2013 年下半年教资考试（中学）真题·选择题】最早提出"什么知识最有价值"

这一经典课程论命题的学者是(　　)。

A. 夸美纽斯　　　B. 斯宾塞　　　C. 杜威　　　D. 博比特

二、经验主义课程理论

经验主义课程理论也称活动中心课程理论。以杜威为代表的经验主义课程论流派认为,以学科为中心的传统课程是不足取的,应代之以以儿童的活动为中心的课程,发展儿童的经验。其主要观点如下。

(一)课程应以儿童的活动为中心

杜威认为,课程必须与儿童的生活相沟通,应该以儿童为出发点、为中心、为目的。理想的课程应该促进儿童的生长和发展,这也是衡量课程价值的标准。课程的内容不能超出儿童经验和生活的范围,而且要考虑到儿童的需要和兴趣,否则不能引发儿童学习的动机,也就不能使儿童有自发的活动。为此,杜威曾在芝加哥实验学校实施了诸如烹饪、缝纫和木工等课程,这些活动都是儿童在生活中已经熟悉和喜欢的。对于教材的学习,杜威也一反传统的做法,使教材与这些活动相互联系。

(二)课程的组织应心理学化

杜威认为,课程的组织之所以要心理学化,是因为传统学科课程的逻辑组织对于成人可能是适用的,但对于儿童情况就不一样了。因为儿童是初学者,还没有能力接受成人完整的经验,所以,课程的组织应该考虑到儿童心理发展的次序,以利用其既有的经验和能力。

经验主义课程论重视学生学习活动的心理准备,在课程设计与安排上满足了学生的兴趣,有很大的灵活性,调动了学生学习的主动性和积极性。它强调实践活动,重视学生通过亲身体验获得直接经验,主动探索,有利于培养学生解决实际问题的能力。它强调围绕现实社会生活的各个领域精心设计和组织课程,而不是脱离社会实际,有利于学生获得对世界的完整认识。但是,经验主义课程论过于注重经验,强调学生的心理逻辑,重视实用性,以至对知识的系统性,学科自身的逻辑性、学术性考虑不周,具有浓重的实用主义和自然主义色彩,因此不能保证课程教学的连续性和系统性,教育质量也很难得到保证。20世纪50年代后期,鉴于美苏争霸的需要和美国教育质量下降的现实,经验主义课程论受到谴责并逐渐遭人冷落,强调知识中心的要素主义和永恒主义随即在美国兴起。

真题再现

【2021年上半年教资考试(中学)真题·选择题】美国实用主义教育家杜威所倡导

的课程理论是（　　）。

A. 学科中心课程论　　B. 活动中心课程论
C. 要素主义课程论　　D. 永恒主义课程论

三、社会改造主义课程理论

社会改造主义课程论又称社会中心课程理论，它把重点放在当代社会的问题、社会的主要功能、学生关心的社会现象，以及社会改造和社会活动计划等方面。这种理论不太关注学科的知识体系，而是认为课程应该围绕当代重大的社会问题来组织，帮助学生在社会改造方面得到发展。该理论的代表人物有布拉梅尔德和弗莱雷。

社会改造主义课程论有两个值得注意的特点：第一，主张学生尽可能多地参与到社会中去，因为社会是学生寻求解决问题方法的实验室。在改造主义者看来，传统的课堂教学固然有其价值，但重要的是使学生将其所学运用于社会。此外，学生也可以从社会中学到很多东西。第二，以广泛的社会问题为中心。改造主义者认为，由于报纸、电视以及其他各种宣传媒介的作用，学生对于世界各地以及本国的社会问题非常敏感，这些问题应该在学校课程中得到反映。学校的课程尤其要关心城市问题、犯罪问题、交通拥挤、家庭破裂、文化娱乐等社会问题。学生对这些问题要具有鲜明的批判意识。学校课程应该给学生认识和解决这些问题提供一定的背景知识，并把这些问题联系成一个整体。

拓展阅读

弗莱雷批判"银行储蓄式教育"

对于传统的教育，弗莱雷有一个著名的十分形象的比喻。他把这种传统的教育比作一种"银行储蓄"式的教育。弗莱雷指出，这种教育是一种"储蓄"行为，学生就像是银行里开的"户头"，教师则是"储户"。教师进行讲授，进行"存款"，而学生则被动地听讲、接受、记忆和重述，进行储存。师生之间以这种"你储我存"取代了相互的"交流"——学生"户头"里的"存款"越多，他们发展的批判意识就越少，而这种批判意识可以使他们作为世界的改革者介入这个世界。

在这种"储蓄教育观"中，知识被看作是智者给予愚者的一种恩赐，学生被看作是要进行适应的人和要进行调整的人。学生储存的东西越多，学生自我发展的批判意识就越少。学生越是被动地学，越会倾向于去适应世界，而不是去改造世界。

弗莱雷批判传统教育的"银行储蓄观"，提出了著名的"对话式教育观"。弗莱雷认为，我们的教育不是谁教育谁，也不是自己教育自己，而是通过世界来相互学习。这种教育是平等的、对话式的，对话是一种解放，而非一种压迫。

社会改造主义课程理论重视教育与社会、课程与社会的联系，以社会需要来设计课程，有利于为社会需要服务；重视各门学科的综合学习，有利于学生掌握解决问题的方法。其不足之处在于，片面强调社会需要，忽视制约课程的其他因素，如学科本身、学习本身的系统性及需要，忽视各门学科的逻辑性，不利于学生掌握各门学科的系统知识。同时，社会改造主义课程理论还夸大了教育的作用，许多社会问题单靠教育是不可能解决的。

四、存在主义课程理论

存在主义课程论是以存在主义教育哲学为基础的课程观念。二战后，原产生于德国的存在主义哲学在整个西方世界流行，代表人物有德国的海德格尔、雅斯贝尔斯，法国的萨特和奥地利的布伯。20世纪50年代，美国教育家奈勒、莫里斯等将存在主义运用于教育理论，于是形成了一种教育思想流派。法国萨特提出，"存在先于本质"是存在主义的基本原则，是人的存在的一种特定状态，人与物不同：事物或器具的特质可以被预先确定，是本质先于其存在；而人的存在则表现为种种可能性，经领会、筹划、选择获得本身的规定性，所以是存在先于本质。存在主义课程理论的主要观点如下：

第一，课程最终要由学生的需求决定。吸收存在主义哲学的理念，存在主义课程理论认为，在确定课程的时候，一个重要的前提就是要承认学生本人为他自己的存在负责。换言之，课程最终要由学生的需求决定。在存在主义者看来，为学生规定一种固定不变的课程是不恰当的，因为它没有考虑到学生对知识的态度。规定固定课程的出发点是消除学生的无知，并给予学生一定的知识。然而，人的境遇是时刻变化的，没有任何东西是固定的、绝对的，而且固定的课程难以适应学生的情况和需要，成了和学生没关系的东西。这样的课程无益于学生的发展。

第二，教材是学生自我实现和自我发展的手段。存在主义课程论主要代表人物之一的美国学者奈勒认为：不能把教材看作为学生谋求职业做好准备的手段，也不能将其看作进行心智训练的材料，而应当将其看作用来自我发展和自我实现的手段；不能使学生受教材的支配，而应该使学生成为教材的主宰。知识和有效的学习必须具有个人意义，必须与人的真正目的和生活相联系。只有这样，个人才能在时间和环境都适宜的条件下按照自己选择的知识和对知识的理解来行动。

第三，存在主义课程论反对固定的课程。该理论之所以反对固定的课程，主要是因为固定课程没有考虑到学生对这种课程的态度，并不是反对课程本身和体现各门学科知识的教材。存在主义者认为，知识离不开人的主观性，它仅仅是作为人的意识和感情才存在的。如果知识不能触发学习者的感情，那么对学习者来说，就不可能是明确的知识。

第四，人文学科应该成为课程的重点。存在主义者认为，人文学科应该成为课程的重点，因为人文学科比其他学科更深刻、更直接地表现了人的本性及人与世界的关系，更能洞察和发展人存在的意义。

存在主义课程理论重视发掘学生的人生价值，注重学生的情感反应，在反对学科中心主义课程设置的唯智、唯学方面，带来了新鲜空气。它注重以学生为中心，培养学生的自我责任意识，鼓励教师与学生进行精神交流，有利于建立和谐的师生关系。其弊端在于，这种课程论指导下的课程缺乏系统知识的传授，课程结构破碎且难成体系。这种课程思想也没有制定出详细的客观标准来衡量学生的学习成就，衡量课程的有效性常常依赖于教师和学生的主观评价。

五、后现代主义课程理论

后现代主义课程论的主要代表人物是美国学者多尔。他从后现代主义理论出发，借助后现代主义提出的新视角和新方法来考察一系列的课程问题。多尔对现代主义课程进行了详细的分析和批评，认为封闭性、简单化、累积性是现代主义课程的病理。后现代主义课程强调系统，课程建设要随时考虑到流动、变化等因素的存在和影响。在多尔看来，泰勒的课程模式就是现代主义封闭课程体系的产物。多尔认为，与其说课程是"跑道"，还不如说是"在跑道跑"的课程。课程不再是人们在传统意义上所理解的静态的物，而是一个动态的过程，这个过程相当复杂，课程目标具有非预成性与生成性。泰勒的课程与教学模式局限于现代主义线性的以及因果关系的框架中，其课程原理预先决定目标、选择和组织经验反映这些目标，然后通过评价决定这些目标是否已经达到。这样看来，泰勒把目标的选择放在首要地位。多尔在分析和批判泰勒模式的基础上，把他设想的后现代课程标准概括为"4R"，即丰富性（richness）、回归性（recursion）、关联性（relations）和严密性（rigor）。丰富性是指课程的深度、意义的层次、多种可能性或多种解释，它为学生的转变和被转变提供了丰富的机会和可能性；回归性是指后现代主义课程产生于对自身予以反思所带来的反复性和复杂性之中，它为经验的反思性重组、重构和转变提供了机会；关联性力求超越现代主义所强调的普遍性和秩序性，不断寻求意义与观点之间的关联，不断寻求对文化的回归；严密性认为，丰富性和关联性并不代表随意性，它对可供选择的关联和联系进行有目的、不断精致化的追求。

后现代主义课程论把知识看作对动态、变化、开放的自我调节系统的解释，极大地丰富了知识的内涵。它把课程当作一个不断展开的动态过程，重视个体在课程实践中的体验，强调学习者通过理解和对话寻求意义、文化和社会问题。在此基础上，后现代主义课程论强调教师与学生应通过不断沟通与对话来探究未知领域，有利于建立平等的师生关系，从而将学生置于主动学习、主动创造的地位。总体来看，后现代主义课程论是批判性大于建设性的理论，它本身也呈现出多元化发展的趋势，因此比较缺乏切实可行的建设性措施来实现它所呼吁和提倡的理念。

第三节 课程开发

【学习目标】

1. 了解课程开发的主要影响因素。
2. 了解课程开发的基本模式。
3. 了解课程目标的基本理论。
4. 了解课程组织的方式。
5. 掌握教科书编写的基本原则。
6. 了解课程实施的取向。
7. 了解我国课程改革的目标。

课程开发，也称为课程设计，是课程设计主体以既有的课程理论或经专门研究而建构的理论为基础，采用一定的实践模式，使用一些具体的方法或技术，有计划、有组织、有系统地对课程目标、课程内容、课程实施和课程评价等课程领域内的要素作出某种安排或不同程度的变革，从而为学校教育提供实现教育目标所需要的课程产品的过程。概言之，课程开发是以一定的课程观为指导，制定课程标准，选择和组织课程内容，预设学习活动方式的过程。课程开发是一个系统的工程，包括课程目标的确定、课程内容的选择和组织、课程的实施与评价等环节。

真题再现

【2018年上半年教资考试（中学）真题·选择题】以一定的课程观为指导，制定课程标准，选择和组织课程内容，预设学习活动方式的过程是（　　）。

A. 课程评价　　B. 课程实施　　C. 课程组织　　D. 课程设计

一、课程开发的模式

课程开发的模式是根据课程理论或规律形成的、相对结构化和稳定化的课程设计操作程序及其策略体系。在课程设计中，具有较大影响和系统性的模式主要有泰勒的目标模式、斯滕豪斯的过程模式和施瓦布的实践模式等。这里我们主要对最经典的泰勒的目标模式进行介绍。

（一）课程开发的经典模式

目标模式是课程设计者以确定教育目标为始点，展开课程设计工作的一种操作程序和策略体系。最早提出目标模式的学者是博比特，经拉尔夫·泰勒的系统化后形成了泰勒模式，成为课程设计领域影响较为深远的经典模式。

泰勒主要把课程设计分为四个步骤，即确定目标、选择经验、组织经验、评价结果。泰勒的目标模式以课程目标的确定为始点，他认为如果我们要从事课程编制活动的话，就必须回答下列问题：

①学校应该达到哪些教育目标？
②提供哪些教育经验才能实现这些目标？
③怎样才能有效地组织这些教育经验？
④我们怎样才能确定这些目标正在得到实现？

目标模式强调设定目标，并将其作为课程设计的始点，这有助于课程设计工作的开展。首先，目标模式对明确具体的行为目标的强调，改变了过去教育目标因表述过于笼统而令人难以把握的状况，极大地推动了课程设计活动的科学化、专业化进程。其次，目标模式在某种程度上增强了教育测量与教育评价的作用，加快了标准化测验的完善进程。最后，目标模式提出的基本问题成为其他课程设计模式都必须思考的基本问题，其形成的严密而系统的课程设计思路，为其他课程设计模式的产生提供了榜样或反思对象。

但是，目标模式是以科学实证主义哲学和行为主义心理学为理论基础的课程设计思路，由于这些理论自身的缺陷，目标模式也存在片面性或局限性。第一，它忽视了课程结构的整体性，把由多种成分或多种要素组成的课程结构整体分割开来，片面强调目标的特殊性，将目标置于至高无上的地位，凌驾于其他各要素之上。这种设计思想，与现代课程设计注重系统化科学化的方法论格格不入，它企图以局部的分析代替全面的总体设计，结果必然导致种种偏差或失误。第二，它仅仅强调教育是一门科学而看不到教育也是一门艺术，割裂了教育过程中的事实与价值，看不到教育过程是一个价值创造和意义诠释的过程，从而使课程设计局限于技术理性的框架之中，导致课程设计机械和缺乏艺术性。第三，它强调目标的具体性、可预期性和行为化，却忽视了非预期的学习结果。这样的课程设计只看到了正式课程而忽视了潜在课程，因而是一种不全面的课程设计。第四，它在根本上重视训练的机制，却忽视了对教育内涵的真正把握。这种教育把学校看作工厂，把学生看作原料，强调经过"输入—输出"的过程把学生训练成具有特定性格的社会成员，因而必然导致学生主体地位的失落，压抑他们的积极性、主动性、独立性和创造性。

（二）课程开发的其他模式

针对目标模式的不足与弊端，英国著名的课程理论家斯腾豪斯提出了课程设计的过程模式。斯滕豪斯认为，课程的研究和开发应该是一个动态的、持续发展的过程，课程的设计应该是研究、编制、评价合而为一的。人们可以通过详细说明内容和过程中各种原理的方法来合理地设计课程，而不必用目标预先指定所希望达到的结果。

而美国著名的课程理论家施瓦布提出了实践性课程理论。实践性课程要求课程回归实践，而实践最重要的特点是情境的、具体的、过程的，因此实践性的课程开发过程不是普遍性理论或模式的演绎过程，而是主体之间针对具体实践情境的需要进行的审议过程。实践性课程开发的基本方法是集体审议。集体审议是初中课程的内在要求。课程审议是指课程开发的主体彼此对具体教育实践情境中的问题反复讨论、权衡，对问题获得一致性的理解与解释，最终做出恰当的、一致的课程变革决定及相应的操作策略。在课程的基本要素中，教师和学生是核心，这不仅是因为教师和学生直接参与课程开发，还因为教师和学生本身是课程的构成要素。教师和学生的需要、兴趣和问题就成了课程审议的核心问题。

真题再现

【2013年上半年教资考试（中学）真题·选择题】1949年，美国学者泰勒出版的《课程与教学的基本原理》提出了课程编制四段论，形成了著名的泰勒原理课程编制模式。这一模式被称为(　　)。

A. 实践模式　　B. 过程模式　　C. 环境模式　　D. 目标模式

【2017年下半年小学真题·选择题】泰勒在《课程与教学的基本原理》一书中提出了课程开发的基本原理。该原理最大的不足在于(　　)。

A. 操作性不强　　　　　　　　B. 过分强调预设性目标
C. 评价关注焦点单一　　　　　D. 不容易实施

二、课程目标

课程目标是指课程本身要实现的具体目标和意图。它规定了某一教育阶段的学生通过课程学习以后，在发展品德、智力、体质等方面期望实现的程度，它是确定课程内容、教学目标和教学方法的基础。

（一）课程目标制定的依据

影响课程目标制定的因素很多，但其中最主要的是教育目的与培养目标、学生因素、学科发展及社会要求。

第一，教育目的与培养目标制约课程目标的厘定、课程内容的选择、课程编制的过程。

第二，课程目标的制定需要注重对学生的研究。课程目标的制定要符合学生身心发展的需要，满足学生学习的需要。课程目标制定的着眼点是最近发展区。

第三，学科发展制约着课程目标的制定。学科发展水平制约着课程内容的选择，学科分类也制约着课程分类，学科发展速度影响课程变革速度。

第四，社会因素是制约课程目标的重要因素。社会经济发展、劳动力素质提高的要求制约着课程目标，经济的地区差异制约课程目标，文化变迁制约课程目标，文化模式制约课程目标，文化多元、文化整合影响课程目标。

真题再现

【2007年考研真题·简答题】简述课程目标制定的依据。

（二）课程目标的分类

1. 布鲁姆的目标分类理论

本杰明·布鲁姆（1913—1999）是美国当代著名的心理学家、教育家。20世纪50年代，布鲁姆因教育目标分类的系统学说而闻名。1956年，布鲁姆出版了《教育目标分类学》一书，第一次把分类学的理论应用于教育领域。在他的推动下，教育目标分类研究成为教育理论研究的一个专门领域。布鲁姆倡导用可观察和可测量的行为来陈述教育目标，旨在为教学及其评价提供具体的指导。他将教育目标划分为认知领域、情感领域和操作领域三个领域，共同构成教育目标体系。认知领域的教育目标可以分为从低到高的六个层次：知识—领会—应用—分析—综合—评价。

（1）知识。

记住所学材料，包括对具体事实、方法、过程等的回忆；可使用的描述动词：定义、叙述、背诵等。举例：背诵《春江花月夜》；匹配解放战争三大战役的时间和名称。

（2）领会。

领悟所学材料的意义，但不一定将其与其他事物相联系；可使用的描述动词：解释、辨别等。举例：概括《老人与海》的故事；通过阅读，辨别现实主义与自然主义各自的特征。

（3）应用。

将所学概念、规则等运用于新情景中的能力；可使用的描述动词：计算、操作等。举例：演示能量守恒定律在生活中的应用；模拟商店购物，考查学生的计算能力。

（4）分析。

将整体材料分解成其构成成分并理解其组织结构；可使用的描述动词：分解、说明等。举例：让学生分解《荷塘月色》的结构；让学生区分一篇报道中的事实与观点。

(5) 综合。

将所学的零碎知识整合为知识体系，强调创造能力，需要产生新的模式或结构；可使用的描述动词：创造、编写等。举例：让学生设计出科学试验程序；给定事实材料，写出一篇报道。

(6) 评价。

对材料作价值评判的能力，包括按材料内在标准或外在标准进行评判；可使用的描述动词：评价、对比等。举例：评价孔乙己的价值观；给定两篇报道，让学生评判哪篇更真实可信。

真题再现

【2015年下半年教资考试（中学）真题·选择题】在教育目标的分类中，美国教育家、心理学家布鲁姆就学生学习结果划分的三大领域是（　　）。

A. 知识、技能和技巧　　　　B. 知识、理解和应用
C. 认知、情感和操作　　　　D. 认知、应用和评价

【2017年考研真题·选择题】某语文老师在古诗单元教学结束时，给学生布置了写七律诗的作业。根据布鲁姆于20世纪50年代提出的教育目标分类学框架，该作业在认识目标的分类中属于（　　）。

A. 分析　　　B. 理解　　　C. 评价　　　D. 综合

2. 国内的课程目标分类

我国课程目标的发展经历了由"双基"向"三维目标"的转变，"双基"即基础知识和基本技能。在2001年"新课改"以前，我国课程目标多以"双基"来说明。进入21世纪，随着新一轮基础教育课程改革的不断展开，形成了"知识与技能，过程与方法，情感态度与价值观"的三维课程目标体系。当前，我国课程目标更倾向于培养人的"核心素养"，核心素养是学生通过课程学习逐步形成的正确价值观、必备品格和关键能力。比如《义务教育语文课程标准（2022年版）》提出义务教育阶段语文学科课程目标的确立围绕着"文化自信、语言运用、思维能力、审美创造"四大核心素养。

三、课程组织

课程内容组织简称课程组织，是指在一定的教育价值观的指导下，将所选出的各种课程要素妥善地组成课程结构，使各种课程要素在动态运行的课程结构系统中产生合力，以便有效地实现课程目标。

（一）课程内容的组织方式

1. 纵向组织与横向组织

所谓纵向组织，也称序列组织，是指按照知识的逻辑序列，从已知到未知、从具体到抽象组织课程内容。它侧重知识自身的体系和深度。例如：先学一元一次方程的解法，再学一元二次方程的解法。

所谓横向组织，是指打破学科界限，以问题为依据组织课程内容。它强调课程内容的综合性和知识的广度。

相较而言，纵向组织注重课程内容的学科理论体系和学术性；而横向组织则强调课程内容在社会生活中的实际运用和知识的综合性。

2. 逻辑顺序与心理顺序

逻辑顺序，就是根据学科本身的体系和知识的内在联系来组织课程内容，是传统教育派的主张。

心理顺序，就是指按照学生心理发展的规律来组织课程内容。

3. 直线式与螺旋式

直线式是指把课程内容组织成一条在逻辑上前后联系的直线，前后内容基本不重复，即课程内容保持直线前进，前面安排过的内容后面不再呈现。其逻辑依据是课程知识本身内在的逻辑是直线前进的，主张根据科学理论知识生长的原有逻辑来组织和编排课程内容。

螺旋式是指在不同单元，乃至不同阶段或不同课程门类中使课程内容重复出现，逐渐扩大知识面、加深知识难度，即同一课程内容前后重复出现，前面呈现的内容是后面内容的基础，后面内容是对前面内容的不断扩展和加深，层层递进。其逻辑依据是人的认识逻辑或认识发展过程中的规律，即人的认识遵循着由简单到复杂、由低级到高级的逐步深化发展的规律。

直线式和螺旋式是教科书编写的两种基本的组织方式，它们各有利弊，分别适用于不同性质的学科、不同年级的学生。对理论性较强、学生不易理解和掌握的内容，较适合采用螺旋式来组编，尤其是对低年级的儿童来说；对一些理论性、难度或操作性相对较低的学科知识，则较适合采用直线式来组编。一般认为，如数学等逻辑性强的学科宜以直线式组织为主，而语文、政治等学科则宜以螺旋式组织为主。其实，实际情况往往比较复杂，有时在同一课程的内容体系的编写中，直线式和螺旋式都是必不可少的。在组织编写时究竟应当采取何种形式，应根据不同学科内容的特点和学生心理发展的需求而定。

真题再现

【2014年考研真题·简答题】简述课程的逻辑组织与心理组织的含义及相互关系。

【2021年考研真题·简答题】什么是螺旋式课程组织？试举两例加以说明。

【2018年上半年教资考试（中学）真题·选择题】学生在小学数学课程中通过测量或拼图学习三角形的内角和为180度，在中学数学课程中通过证明学习三角形的内角和为180度。这种课程内容的组织形式是（　　）。

A. 直线式　　　B. 螺旋式　　　C. 纵向式　　　D. 横向式

【2012年下半年教资考试（中学）真题·选择题】在教材编写过程中，课程内容前后反复出现，且后面内容是对前面内容的扩展和深化。这种教材编排方式是（　　）。

A. 直线式　　　B. 螺旋式　　　C. 分科式　　　D. 综合式

（二）教科书的编写

教科书又称课本，它是根据课程标准编制的、系统反映学科内容的教学用书。教科书是课程标准的具体化，它以准确的语言和鲜明的图表等明晰而系统地阐述课程标准所规定的教学内容。教科书的编写应坚持以下原则。

1. 科学性与思想性相统一

科学性是教科书的基础。教科书在材料的筛选、概念的解释、不同观点或学派的介绍，以及学科知识的综合归纳、分析论证和结论等方面，都应具有全面、系统、准确的特征。教科书的思想性应寓于科学性之中，要使学生能从科学的内容中掌握正确的观点，要使他们能把理论、事实、观点与材料紧密结合起来，在思想上有所提高。

2. 强调内容的基础性与适用性

教科书不同于原始的研究成果，它是对某学科现有知识和成果进行综合归纳和系统阐述，较少做新的探索和提出一家之言。教科书的编写应力求知识的基础性，所以在编写时要选择符合社会需要、适于学生学习、难易适度的本门学科的基本事实材料、基本概念和基本原理，阐明学科基本结构。另外，在保证基础性的同时，教科书的编写还要考虑到我国社会发展的现实水平和教育现状，必须考虑到教科书对大多数学生和大多数地区、学校的适用性。

3. 知识的内在逻辑与教学法要求的统一

每门学科都有自身的系统性，编写学科的教科书必须考虑到这门学科本身的内在逻辑。但是一门学科不是相应科学的缩写本，它必须把科学知识的系统性和教学法的要求统一起来，使科学知识在叙述和逻辑上得到合理的安排。

4. 理论与实践统一

要处理好理论与事实、观点与材料、知识与技能的关系，教科书内容要更加接近学生生活和社会实际，加强实用性，使学生能较好地学习和运用知识。

5. 教科书的编排形式要有利于学生的学习

教科书编排的形式是按照心理学、卫生学和美学的观点提出的。教科书的内容阐述要层次分明；文字表述要精练、生动、流畅；篇幅要详略得当；标题和结论要用不同的字体和符号标出，使之鲜明、醒目。

6. 注意与其他学科的纵向和横向联系

教科书的编排要兼顾同一年级各门学科内容之间的关系和同一学科各年级教材之间的衔接。

真题再现

【2014年下半年、2018年上半年教资考试（中学）真题·简答题】简述教科书编写应遵循的基本原则。

四、课程实施

课程实施是指把新的课程计划付诸实践的过程，它是达到预期的课程目标的基本途径。在课程实施过程中，教师扮演着很重要的角色。从某种意义上说，课程计划最终都是通过教师的教案得以实施的。按照教师在课程实施中的态度，一般将课程实施的取向分为三类，即忠实取向、相互调适取向和课程创生取向。

（一）忠实取向

忠实取向是主流的，也是最早出现的课程实施取向。它认为课程实施是教师执行课程变革计划的线性过程，其理想的成果就是教师按照新课程的原本意图展开课程实施活动。忠实取向把课程当作可预测的文件或产品，而课程发展和实施只是一项技术性工作。在忠实取向看来，"课程"一词是指体现在教科书、指导用书、教师的教案或课程革新方案中的有计划的内容。相应地，"课程实施"则是指教师在实践中执行课程计划或课程方案等具体计划的过程。在忠实取向看来，教师角色的性质就是课程专家所制定的课程变革计划的忠实执行者，教师应当按照专家对课程的"使用说明"循规蹈矩地实施课程。衡量课程实施成功度的基本标准是所实施的课程与预定的变革方案之间的符合程度，符合程度越高则课程实施越成功。

（二）相互调适取向

相互调适取向认为，课程实施是变革方案与班级或学校实际情境在课程目标、内容、方法、组织等方面相互调整、改变与适应的过程。一个课程变革计划付诸实施之后可能会发生两个方面的变化：一方面，既定的课程计划会发生变化，以适应具体实践情境的特殊需要；另一方面，既有的课程实践会发生变化，以适应课程变革计划的要求。这种相互调适是必然的，也是一个复杂的、非线性的和不可预知的过程。这绝不是一个预期目标和计划的线性演绎过程。

（三）课程创生取向

课程创生取向认为，知识是个人化、情境化的，课程不是预先决定的，而是形成于个体建构过程中。外部设计的课程就被视为教师用于创生课程的资源，只有当这一资源有益于课堂中教与学"不断前进的过程"的时候，它才有意义。具体情境的课程知识是经由教师和学生深思熟虑的审议活动而获得的。尽管教师可能利用外部设计的课程并有可能从外部专家处获益良多，但真正创生课程并赋予课程以意义的是教师与学生。教师和学生不是课程知识的接受者，而主要是课程知识的创造者，课程创生的过程即教师和学生持续成长的过程。在课程实施中，课程设计者不再是外部的专家，而是实施中的教师和学生。真正的课程是教师与学生联合创生的教育经验，课程实施本质上是在具体教育情境中创生新的教育经验的过程，既有的课程计划和教学策略只是供这个经验创生过程选择的工具而已，即我们如今所说的"用教材教"，而非"教教材"。

真题再现

【2015年考研真题·选择题】强调"教学过程作为课程开发的过程"的课程实施取向是（　　）。

A. 忠实取向　　　　　　　　B. 相互适应取向
C. 创生取向　　　　　　　　D. 目标中心取向

五、课程评价

课程评价是指根据一定的标准和课程系统信息，以科学的方法检查课程的目标、编订和实施是否实现了教育目的，实现的程度如何，以判定课程设计的效果，并据此做出改进课程的决策。简单地说，课程评价就是对课程系统的各个部分以及整体系统所进行的各种形式的价值判断。课程评价的对象包括"课程的计划、实施过程、结果等"诸种课程要素。也就是说，课程评价对象的范围很广，它既包括课程计划本身，也包括参与课程实施的教师、学生、学校，还包括课程活动的结果，即学生和教师的发展。课程评价的主要模式有目标评价模式，目标游离评价模式，背景、输入、过程、成果（CIPP）评价模式等。

（一）目标评价模式

目标评价模式是在泰勒的"评价原理"和"课程原理"的基础上形成的。评价的实质，是要确定预期课程目标与实际结果相吻合的程度。

目标评价模式强调要用明确的、具体的行为方式来陈述目标。评价是为了找出实际结果与课程目标之间的差距，并利用这种信息反馈作为修订课程计划或修改课程目标的依据。由于这些目标都是以具体表现在学生身上的可测量的行为为主，所以评价具有很强的操作性与针对性。因此，目标评价模式极易被教学工作人员所理解与接受，至今仍在课程评价领域占据主导与支配地位。

但是，该模式仍具有很大的缺陷与不足。首先，由于过多强调学生的学习结果与预期目标的实际达成度，该模式对那些未预期、潜在的目标存在忽视或忽略之嫌。目标评价模式在"课程评价应由谁操作，行为目标能否全面准确地反映我们的教育目的，教育目标是否一定要测量"等方面存在很大问题。其次，评价只采用课程教学前与课程教学后两次测验结果，只重结果，轻视过程，所以不能为改进课程和教学提供及时的反馈信息，等等。这种课程评价模式在后来的发展中受到了不少批评。

（二）目标游离评价模式

针对在目标达成评价模式中，评价对目标的过分依赖，美国教育家和心理学家斯克里文提出了目标游离评价模式。斯克里文认为，传统的目标达成评价模式只关注了实际确立下的目标及其预期的效应，而对那些偶然性、随机性、突发性的非预期性效应缺少重视。在对有关实际效应资料的收集上，评价者应当注重全面性和完整性。因此，评价不应当只关注对预期目标的达成度，还要关注在课程实施过程中所产生的种种变量与因素。评价活动的重点从"课程计划预期的结果"转向"课程计划实际的结果"。

目标游离评价模式进一步认识到课程实施的不确定性和非预期性，使得原来被忽略的问题重新被纳入评价的范围，扩大了评价的影响力，可以看作是对目标达成评价模式的重要补充与发展。但是，目标游离评价模式由于没有一套逻辑化的概念界定以及完整的评价方法、步骤或程序，所以只被看作是一种评价模式的指导思想、思路和原则。并且，由于其解构了目标的"框定"作用，有可能使课程评价者陷入无可依凭的境遇，极有可能把评价者自己的目的凌驾于整个评价活动之上，从而歪曲了课程评价的真正价值。

(三) CIPP 评价模式

CIPP 评价模式是由美国著名教育评价专家斯塔弗尔比姆及其同事于 20 世纪 60 年代末 70 年代初提出的。CIPP 是由背景评价（context evaluation）、输入评价（input evaluation）、过程评价（process evaluation）和成果评价（product evaluation）这四种评价名称的英文首字母组成的缩略语。这种模式能提供整体的、全面的信息，以帮助方案目标的确定、研究计划的修订、方案的实施以及方案实施结果的考核，这就形成了背景—输入—过程—成果这样一个系统评价模式。

CIPP 评价模式是针对当时颇为盛行的目标定向式评价的缺陷而建立的。CIPP 评价模式的提出者认为，课程评价的根本旨趣并不在于评定目标达成的程度，而应该是为了做出某种决策而描述、获得和提供有用信息的过程。尤为重要的是，要为课程决策者提供有效的信息反馈，进而努力寻求如何促进课程计划或课程方案的修正与改进。

CIPP 评价模式考虑到影响课程计划的种种因素，可以弥补其他评价模式的不足，相对来说比较全面，但由于其操作过程比较复杂，所以较难掌握。而且此模式主要的关注点在于如何为课程决策者提供有效的决策信息，因而过多地依附于决策者，使评价人员处于被动接受与消极应对的状态。

(四) 外观评价模式

外观评价模式是由美国评价学大师斯塔克提出的。他认为评价应该从三方面收集有关课程的材料：前提条件、相互作用、结果。前提条件是指教学之前已存在的、可能与结果有因果关系的各种条件，如教师与学生的特征、课程内容与教材、社会背景等；相互作用是指教学过程，主要指师生之间和学生之间的关系；结果是指实施课程计划的效果。对于这三个方面，需要从两个维度——描述与评判来评价。描述包括课程计划打算实现的内容和实际观察到的情况这两方面的材料；评判包括根据既定标准的评判和根据实际情况的评判两种。

按照此模式，课程评价活动要在整个课程实施过程中进行观察和收集材料。它不限于检查教学结果，而是注重描述和评判在教学过程中出现的各种动态现象。但它把个人的观察、描述的判断作为评价的主要依据，很可能掺入个人的主观因素。

真题再现

【2007 年考研真题·选择题】泰勒认为，课程评价是为了找出结果与目标之间的差异，并利用这种反馈信息作为修订课程计划的依据。据此提出的课程评价模式是（　　）。

A. 目标评价模式　　　　　　　　　B. 目标游离评价模式
C. 背景、输入、过程、结果评价模式　D. 差距评价模式

【2010年考研真题·选择题】主张课程评价的重点从"课程计划预期的结果"转向"课程计划的实际结果"的课程评价模式是（　　）。

A. 目标评价模式
B. 目标游离评价模式
C. 外观评价模式
D. CIPP 评价模式

六、课程改革

课程改革是教育改革的核心，是教育改革中最关键和最敏感的部分，也是教育改革的突破口。在学校教育的早期，课程相对来说处于一个稳定的状态，但自20世纪中叶以来，为了适应社会的巨变和国际竞争的需要，各国纷纷重视课程改革，以提高教育质量，培养适合时代要求的人才。

为了应对时代的挑战，全面推进素质教育，优化我国基础教育人才培养模式，2001年6月，教育部颁布了《基础教育课程改革纲要（试行）》，标志着我国基础教育课程改革的正式开启。新一轮基础教育课程改革的具体目标有以下六个方面：

第一，改变课程过于注重知识传授的倾向，强调形成积极主动的学习态度，使获得基础知识与基本技能的过程同时成为学会学习和形成正确价值观的过程。

第二，改变课程结构过于强调学科本位、科目过多和缺乏整合的现状，整体设置九年一贯的课程门类和课时比例，体现课程结构的均衡性、综合性和选择性。

第三，改变课程内容"难、繁、偏、旧"和过于注重书本知识的现状，加强课程内容与学生生活以及现代社会和科技发展的联系，关注学生的学习兴趣和经验，精选终身学习必备的基础知识和技能。

第四，改变课程实施过于强调接受学习、死记硬背、机械训练的现状，倡导让学生主动参与、乐于探究、勤于动手，培养学生搜集和处理信息的能力、获取新知识的能力、分析和解决问题的能力以及交流与合作的能力。

第五，改变课程评价过分强调甄别与选拔的功能，发挥评价促进学生发展、教师提高和改进教学实践的功能。

第六，改变课程管理过于集中的状况，实行国家、地方、学校三级课程管理，增强课程对地方、学校及学生的适应性。

上述六个方面，包括转变课程功能、优化课程结构、更新课程内容、转变学习方式、改革考试评价、深化课程管理体系改革，从根本上说，是基础教育人才培养模式的系统变革。它既是基础教育课程改革的基本目标，也是课程改革的核心内容。

真题再现

【2015年上半年教资考试（中学）真题·选择题】我国新一轮基础教育课程改革

中，课程评价功能更加强调的是(　　)。

A. 甄别与鉴定　　　　　　　　B. 选拔与淘汰
C. 促进学生分流　　　　　　　D. 促进学生发展与改进教学实践

【2017年上半年教资考试（中学）真题·简答题】我国新一轮基础教育课程改革的具体目标有哪些？

【2019年下半年教资考试（中学）真题·选择题】2001年我国颁布的《基础教育课程改革纲要（试行）》明确规定，我国基础教育课程实行(　　)。

A. 国家一级管理　　　　　　　B. 国家、地方二级管理
C. 国家、地方、学校三级管理　D. 国家、地方、学校、教研室四级管理

第八章 教　学

教育活动是一项实践性活动，因此教学是教育活动中最实在的环节。从某种意义上讲，教育活动就是教学活动。教学是学校教育的中心工作，是落实教育目标、实施课程内容的基本途径。学习教育理论最终也是在教学活动中体现，作为一名教师，最关键的素养就在于教学能力。因此，我们一方面要了解教学活动的基本理论，另一方面更要在实践中提升教学能力，以更好地达成教育目标。本章我们主要对教学活动的基本环节、基本规律、基本方法等基本理论进行探讨。

第一节　教学概述

【学习目标】
1. 理解教学的地位和作用。
2. 掌握教学活动的特点。
3. 掌握教学过程的基本规律。

教学是学校教育的中心环节，本节主要对教学的内涵、教学活动的特点、教学过程的基本规律等基本理论进行探讨，以期让学习者清楚学校教学活动的重要性和学校教学活动的基本特点。

一、教学的概念及地位

（一）教学的概念

教学是师生双方的共同活动，是由教师的教和学生的学组成的统一活动。教学是在一定的教育目的的规范下，教师的教和学生的学共同组成的传递和掌握社会经验的双边活动。要理解教学的概念，还要注意教学与其他相关概念的区别与联系。

1. 教学与教育的关系

教学与教育这两个概念的关系，是部分与整体的关系。教学只是学校进行教育的一个基本途径，学校还通过课外活动、生产劳动、社会活动等向学生进行教育。学校活动除教学工作外，还包括德育工作、体育工作、后勤工作等。

2. 教学与智育的关系

教学与智育这两个概念的关系，是一种复杂的交叉关系。教学是进行德育、智育、体育、美育的基本途径，智育只是教学的一个主要的内容；而且智育也要通过课外与校外活动等途径才能全面实现。若把教学等同于智育，就会使教学走向唯智主义，背离全面发展的方向；若将智育局限于课堂教学，就易忽视与脱离广阔的社会生活实际。

（二）教学的地位

第一，教学是学校教育的中心工作，学校的一切工作必须围绕教学展开。教育的目的在于培养人，而教学是培养人才的基本途径，教学在学校教育工作中所占的时间最多、涉及面最广、对学生的发展影响最全面深刻、对学校教育质量的影响也最大。所以，学校工作必须以教学为主。学校工作以教学为主，既是由教学本身的性质决定的，也是多年来正反两方面教育工作经验的总结。

第二，教学是实现教育目的、促进学生全面发展的基本途径。学生的学习发展一般有两种途径：一种是参加生产实践，获得直接经验；另一种就是通过学校教育，获得间接经验。对学生而言，后者是一种高效的获得发展的途径。同时，学校教育会有目的地促进学生的全面发展，通过教学，学生可以获得知识、形成技能、发展智力、涵养情感等，获得全面的发展。因此，教学是实现教育目的、促进学生全面发展的基本途径。当然，教学并不是实现学校教育目的、促进学生全面发展的唯一途径。除了课堂教学，课外活动、社会实践活动等也是实现教育目的的途径。

真题再现

【2014年下半年教资考试（中学）真题·辨析题】教学是实现学校教育目的的基本途径。

【2016年下半年教资考试（中学）真题·辨析题】教学的任务就是向学生传授知识。

二、教学活动的特点

虽然学术界对教学活动的本质有多种阐述，但主流的认识都将教学活动视为一种特殊的认识活动。

教学认识活动的特殊性表现在：①认识对象的间接性。学校的教学活动主要以人类保存和延续下来的间接经验为主，是经过他人提炼的认识成果，如概念、定理、规律等抽象的理论知识。这种间接经验的认识过程，虽然也需要有直接经验作为支撑，但绝不能以直接经验取代间接经验。②认识方式的简捷性。通过间接知识认识世界，可以减少探索的时间、避免探索的弯路，尽快地掌握人类的文化精华，因而是高效和简捷的，是一种科学知识的再生产。马克思说过，再生产科学所必要的劳动时间，同最初生产科学所需要的劳动时间是无法相比的，例如学生在一小时内就能学会二项式定理。③认识活动的引导性。教学过程中，学生如何认识世界一般需要教师的引导，教师在教学过程中起着重要的引导作用。

真题再现

【2014年下半年教资考试（中学）真题·选择题】教学过程是一种特殊的认识过程，它区别于一般认识过程的显著特点是（　　）。

A. 直接性、引导性和简捷性　　B. 直接性、被动性和简捷性
C. 间接性、被动性和简捷性　　D. 间接性、引导性和简捷性

【2018年上半年教资考试（中学）真题·选择题】"再生产科学所必要的劳动时间，与最初生产科学所需要的时间是无法相比的，例如学生在一小时内就能学会二项式定理。"这表明教学活动具有（　　）。

A. 引导性　　B. 简捷性　　C. 直接性　　D. 实践性

三、教学过程的基本规律

教学过程有其内在的规律，这种规律就存在于教学过程构成要素的关系之中。在教学过程中，教师要高质量地完成教学任务，实现培养人的使命，必须处理好四对关系。

（一）直接经验与间接经验相统一的规律（学生认识的特殊性规律）

人们认识客观事物主要有两条途径：一是获取直接经验，即通过亲自探索、实践所获得的经验；二是获取间接经验，即他人的认识成果，主要是指人类在长期认识过程中积累并整理而成的书本知识。教学活动是学生认识客观世界的过程，要以间接经验为主、直接经验为辅，将二者有机结合起来。

1. 以间接经验为主是教学活动的主要特点

学习间接经验是学生认识客观世界的基本途径。人类的知识都产生于实践，来自直

接经验。虽然通过直接经验也能不断扩大对客观世界的认识,但由于个人的范围、时间、精力十分有限,仅依靠直接经验认识世界是不可能的,必须以学习间接经验为主。

2. 学生学习间接经验要以直接经验为基础

书本知识一般表现为概念、定理、原理等,这对学生来说是间接经验。学生要把这些知识转化为自己的知识,必须以个人以往积累或现时获得的感性经验为基础。教师要根据教学需要充分利用和丰富学生的直接经验。

3. 贯彻直接经验与间接经验相统一的规律,要防止两种倾向

在教学过程中,要正确处理直接经验与间接经验的关系,必须防止两种倾向:一种是过分强调书本知识的传授和学习,忽视引导学生通过实践活动、亲身参与、独立探索来积累经验、获取知识的倾向;一种是只强调学生通过自己探索来发现、积累知识,忽视书本知识的学习和教师的系统讲授。教师应该将直接经验与间接经验有机结合起来。

遵循直接经验与间接经验相结合的规律,要求教师在教学中坚持理论联系实际:①加强基本理论知识的教学。教师必须保证理论知识在教学中的主要作用,切实抓好理论知识的教学;不能不分主次,片面强调联系实际而削弱了理论知识的教学。②增强教学的实践性,培养学生运用知识的能力。教师要组织多样的教学实践活动与社会实践活动,在实践中丰富学生的感性认识,并为学生提供运用知识解决实际问题的机会,培养学生的各种实践能力。③培养学生理论联系实际的学风。教师要鼓励学生提出独立见解,要求学生联系实际学习理论、运用理论。

真题再现

【2012年上半年教资考试(中学)真题·选择题】在学校教育中,学生对客观世界的认识主要借助的是(   )。

A. 生产经验　　　B. 生活经验　　　C. 直接经验　　　D. 间接经验

(二)掌握知识与发展智力相统一的规律(发展性规律)

1. 知识和智力是两个不同的概念

知识是人们对客观世界的认识,智力是人们认识客观事物的基本能力。知识的多少与才能的高低并不等同,知识和运用知识的能力也并不相同,智力并不完全是随着知识的掌握而自然发展起来的。对于掌握知识与提高能力的关系问题,最典型的论争是实质教育论与形式教育论之间的争论。形式教育论以官能心理学为基础。该理论认为,教学的目的不在于传递有用的知识,在教学中传授知识只是一种手段,重要的是发展人的各

种官能，训练学生的思维形式。与形式教育论相对，实质教育论以联想主义心理学为理论基础，认为心灵的官能不是现成存在的，心灵有赖于观念的联合，它是经验的产物。因此，教育的主要的任务就是以观念充实心灵的内容，该理论主张教给学生丰富的知识，发展能力则无足轻重。这两派都割裂了掌握知识与提高能力之间的辩证统一关系，其主张都是片面的。

2. 传授知识与发展智力二者是相互统一和相互促进的

传授知识和发展智力相互依存、相互促进，二者统一在教学活动中。现代教学观认为，教学过程既是向学生传授知识的过程，又是发展学生智力和能力的过程。

①传授知识与发展智力这两个教学任务统一在同一个教学活动之中，统一在同一个认识主体的认识活动之中。知识，以表象、概念、定理、原理等形式反映客观世界的存在；智力，以观察、判断、推理、分析等思维的活动来认识客观世界。

②知识是发展智力的基础。知识为智力活动提供了广阔的领域，只有有了某一方面的知识，才有可能从事某方面的思维活动。缺乏必要的知识，就谈不上进行一定的判断、推理、分析、综合，所以离开了知识，智力就是无源之水、无本之木。缺乏知识是智力发展最大的障碍。

③发展智力是掌握知识的重要条件。可以说，智力既是接受人类已有知识的工具，同时又是开发新知识的工具。掌握知识的速度与质量依赖于一定的智力。智力水平高，知识就学得快而好；否则，就学得慢而差。

3. 要使知识的掌握真正促进智力的发展是有条件的

①从传授知识的内容来看，传授给学生的知识应是规律性的知识。只有掌握了规律性的知识，才能举一反三、触类旁通，才能实现知识的"迁移"，才能由已知推未知，才具有真正的思维能力。而且也只有规律性的知识，才需要理性思维的形式。

②从传授知识的量来看，一定时间范围内所学知识的量要恰当，不能过多。要给学生留有充分的时间思考。通过思考，促进学生的智力发展。

③采用启发式教学。教学过程从始至终都应唤起学生积极的思维，启发学生学习的愿望，引导学生学习的兴趣，始终使学生处在一种对知识的追求状态中。

④培养学生良好的个性，重视学生的个别差异，注重因材施教。

4. 贯彻掌握知识与发展智力相统一的规律，要防止两种倾向

在整个教学过程中，我们既不能像形式教育论者那样，只强调训练学生的思维形式，忽视知识的传授；也不能像实质教育论者那样，只向学生传授对实际生活有用的知识，忽视对学生认识能力的训练。在教学中，只有把二者有机结合起来，才能提高教学质量。

真题再现

【2013年上半年教资考试（中学）真题·选择题】在教学过程中，强调知识传授而忽视智力培养的理论是（　　）。

A. 形式教育论　　B. 实质教育论　　C. 传统教育论　　D. 现代教育论

【2019年下半年教资考试（中学）真题·选择题】近代教育史上曾出现过形式教育论和实质教育论的论争，其根本分歧是（　　）。

A. 以学习直接经验为主还是以学习间接经验为主
B. 以理论教学为主还是以实践教学为主
C. 以学科教学为主还是以活动教学为主
D. 以传授知识为主还是以培养能力为主

【2015年上半年教资考试（中学）真题·简答题】简述传授知识和发展智力间的辩证关系。

（三）教师主导作用与学生主体性相结合的规律

现代教学论强调教与学二者的辩证关系，教学是教师教、学生学的过程，学生是教师组织的教学活动中的学习主体，教师对学生的学习起主导作用。

1. 教学过程中，教师起主导作用

教师的主导作用表现在：①教师的教决定着学生学习的方向、内容、进程、效果和质量，起引导、规范、评价和纠正的作用；②教师的教影响着学生的学习方式及学习主动性的发挥；③教师的教影响着学生的个性及世界观、人生观的形成。

2. 教学过程中，学生是学习的主体

在教学中，学生是学习的主体，并且主体地位是在教师主导下逐步确立的。学生的主体能动性具体表现在：①受学生本人兴趣、需要以及所接受的外部要求的推动和支配，学生对外部信息的选择具有能动性、自觉性；②受学生原有知识经验、思维方式、情感意志、价值观等因素制约，学生对外部信息进行内部加工具有独立性、创造性。教师主导的结果应使学生从依赖性向独立性发展。

3. 教师的主导作用和学生主体作用之间的关系

①教师和学生的作用是不可分割的。发挥教师的主导作用并不意味着制约学生的主动性。相反，发挥教师的主导作用，就是要更好地发挥学生的主动精神。同样，发挥学生的主动性也离不开教师的主导作用。②教师的主导作用和学生的主体作用是相互促进

的。教师的主导作用要依赖于学生主体作用的发挥。学生学习的主动性、积极性越高，说明教师的主导作用发挥得越好。反过来，学生的主体作用依赖教师的主导作用来实现。只有教师、学生两方面相互配合，才能收获最佳的教学效果。

真题再现

【2015年上半年教资考试（中学）真题·辨析题】强调学生的主体地位必然削弱教师的主导作用。

【2018年下半年教资考试（中学）真题·选择题】在教学过程中，教师主导作用发挥的主要标志是（　　）。

A. 确保学生的独立地位　　B. 维持正常课程秩序
C. 维护教师的中心地位　　D. 调动学生的积极性

（四）传授知识与思想品德教育相统一的规律（教学的教育性规律）

在教学过程中，学生掌握科学文化知识和提高思想品德修养是相辅相成的两个方面，正如赫尔巴特说的"我不承认有任何无教育的教学"，教学永远具有教育性。教书必须与育人相结合，是教学过程中客观存在的必然联系，传授知识与思想品德教育相统一的规律是教学必须遵循的一条基本规律，具体体现为以下三点。

1. 知识是思想品德形成的基础

学生思想品德的提高有赖于其对科学文化知识的掌握。①科学的世界观和先进的思想都要有一定的科学文化知识做基础；②知识学习本身是艰苦的劳动，这个学习过程可以培养学生的优秀道德品质。

2. 思想品德的提高为学生积极地学习知识提供动力

学习活动是一项十分艰苦的脑力劳动，在学习的过程中必然会遇到各种各样的困难，这就要求学习者必须有明确的学习目的、强烈的学习欲望和较高的思想觉悟。在教学中，教师要不断地提高学生的思想品德水平，引导他们将个人的学习与社会发展、祖国前途联系起来，充分调动他们学习的主动性、积极性，这是学生获取知识的重要保证。

3. 贯彻传授知识与思想品德教育相统一的规律，要防止两种倾向

贯彻传授知识与思想品德教育相统一的规律时，要防止两种倾向。一种是脱离知识进行思想品德教育。这会使思想品德教育成为无源之水、无根之木，不仅不利于学生思想品德的提高，还会影响系统知识的教学。一种是只强调传授知识，忽视思想品德教

育。不能认为学生学习了知识以后，思想品德自然会随之提高，因为教学的教育性必须经过教师给学生施加积极影响，必须通过启发、激励，使学生对所学知识产生积极的态度，才能得以实现。在教学过程中，要注意把二者有机地结合起来。

真题再现

【2017年下半年教资考试（中学）真题·辨析题】教学具有教育性。

第二节 当代主要教学理论流派

【学习目标】
1. 掌握各种教学理论流派的主要观点。
2. 理解各种教学理论流派的优缺点。

教学理论是人们对教学的发生及过程的一些规律性的认识。本节介绍了几种主要教学理论流派。学习者要了解各教学理论流派的主要观点和优缺点，辩证地认识各种教学理论流派，这有利于更好地指引教学实践。

一、哲学取向的教学理论

哲学取向的教学理论源于苏格拉底和柏拉图的"知识即道德"的传统。这种理论认为，教学的目的是形成人的道德，而道德又是通过知识积累自然形成的。为了实现道德目的，知识就成为教学的一切，依此便演绎出一种偏于知识授受为逻辑起点，从目的和手段进行展开的教学理论体系。苏联和我国的部分教育学者多持这种观点。这种理论的基本主张为以下几个方面。

知识—道德本位的目的观。这种理论在教学目的上强调知识和道德的培养。比如我国学者王策三在《教学论稿》中把我国对"教学目的和任务"的种种表述概括为三句话："第一，传授和学习系统的科学基础知识和基本技能；第二，在这个基础上发展学生的智力和体力；第三，在这个活动过程中培养学生共产主义世界观和道德品质。"[①]

知识授受的教学过程。该理论认为教学过程是一种知识授受的过程，是一种特殊的认识过程。

---

① 王策三：《教学论稿》，人民教育出版社，1985年，第101页。

科目本位的教学内容。这种教学理论强调以书本知识为主，用学科逻辑来组织教材，强调教材的系统性。

语言呈示为主的教学方法。这种理论在教学方法上主要倡导讲授法。纵观不同教学理论流派的变革与发展，以哲学为主要取向的教学理论是形成最早、持续时间最长、影响范围最广的教学理论。这种教学理论强调掌握知识与教师在教学中的主导作用。其局限主要有：过分强调知识学习，忽略了学生情感发展和社会性发展；过分关注科目知识的涵盖面，忽视了知识的针对性和当下社会具体问题；过分重视纪律的控制或教条的训练，缺失了对学生个人创造性的培养。

二、行为主义的教学理论

行为主义把刺激—反应作为行为的基本单位，学习即"刺激—反应"之间联结的加强，教学的艺术在于如何安排强化。由此派生出程序教学、计算机辅助教学、自我教学单元、个别学习法和视听教学等多种教学模式和方式。其中，以斯金纳的程序教学理论影响最大，其理论的基本主张为以下几个方面。

（一）预期行为结果的教学目标

根据行为主义原理，教学目标就是提供特定的刺激，以便引起学生的特定反应，所以教学目标越具体、越精确越好。美国教育心理学家布卢姆等人的教育目标分类学与行为主义的基本假设是一致的。

（二）相倚组织的教学过程

所谓相倚组织，就是对强化刺激的系统控制。斯金纳认为，学生的行为是受行为结果影响的，若要学生做出合乎需要的行为反应，必须形成某种相倚关系，即在行为后有一种强化性的后果；倘若一种行为得不到强化，它就会消失。根据这一原理，形成了一种相倚组织的教学过程，这种教学过程对学习环境的设置、课程材料的设计和学生行为的管理作出了系统的安排，包括五个阶段：①具体说明最终的行为表现：确定并明确目标，具体说明想要得到的行为结果，制定测量和记录行为的计划。②评估行为：观察并记录行为的频率，如有必要，记录行为的性质和当时的情境。③安排相倚关系：做出有关环境安排的决定，选择强化物和强化安排方式，确定最后的塑造行为的计划。④实施方案：安排环境并告知学生具体要求。⑤评价方案：测量所想到的行为反应，重现原来的条件，测量行为，然后再回到相倚安排中去。

（三）程序教学的方法

程序教学设计遵循以下原则。首先是小步子原则或循序渐进原则，即把学习内容按其内在逻辑关系分割成许多细小的单元，分割后的小单元按一定的逻辑关系排列起来，形成程序化教材或课件。学生的学习是由浅入深、由易到难、循序渐进地进行的，这种学习方式被称为小步子学习原则。其次，呈现明显的反应。斯金纳认为，学生的反应能为他人所观察到，正确的反应需要强化，不正确的反应则需要改正。再次，及时强化。当学生做出反应后，必须及时使他们知道其反应是否正确，如果答案是正确的，反馈就是一种增强物，如果答案是错误的，反馈就是一种更正的方法。最后，自定步调。每个学生根据自己的特点自定学习进度和速度，进行程序学习。

简单来看，行为主义者似乎关注的是"怎样教"，而不是"教什么"。

三、认知教学理论

认知心理学家批判行为主义是在研究"空洞的有机体"，在个体与环境的相互作用上，认为是个体作用于环境，而不是环境引起人的行为，环境只是提供潜在刺激，至于这些刺激是否受到注意或被加工，取决于学习者内部的心理结构；学习的基础是学习者内部心理结构的形成和改组，而不是刺激—反应联结的形成或行为习惯的加强或改变，教学就是促进学习者内部心理结构的形成或改组。提出认知教学理论的是美国教育心理学家布鲁纳和奥苏贝尔等，其中影响较大的是布鲁纳的认知结构教学理论，其理论的基本主张为以下几个方面。

（一）理智发展的教学目标

布鲁纳认为，发展学生的智力应是教学的主要目的。他在《教育过程》中指出，必须强调教育的质量和理智的目标。也就是说，教育不仅要培养成绩优异的学生，而且要帮助每个学生获得最好的自我理智发展。教育主要是"培养学生的操作技能、观察技能、想象技能以及符号运算技能"。

（二）动机—结构—序列—强化原则

布鲁纳提出了相应的四条教学原则。第一，动机原则。学习取决于学生对学习的准备状态和心理倾向。学生对学习都具有天然的好奇心和学习的愿望，问题在于教师如何利用学生的这种自然倾向，激发学生参与探究活动的兴趣，从而促进学生智慧的发展。第二，结构原则，即要选择适当的知识结构，并选择适合于学生认知结构的方式，才能促进学习。这意味着教师应该认识到教学内容与学生已有知识之间的关系，知识结构应与学生的认知结构相匹配。第三，序列原则，即要按最佳顺序呈现教学内容。学生的发展水平、动机状态、知识背景都可能会影响教学序列的作用，因此，如果发现教学效果不理想，教师就需要随时准备修正或改变教学序列。第四，强化原则，即要让学生适时地知道自己学习的结果。但需要注意的是，教师不应提供太多的强化行动，以免学生过于依赖教师的指点。另外，要逐渐从强调外部奖励转向内部奖励。

（三）学科知识结构

布鲁纳认为，任何学科知识都是一种结构性存在，知识结构本身具有理智发展的效力。他认为学习基本结构有四个好处：第一，学生如果知道了一门学科的基本结构或逻辑组织，就能理解这门学科；第二，学生了解基本概念和基本原理，有助于他们把学习内容迁移到其他情境中去；第三，如果把教材组织改成结构的形式，将会有助于学生记忆具体细节的知识；第四，如果给予学生适当的学习经验和对结构的合理陈述，即便是年幼的儿童也能学习高级的知识，从而缩小高级知识与初级知识之间的差距。

（四）发现学习法

布鲁纳认为，学生的认知发展主要是遵循其特有的认识程序。学生不是被动的知识接受者，而是积极的信息加工者。教师的角色在于创设可让学生自己学习的环境，而不是提供预先准备齐全的知识。因此，他极力倡导使用发现学习法，强调学习过程，强调直觉思维，强调内在动机，强调信息提取。

真题再现

【2016年上半年教资考试（中学）真题·选择题】在教学理论著述中，强调学科基本结构要与儿童认知结构相适应，重视学生能力培养，主张发现学习的专著是（　　）

A. 《普通教育学》　　　　　　　B. 《大教学论》

C. 《教育过程》　　　　　　　　D. 《论教学过程最优化》

【2016年考研真题·选择题】布鲁纳认知主义教学理论提出的教学原则有（　　）。

A. 动机原则、结构原则、序列原则、强化原则

B. 高速度原则、高难度原则、理论知识起主导作用原则

C. 直观性原则、量力性原则、巩固性原则、彻底性原则

D. 及时反馈原则、小步子原则、自定步调原则、积极反映原则

四、情感教学理论

20世纪60年代以来，人本主义作为心理学的第三势力崛起，力陈认知心理学的不足在于把人当作"冷血动物"，即没有情感的人，主张心理学要想真正成为关于人的科学，应该探讨完整的人，而不是把人分割成行为、认知等从属方面。人本主义心理学家认为，真正的学习涉及整个人，而不仅仅是为学习者提供的事实。真正的学习经验能够使学习者发现自己独特的品质，发现自己作为一个人的特征。教学的本质即促进，促进学生成为一个完善的人。美国人本主义心理学家罗杰斯的非指导性教学就是这一流派的

代表，其基本主张为以下几个方面。

（一）培养"自我实现的人"的教学目标

罗杰斯认为，最好的教育，目标应该是培养"充分发挥作用的人、自我发展的人和自我实现的人"。在他看来，只有这样的人，才能建设性地处理某个领域复杂的问题。

（二）有意义的学习过程

罗杰斯按照某种意义的连续，把学习分成无意义学习和意义学习。无意义学习（如记忆无意义的音节）只与心有关，它是发生在"颈部以上"的学习，没有情感或个人的意义参与，与全人无关。意义学习不是那种仅仅涉及事实积累的学习，而是一种增长知识的学习，而且是一种与每个人各部分经验都融合在一起的学习。这种意义学习主要包括四个要素：第一，学习具有个人参与的性质；第二，学习是自我发起的，既有来自外界的推动力或刺激，又要求发现、获得、掌握和领会的感觉是来自内部的；第三，学习是渗透性的；第四，学习是由学生自我评价的。

（三）非指导性的教学

罗杰斯把心理咨询的方法移植到教学中来，为形成促进学生学习的环境而构建了一种非指导性的教学模式。这种教学过程以解决学生的情感问题为目标，包括五个阶段：①确定帮助的情境，即教师要鼓励学生自由地表达自己的情感；②探索问题，即鼓励学生自己来界定问题，教师要接受学生的情感，必要时加以澄清；③形成见识，即让学生讨论问题，自由地发表看法，教师给学生提供帮助；④计划和抉择，即由学生计划初步的决定，教师帮助学生澄清这些决定；⑤整合，即学生获得较深刻的见识，并做出较为积极的行动，教师对此要予以支持。

（四）教师作为"促进者"的师生关系

罗杰斯认为，教师作为"促进者"在教学过程中的作用表现为四个方面：①帮助学生澄清自己想要学什么；②帮助学生安排适宜的学习活动与材料；③帮助学生发现他们所学东西的个人意义；④维持某种滋育学习过程的心理气氛。但是，发挥促进者的作用，关键不在于课程设置、教师知识水平及视听教具，而在于"促进者和学习者之间的人际关系的某些态度品质"。这种态度品质包括真诚、接受、理解。

罗杰斯的教学主张一向被称作"学生中心的教育"，情感教学理论强调在教学过程中注重人际关系，注重激发学生的学习动机，满足学生合理的需要，这对于学生个性与创造力的发展有很大的促进作用。但是这种教学理论降低了教师在教学中的地位与作用。

真题再现

【2018年上半年教资考试（中学）真题·选择题】美国学者罗杰斯认为，人皆具有先天的优良潜能，教育的作用在于使之实现。由此，他提出了"以学生为中心""让学生自发学习"的教学模式，该模式被称为（　　）。

A. 指导性教学　　　　　　　　B. 情境教学
C. 非指导性教学　　　　　　　D. 程序教学

五、建构主义教学理论

建构主义（constructivism）是一种在哲学、心理学和人类学理论基础上发展起来的关于知识与学习的理论，它关注的是知识是什么、一个人如何获得知识的问题。早期建构主义教学理论的代表人物主要有皮亚杰、维果斯基和布鲁纳；新近建构主义的代表人物主要有加德纳、古德曼、布鲁克思。建构主义认为，学习是在社会文化背景下，通过人与人之间的协作活动而实现的意义建构的过程。其核心观点是知识是建构的，而不是传授的。

（一）知识观

建构主义者一般强调，知识并不是对现实的准确表征，而是一种解释、一种假设，并不是问题的最终答案。而且，知识不可能以实体形式存在于具体个体之外，尽管我们通过语言符号赋予了知识一定的外在形式，甚至这些命题还得到了较普遍的认可，但这并不意味着学习者会对这些命题有同样的理解，因为这些理解只能由个体基于自己的经验背景而建构起来，它取决于特定情境下的学习历程。学生对知识的"接受"只能靠自己的建构来完成，以自己的经验、信念为背景来分析知识的合理性。学生的学习不仅是对新知识的理解，而且是对新知识的分析、检验和批判。

（二）学习观

建构主义者认为，知识不是通过教师的传授获得的，而是学习者在一定的情境，即社会文化背景下，借助其他人（包括教师和学习伙伴）的帮助，利用必要的学习资料，通过意义建构的方式获得的。学习是个体建构自己知识的过程，这意味着学习是主动的，学生不是被动的刺激接受者，他们要主动对外部信息进行选择和加工，因而不是行为主义所描述的刺激—反应过程。而且，知识或意义也不是简单地由外部信息决定的。外部信息本身没有意义，意义是学习者通过新旧知识经验间反复的、双向的相互作用过程建构而成的。其中，每个学习者都在以自己原有的经验系统为基础对新的信息进行编码，建构自己的理解，同时原有知识又因为新经验的进入而发生调整和改变，所以学习并不只是信息的积累，它也包含由于新旧经验的冲突而引发的观念转变和结构重组。学习过程并不是简单的信息的输入、存储和提取，而是新旧经验之间的双向的相互作用过程。

（三）课程观

建构主义者强调用情节真实、复杂的故事呈现问题、营造解决问题的环境，以帮助学生在解决问题的过程中活化知识，变事实性知识为解决问题的工具；主张用产生于真实背景中的问题启发学生思维，并以此支撑和鼓励学生解决问题的学习、基于案例和项目的学习，进而以此方式参与课程的设计与编制；主张课程既要基于学科，又要超越学科，面向真实世界，从而使教学始于课堂、走出课堂、融于社会。

（四）教学观

建构主义者强调，教学通过设计重大的任务或问题来引导学习和支撑学习的积极性，帮助学习者成为学习主体。建构主义学习环境由情境、协作、会话和意义建构四个要素构成。其中，情境是意义建构的基本条件，教师与学生之间、学生与学生之间的协作，以及会话是意义建构的过程，而意义则是建构主义学习的目的。

（五）学生观

建构主义者强调，学生并不是空着脑袋走进教室的。在日常生活中，在以往的学习中，他们已经形成了丰富的经验，往往会依靠他们的认知能力形成对问题的某种解释。而且，这种解释并不都是胡乱猜测，而是从他们的经验背景出发推出的合乎逻辑的假设。所以，教学要把学生现有的知识经验作为新知识的生长点，引导学生从原有的知识经验中"生长"出新的知识经验。

（六）教学模式

在建构主义教学理论的框架下，产生了一系列新的教学模式，在此简要介绍其中较为典型的两种模式。

①支架式教学，是指为学习者构建知识体系、提供概念框架的教学。其具体过程为：进入情境—搭建支架，引导探索—学生独立探索—协作学习—效果评价。②抛锚式教学，其主要目的是使学生在一个完整、真实的问题情境中产生学习的需要，并通过学习共同体中成员间的互动、交流，即合作学习，凭借自己的主动学习、生成学习，亲身体验从识别目标到提出和达到目标的全过程。抛锚式教学不同于通常课堂上以"知识传递"为目的的教学，它在教学中利用以逼真情节为内容的影像，将其作为"锚"为教与学提供一个可以依靠的宏观情境，进而促使学习者对教学内容进行探索。抛锚式教学的基本目的不是提高学生在测验中的分数，而是帮助学生提高达到目的的能力。其基本环

节为：创设情境—确定问题—自主学习—协作学习—效果评价。

建构主义教学模式的共同点在于反传统教学中的机械客观主义，主张知识是在主体与环境、他人的交互作用中建构的，同时，知识不是绝对的和中立的，而是相对的和蕴含了主体的价值观的。建构主义教学理论在本质上是对人的主体价值给予了充分肯定的理论。

当然，在承认建构主义对教学实践变革有重要启示的同时，也必须清楚，建构主义理论并不是完美无缺的，它只能被看作进行教学改革的重要理论之一，尤其是这种理论的应用尚需各方面的条件支持。

真题再现

【2017年下半年教资考试（中学）真题·简答题】简述建构主义教学理论的知识观、学习观、学生观。

【2009年考研真题·简答题】简述建构主义教学理论的基本主张。

第三节　教学设计

【学习目标】
1. 掌握教学设计的依据。
2. 掌握教学模式的概念与结构。
3. 了解主要的教学模式。
4. 了解各种教学原则的含义与基本要求。
5. 了解各种常用的教学方法。

教学设计是根据课程标准的要求和教学对象的特点，有序安排教学诸要素，确定合适的教学方案的设想和计划。本节主要围绕教学设计展开，对教学设计的依据、教学模式、教学原则、教学方法等进行探讨。

一、教学设计的依据

教师的教学设计是一项系统性的工程，需要对教师已有经验、学生的实际情况、教学环境、教材、课程标准等多种因素进行分析，最终形成最优化的教学方案。具体而言，教学设计时的主要依据有以下几点。

（一）学科课程标准

学科的课程标准是教师进行教学设计的重要依据。教师需要根据学科课程标准的总体要求，结合所教授的具体内容，制定出符合课程标准的教学目标。

（二）教学内容的特点

在教学设计时，教师需要对教学内容进行分析。教师需要根据教学内容的难易程度、类型、侧重点等，制定出符合教学内容特点的教学目标。

（三）学生的需要和特点

学生的实际情况也是确定教学目标的重要依据。教师需要了解学生的年龄特点、认知水平、学习需求、兴趣爱好等，根据学生的实际情况制定出符合学生实际的教学目标。

（四）教师的教学经验

教师在教学设计中，既不能完全依据经验行事，又不能排斥教学经验的作用。只有将科学的理论和方法与好的教学经验结合起来，才能使教学设计既有共性，又有个性，并最终达到科学性与艺术性的有机统一。

（五）现代教育理念

现代教学理论是指导现代教学实践的基本依据。通过教学理论的指导，教师不仅可以避免教学设计的盲目性，还可以促使教学设计由感性经验层次上升到理性科学层次，最大限度地保证教学设计的合理性与有效性。

（六）现有教学条件

现有的教学条件也会影响教师的教学设计，教师的教学设计必须考虑现有的教学条件。

总之，教学设计的依据是多方面的，需要综合考虑学科课程标准、教学内容特点、学生实际情况、教师自身经验、现代教育理念和现有教学条件等多种因素，从而达到教学的最优化设计。

真题再现

【2011年考研真题·简答题】简述课堂教学设计的主要依据。

【2010年考研真题·选择题】为了达到一定的教学目的，对教学内容、组织、方法及媒体的使用等所进行的系统规划称为（　　）。

A. 教学策略　　　B. 教学模式　　　C. 教学目标　　　D. 教学设计

二、教学模式

(一) 教学模式概述

所谓模式,一般指可以作范本、模本及变本的式样。教学模式是指在一定教学思想或教学理论指导下建立起来的较为稳定的教学活动结构框架和活动程序。

教学模式是在一定教学理念指导下形成的具有一定操作性的教学方法的特定组合,通常包括理论依据、教学目标、操作程序、实现条件和教学评价五个部分。教学模式是理论与实际相结合的产物或结晶。从教学理论向教学实践转化的阶段或顺序看,教学模式与教学策略、教学方法的关系为:教学理论—教学模式—教学策略—教学方法—教学实践。教学模式规定教学策略、教学方法,属于较高层次。教学策略比教学模式更详细、更具体,但同时受教学模式的制约。教学方法是更为详细具体的方式、手段和途径,是教学策略的具体化,介于教学策略与教学实践之间。

(二) 当代国外主要教学模式

1. 程序教学模式

"程序教学"是由斯金纳在运用行为主义心理学的基础上进行推广,以程序教学机器或程序教材为基础进行教学的模式。这里的"程序"代替了教师,通过一套事先设计好的、有一定顺序的特定行为,使学生按照教师期望的方式行动。

程序教学模式的理论基础是新行为主义的学习理论,提倡建立预期行为结果的教学目标。程序教学的操作程序是一种相依组织的教学过程:第一步,确定并明确目标行为;第二步,评估行为;第三步,安排相倚组织,也就是选择强化物和强化方式;第四步,实施方案;第五步,对方案进行评价。程序教学作为一种个别化教学模式,要求学生具有较强的独立学习能力。

程序教学模式的优点是:让学生独立地学习,能适应个别差异;由于采用小步子的方法,复杂的课题可以化难为易。它的缺点是:严格规定了学生前进的步子,不利于培养学生的主动性和创造性;适用于技能训练和艺术学科,缺少师生间、同学间的人际交往。

2. 发现教学模式

美国教育家布鲁纳在强调学科的基本结构的同时,还主张采用发现法进行教学。这一理论与苏联赞科夫的"教学与发展思想"、德国瓦根舍因的"范例教学思想"并誉为当代教学理论的三大流派。

发现教学模式的理论基础是结构主义与学科结构,主张确立理智发展的教学目标。

操作程序是首先创设问题情境，其次提出假设，然后验证假设，接着获得结论，最后应用结论。布鲁纳提倡学生主动探究，所以在应用发现教学模式时教师在教学中应是主导者，同时教师要注意适时地强化。

发现教学模式有利于学生对知识结构的掌握和发展思维能力，特别是创造性思维能力。但是，该模式花费的时间相对较多，教师设计这样的课程较难，要求教师有较高的水平。

3. 掌握学习教学模式

掌握学习教学模式的代表人物是美国的卡罗尔和布鲁姆等。此模式是在"所有学生都能学好"的思想指导下，以集体教学为基础，辅之以经常、及时的反馈，为学生提供所需的个别化帮助以及额外学习时间，从而使大多数学生达到课程目标所规定的掌握标准。

掌握学习教学模式的理论基础：①掌握学习理论。布鲁姆通过实验、观察和追踪研究认为，除了1%~2%的超常儿童和2%~3%的低常儿童，95%以上的学生在学习能力、学习速度、学习动机等方面并无大的差异。只要有适合学生特点的学习条件与方法，几乎所有的学生都能掌握所学内容。这是一种新的乐观的学生观。②教育目标分类学。③教学评价理论。评价包括诊断性评价、形成性评价和终结性评价。

掌握学习教学模式的教学目标：布鲁姆提出"绝大多数学生都能学到学校所教的一切东西"，希望教师要为掌握而教，学生要为掌握而学，从而使每一个学生都能学好、达到掌握的程度。

掌握学习教学模式的操作程序：①诊断性评价；②团体教学；③单元形成性测验；④通过者进行加深学习，未通过者进行补救学习（掌握的正确率达80%~85%即为通过）；⑤进入下一单元的学习；⑥在一学期结束或几个章节的全部内容学习完后进行总结性测验。测验和补救学习两个阶段是最重要的，它们是决定掌握学习成败的关键。

掌握学习教学模式的实现条件：①诊断学生要准确无误，激发每一个学生的学习动机；②师生都要对学习抱有信心，让每个学生都充分体验"学习成功"的喜悦；③教师要引导学生不断总结和形成自学方法，做好掌握学习计划。

掌握学习教学模式的优点：①其教学评价不同于标准化评价，它的评价标准是目标参照性评价，是诊断性评价、形成性评价和终结性评价三种形式的综合运用；②强调因材施教，帮助学生达到课程目标规定的掌握标准。掌握学习教学模式的缺点是：对成绩较差或一般的学生更有利，但对优等生来说则不太适合。

真题再现

【2007年考研真题·选择题】只要提供了足够的时间和帮助，每一个学生都能达成学习目标，依据这种思维建构的教学模式是（　　）。

A. 程序教学模式   B. 发现教学模式
C. 掌握学习教学模式   D. 非指导性教学模式

4. 暗示教学模式

暗示教学模式也叫作情境—陶冶教学模式，由保加利亚心理学、医学博士乔治·洛扎诺夫首创。暗示教学模式是指通过各种暗示手段，充分调动学生的无意识心理活动，运用鲜明的形象强化外围知觉，唤起学生的视听感觉，使学生在轻松、舒畅的情况下进行学习，进而不断促进学生的生理及心理潜力的发展。

暗示教学模式的理论基础：暗示原理与人脑研究。同时运用大脑两个半球比只用一个半球效果好。所以，教师在教学过程中要把学生的逻辑和非逻辑的心理活动同时调动起来，把语言活动、思维活动和音乐、游戏等活动有机结合起来，从而取得良好的教学效果。

暗示教学模式的教学目标：充分调动学生的无意识心理活动，不断促进学生潜能的发展。

暗示教学模式的操作程序：①创设情境。在一定的情境中通过对话、游戏等轻松愉快的活动进入学习氛围。②参与各种活动。③总结转化。通过教师的启发和总结，使学生实现学科知识和道德情感的内化。

暗示教学模式的实现条件：①创设优雅的外部教学环境。②学前动员。③采用各种暗示手段，如语言、音乐等。

暗示教学模式的教学评价：此模式能充分调动学生的学习兴趣，满足儿童的求知欲，注重左右脑功能的协调，激发学生的学习潜力，对我国的教育实践有较大的影响。我国著名儿童教育家李吉林提出的情境教学理论就是在暗示教学模式影响下产生的一种教学理论。情境教学是指教师在教学过程中，有目的地引入或创设具有一定情绪色彩的、以形象为主体的生动具体的场景，以引起学生一定的态度体验，从而帮助学生理解教材，并使学生的心理机能得到发展的教学方法。

真题再现

【2012年下半年教资考试（中学）真题·选择题】保加利亚学者洛扎诺夫在20世纪60年代创立的一种利用联想、情境、音乐等强化教学效果的方法是（   ）。
A. 纲要信号教学法   B. 探究发现教学法
C. 暗示教学法   D. 范例教学法

5. 范例教学模式

范例教学模式由德国教育家瓦根舍因、克拉夫基等创立，以精选的知识经验以及事实范例作为教学内容，使学生掌握一般的、有普遍意义的知识，使学生所学的知识迁移到别的地方，促使学生形成独立的主动学习能力和独立判断能力。

范例教学模式的理论基础：结构主义理论和范例教学理论。它强调精选范例，教给学生基本性、基础性和范例性的知识，使学生掌握学科基本结构，发展智力。

范例教学模式的教学目标是通过典型案例习得知识体系。其操作程序是：①范例性地阐明"个"的阶段；②范例性地阐明"类"的阶段；③范例性地理解规律性的阶段；④范例性地掌握关于世界的经验和生活经验的阶段。典型的范例有助于学习原理、规律性的知识。范例教学模式有利于培养学生的分析能力和总结原理、规律的能力。

真题再现

【2010年考研真题·选择题】教学过程由四个阶段组成：阐明"个"的阶段、阐明"类"的阶段、掌握规律与范畴的阶段、获得世界经验与生活经验的阶段。这种教学模式属于(　　)。

A. 发现教学模式　　　　　　B. 掌握学习教学模式
C. 范例教学模式　　　　　　D. 非指导性教学模式

6. 非指导性教学模式

非指导性教学的倡导者为美国著名人本主义心理学家罗杰斯。他改变了传统教学以教师为中心的、灌输性的、有指导的教学，提出教学应该提供一种令人愉快的环境气氛。在这个气氛中，学生是教学的中心，教师为学生的学习提供各种条件，从而形成了"以学生为中心"的非指导性教学。

非指导性教学模式的理论基础是人本主义心理学。它的教学目标是把人培养成"充分发挥作用的人、自我发展的人和自我实现的人"。

非指导性教学模式的操作程序："非指导性教学"是一种无严谨结构的教学，教学的目的、内容、进程和方法等由学生自己讨论。其操作程序大致为：确定帮助的情景—探索问题—形成见识—计划和抉择—整合。

非指导性教学模式的实现条件：①要十分重视人际关系和情感因素在教学中的作用；②教师不是教学生怎样学，而是提供学习的手段，由学生决定怎样学。因此，教师不是以指导者，而是以顾问的身份出现。

非指导性教学模式的教学评价：这种教学模式突出教学活动中学生的情感和价值观的作用，充分发挥学生自身的潜力，促使学生实现自我完善。但这种教学模式过分强调要以学生为中心，忽视教师在教学中的主导作用。同时，它完全放弃教师教授课程内容，这也会影响教学效果。

7. 纲要信号图式教学模式

这是苏联教师沙塔洛夫在自己 30 年的教学实践基础上创立的。所谓纲要信号图式，是一种由字母、单词、数字或其他信号组成的直观性很强的图表，是教学辅助工具。它通过各种"信号"提纲挈领、简明扼要地把需要重点掌握的知识表现出来。有时一张图表仅由几个信号组成，有时一张图表可以包括教科书中两三节甚至四五节课的内容。

这一方法的具体运用包括六个阶段：①按照教材内容详细讲解教学内容；②出示纲要信号图式，进行第二次讲解，突出重点，分析难点，指出各部分之间的逻辑关系，并加以概括；③把小型的图式发给每个学生进行消化；④要求学生课下按图式进行复习；⑤在下一次课上，让学生根据记忆，在各自的练习本上画出图式；⑥让学生在课堂上按图式回答问题。

真题再现

【2018 年上半年教资考试（中学）真题·选择题】美国学者罗杰斯认为，人皆具有先天的优良潜能，教育的作用在于使之实现。由此，他提出了"以学生为中心""让学生自发学习"的教学模式，该模式被称为（　　）。

A. 指导性教学　　　　B. 情境教学　　　　C. 非指导性教学　　　　D. 程序教学

三、教学原则

教学原则是根据一定的教学目的和教学过程规律而制定的指导教学工作的基本准则。教学原则是教学规律在教学中的反映，因此，中小学教师要了解和灵活运用教学原则。常见的教学原则主要有以下几种。

（一）思想性（教育性）和科学性相统一原则

基本含义：该原则是指教学要以马克思主义为指导，授予学生科学知识，并结合知识教学，对学生进行社会主义品德和正确人生观、科学世界观的教育。这是培养德、智、体、美、劳全面发展的人的要求，是建设社会主义物质文明和精神文明的要求，体现了我国教育的根本方向。同时这也是知识的思想性、教学的教育性规律的反映。这一原则的实质是要求在教学活动中把教书和育人有机地结合起来。教学的教育性与科学性是相辅相成、相互促进的。赫尔巴特的教育性教学原则与之同理。

贯彻此原则的要求：①教师要保证教学的科学性；②教师要结合教学内容的特点进行思想品德教育；③教师要通过教学活动的各个环节对学生进行思想品德教育；④教师要不断提高自己的业务能力和思想水平。

真题再现

【2016年上半年教资考试（中学）真题·选择题】王老师在化学课上讲到元素周期表中的"镭"元素时，向学生介绍了"镭"的发现者居里夫人献身科学的事迹，学生深受教育。这体现了哪一教学原则？（ ）

A. 理论联系实际原则　　　　　　　B. 思想性和科学性相统一的原则
C. 启发性原则　　　　　　　　　　D. 发展性原则

【2018年下半年教资考试（中学）真题·简答题】简述贯彻科学性和思想性相统一教学原则的基本要求。

【2021年上半年教资考试（中学）真题·选择题】王老师在讲授"磷及其化合物的性质"时，以磷化氢的"自燃"现象，说明民间俗称"鬼火"现象产生的原因，对学生进行了"无神论"教育。王老师在教学中主要贯彻的是哪条教学原则？（ ）

A. 循序渐进原则　　　　　　　　　B. 直观性原则
C. 科学性与思想性相统一原则　　　D. 启发性原则

（二）理论联系实际原则

基本含义：该原则是指教师在教学中，应使学生从理论与实际的结合出发来理解和掌握知识，并引导他们运用新获得的知识去解决各种实际问题，培养他们分析问题和解决问题的能力。这一原则是直接经验与间接经验相统一的教学规律在教学中的体现。

我国古代教育家十分重视对"知与行关系"的研究。在西方，古希腊智者学派认为："没有实践的理论和没有理论的实践都没有意义。"裴斯泰洛齐很重视"知识与知识的应用"。乌申斯基也指出："空洞的、毫无根据的理论是一点用处也没有的。理论不能脱离实际，事实不能离开思想。"

贯彻此原则的要求：①重视书本知识的教学，在传授知识的过程中注重联系实际；②重视引导和培养学生运用知识的能力；③加强教学的实践性环节，逐步培养学生综合运用知识的能力，进行"第三次学习"；④正确处理知识教学与能力训练的关系；⑤补充必要的乡土教材。

（三）直观性原则

基本含义：该原则是指在教学活动中，教师应尽量利用学生的多种感官和已有的经验，通过各种形式的感知，使学生获得生动的表象，从而比较全面、深刻地掌握知识。

对教学中的直观性原则，古今中外的教育家都进行了非常精辟的阐述。中国古代教育家荀子说过，"不闻不若闻之，闻之不若见之"，"闻之而不见，虽博必谬"，提出了在学习中不仅要"闻之"，更要"见之"，才能"博而不谬"。中世纪捷克杰出的教育家夸美纽斯的"让学生去看看、摸摸、听听、闻闻"和乌申斯基的"儿童是依靠形式、颜色、声音和感觉来进行思维的"就是直观性原则的体现。

贯彻此原则的要求：①要正确选择直观教具和教学手段。直观手段种类繁多，一般分为三类。第一，实物直观。它是通过各种实物进行的，包括观察各种实物和标本、实习、实验、教学性参观。第二，模像直观。它是通过各种实物的模拟形象而进行的，包括图片、表格、模型、幻灯片、录像带等。第三，言语直观。它是通过教师形象化的语言描述进行的。教师在直观手段的使用上，要有明确的目的性和必要性，直观材料要有典型性。一般来说，直观手段主要应根据学生的年龄特征、知识水平、教学的目的和内容来选择。②直观是教学的一种手段而不是目的。过多的直观不仅会浪费教学时间，还会影响学生抽象思维能力的发展。③将直观教具的演示与语言讲解结合起来，在直观的基础上提高学生的认识。

真题再现

【2015年下半年教资考试（中学）真题·选择题】罗老师讲解《观潮》这篇课文，通过播放视频，让学生真切感受到钱塘江大潮的雄伟壮观。他在教学中贯彻了（　　）。

A. 直观性原则　　　　　　　　B. 科学性和思想性相结合原则
C. 循序渐进原则　　　　　　　D. 巩固性原则

（四）启发性原则

基本含义：该原则是指在教学活动中，教师要调动学生的主动性和积极性，引导他们通过独立思考、积极探索，生动活泼地学习，自觉地掌握科学知识，提高分析问题和解决问题的能力。启发性原则是在汲取中外教育遗产的基础上提出的，是教师主导作用与学生主体作用相统一的规律在教学中的反映。

苏格拉底的"产婆术"、孔子提出的"不愤不启，不悱不发"的教学要求以及《学记》中的"道而弗牵，强而弗抑，开而弗达"的教学思想，都是这一教学原则的体现。第斯多惠也曾说过："一个坏的教师奉送真理，一个好的教师则教人发现真理。"

贯彻此原则的要求：①加强学习的目的性教育，调动学生学习的主动性；②设置问题情境，启发学生独立思考，培养学生良好的思维方法和思维能力；③让学生动手，培养学生独立解决问题的能力，鼓励学生将知识创造性地运用于实际生活；④发扬教学民主，鼓励学生发表不同见解，允许学生向教师提出疑问等。

真题再现

【2013年下半年教资考试（中学）真题·材料分析题】

《念奴娇·赤壁怀古》课堂片段

王老师：词的上阕重在写景，而下阕引用了周瑜这个人物，有何用意？

学生甲：苏轼在上阕已经提到"江山如画，一时多少豪杰"，这里塑造周瑜这一形象是为了照应上阕，因为周瑜就是一个英雄豪杰。另外，把周瑜这一英雄豪杰与自己做对比，"早生华发"与"人生如梦"可看出是苏轼对自己的哀叹。

学生乙：我读过周瑜的传记，周瑜指挥赤壁之战时，是他娶小乔十年以后的事，而词中"小乔初嫁了，雄姿英发"也许是为了显示周瑜的年轻，与苏轼的"早生华发"相对比。后面"羽扇纶巾，谈笑间，樯橹灰飞烟灭"则是写出了周瑜儒雅的打扮、从容的姿态与功业之大。而苏轼却功业无期。

王老师：两位同学的发言把周瑜这个人物形象在这首词中的作用分析得比较完整，那么我们学过杜牧的《赤壁》，大家还记得吗？

学生：记得！

王老师：好，我们一起背诵一遍。

学生：折戟沉沙铁未销，自将磨洗认前朝。东风不与周郎便，铜雀春深锁二乔。

王老师：杜牧在这首诗中强调赤壁之战的关键是什么？

学生：东风。

王老师：为什么同样是写赤壁之战，战争的关键却不同呢？是不是有一位作者搞错了呢？

学生丙：我认为他们没有搞错，苏轼塑造周瑜这个人物形象，主要写周瑜在赤壁之战中的重要作用，是为了用周瑜的年轻有为与自己的光阴虚度、壮志未酬作比较。杜牧的诗却把赤壁之战的关键归于东风，假设没有东风之力，周瑜将会一败涂地，可能是想突出他自己的雄才伟略吧。

王老师：的确是这样。苏轼的词与杜牧的诗都是为了表现作者的思想，他们所要歌咏的史实内容不同，是因为他们要表达自己不同的抱负。苏轼要借用周瑜来抒发自己有志报国，但是壮志未酬的感慨。杜牧有经时济世之才，通晓兵法军事，但是一直没有得到施展才华的机会，所以他感史伤怀，把赤壁之战的功绩归于东风是为了抒发自己的怀才不遇。

问题：

（1）这个教学片段主要体现了哪条教学原则？

（2）贯彻该原则应该遵循哪些基本要求？

（五）循序渐进原则

基本含义：循序渐进原则也称系统性原则，是指教师要严格按照科学知识的内在逻辑和学生的认知发展规律进行教学，使学生掌握系统的科学文化知识，能力得到充分的发展。循序渐进原则首先是由科学知识本身的系统性和严密性决定的；其次是由学生认识能力的发展存在生理活动的节律性和心理发展的阶段性决定的。总体而言，循序渐进的"序"包括两大方面，即科学知识的逻辑顺序和学生身心发展规律。

《学记》要求"学不躐等""不陵节而施"，提出"杂施而不孙，则坏乱而不修"，意思是：如果教学不按一定的顺序，杂乱无章地进行，学生就会陷入紊乱而没有收获。朱熹进一步提出"循序而渐进，熟读而精思"，明确提出了循序渐进的教育要求。在国外，夸美纽斯指出了循序渐进的重要性，乌申斯基和布鲁纳也强调系统知识的学习。

贯彻此原则的要求：①教师的教学要有系统性；②抓主要矛盾，解决好重点与难点；③教师要引导学生将知识体系化、系统化；④按照学生的认识顺序，由浅入深、由易到难、由简到繁地进行教学。

（六）巩固性原则

基本含义：该原则是指教师在教学中要引导学生在理解的基础上牢固地掌握基本知识和基本技能，而且在需要的时候，能够准确无误地呈现出来，以利于知识技能的利用。

历代教育家都很重视知识的巩固问题。孔子要求"学而时习之""温故而知新"。夸美纽斯明确提出了"教与学的巩固性原则"。乌申斯基认为"复习是学习之母"。

贯彻此原则的要求：①要在教学的全过程中加强知识的巩固；②组织好学生的复习工作，教会学生记忆的方法；③通过扩充、改组和运用知识的过程来巩固知识。

（七）因材施教原则

基本含义：该原则是指教师在教学中，要从课程计划、学科课程标准的统一要求出发，面向全体学生，同时又要根据学生的个别差异，有的放矢地进行有差别的教学，使每个学生都能扬长避短，获得最佳发展。因材施教的教学原则既为学生身心发展的客观规律所决定，也受我国的教育目的制约。

我国古代的孔子善于根据学生的不同特点，有针对性地进行教育，以发挥他们各自的专长。宋代朱熹把孔子这一经验概括为"孔子施教，各因其材"，这是"因材施教"的来源。美国心理学家加德纳提出并阐明的"多元智能理论"也有力地说明了应当针对学生的个性特征因材施教。

贯彻此原则的要求：①教师要坚持课程计划和学科课程标准的统一要求；②教师要了解学生，从实际出发进行教学；③教师要善于发现每个学生的兴趣、爱好，并创造条件，尽可能使每个学生的不同特长都得以发挥。

真题再现

【2013年下半年教资考试（中学）真题·选择题】"西邻五子，一子朴，一子敏，一子盲，一子偻，一子跛。乃使朴者农，敏者贾，盲者卜，偻者绩，跛者纺。"这体现

的教学原则是（　　）。

A. 启发性原则　　　　　　B. 因材施教原则
C. 循序渐进原则　　　　　D. 直观性原则

（八）量力性原则

基本含义：量力性原则，也称可接受原则，是指教学的内容、方法、分量和进度要适合学生的身心发展，使他们能够接受，但又要有一定的难度，需要他们经过努力才能掌握，以促进学生的身心健康发展。

我国古代的墨子很重视学习上的量力而为。他提出："夫智者必量其力所能至而从事焉。"西方文艺复兴后，许多教育家都重视教学的可接受性问题。经验证明，教学中传授的知识只有符合学生的接受能力才能被他们理解，顺利地转化为他们的精神财富。罗素、布鲁纳、赞科夫都持这种观点。赞科夫以自己进行的小学教学改革实验和所做的理论阐述，充分证实了教学促进学生发展的可行性。

贯彻此原则的基本要求：①重视儿童的年龄特征；②了解学生的发展水平，从实际出发进行教学；③恰当地把握教学难度。

真题再现

【2020年下半年教资考试（中学）真题·论述题】 周老师教高一（5）班数学时，发现学生的知识基础差别较大，于是，她决定对程度不同的学生提出不同的任务和要求。对于学习基础较好的6位学生，周老师特别要求他们到图书馆查找和阅读相关内容的书籍。经过自学，他们不但完成了规定的作业，还选做了一些难度更大的习题。对于其他学生，周老师分别给他们布置难易程度不同的习题。在课堂教学中，周老师通过创设情境、多媒体教学、小组讨论等多种方式，调动学生们学习的积极性和主动性，激发他们对所学内容的兴趣，同时提出问题让学生深入思考。当学生遇到困惑时，周老师耐心地加以辅导，让学生自己动脑、动手，找到解决问题的办法。学生通过解决问题，获取了知识，很好地完成了学习任务。

问题：
（1）周老师贯彻了哪些教学原则？
（2）请结合材料对这些教学原则加以分析。

四、教学方法

教学方法是教师和学生为了实现共同的教学目标，完成共同的教学任务，在教学过程中运用的方式与手段的总称。常用的教学方法有以下几种。

（一）讲授法

讲授法是教师运用口头语言系统连贯地向学生传授知识、技能，发展学生智力的教学方法。

讲授法的优缺点：优点在于可以充分发挥教师的主导作用，使学生在短时间内获得大量系统的科学知识，并且能结合知识传授进行思想品德教育；缺点是不易发挥学生的主动性和积极性，不利于因材施教，容易造成"填鸭式""满堂灌"的教学效果。

运用讲授法的基本要求：讲授内容要有科学性、系统性和思想性，要认真组织；讲授要讲究策略和方式，要系统完整、层次分明、重点突出，符合知识的系统性和启发性原则的要求；教师要努力提高语言表达水平，讲究语言艺术；要组织学生听讲；要与其他教学方法配合使用。

（二）谈话法

谈话法是教师按一定的教学要求向学生提出问题，让学生回答，通过问答、对话的形式来引导学生思考、探究，获取或巩固知识，促进学生智能发展的方法。

谈话法的优点：能够照顾到每个学生的特点，充分激发学生的思维活动，有利于发展学生的语言表达能力；并使教师通过谈话直接了解学生的学习程度，及时检验学生的学习效果，从而提出一些补救措施来弥补学生的知识缺陷、开拓学生的思路，使学生保持注意和兴趣。

运用谈话法的基本要求：要做好计划，教师要对谈话的中心、提问的内容做充分准备，并拟定谈话提纲；要善问，提出的问题要明确、具体、难易适度、符合学生已有的知识程度和经验，还要有启发性，形式要多样化，教师要善于启发诱导；谈话时，教师要面向全体学生，给学生留有思考的余地，因势利导，让学生一步步地获得新知；谈话结束后，应结合学生回答的情况进行归纳和小结，给出正确的问题答案，指出谈话过程中的优缺点。

（三）讨论法

讨论法是全班或小组成员在教师的指导下，围绕某一中心问题发表自己的看法和见解，从而相互学习的一种方法。运用讨论法需要学生具备一定的基础知识、一定的理解能力和独立思考能力，因此，讨论法在高年级运用得比较多。

讨论法的优点：通过对所学内容的讨论，学生之间可以集思广益、互相启发、加深理解、提高认识；同时还可以激发学生的学习热情，培养学生对问题的钻研精神并训练学生的语言表达能力。

运用讨论法的基本要求：讨论前，教师应提出有吸引力的讨论题目，并明确讨论的具体要求，指导学生收集有关资料；讨论时，教师要善于引导学生围绕中心，联系实际，自由发表意见，并让每个学生都有发言机会；讨论结束时，教师要进行小结，并提出需要进一步思考的问题。

真题再现

【2017年上半年教资考试（中学）真题·选择题】古希腊哲学家苏格拉底创立了"产婆术"。它体现的主要教学方法是（　　）。

A. 讲授法　　　B. 讨论法　　　C. 谈话法　　　D. 演示法

（四）读书指导法

读书指导法是教师指导学生通过阅读教科书和其他参考书，获得知识、巩固知识、培养自学能力的一种方法。指导学生读书，包括指导学生阅读教科书和阅读课外书籍两个方面。

教师指导学生阅读教科书，首先要让学生进行预习，其作用在于为上课创造有利的学习状态，打好注意定向的基础，把主要注意力集中在主要问题上；其次要让学生进行复习，其作用在于使学生及时消化和巩固知识，并使消化和巩固的知识系统化、条理化。教师指导学生阅读课外书籍，首先要指导学生选择书籍，其次要教给学生阅读课外书籍的方法，最后要培养学生良好的读书习惯。阅读课外书籍的主要方法包括精读和泛读两种方法。良好的读书习惯包括：读书时要专心致志，持之以恒；要善于使用工具书；要养成写读书笔记的习惯。读书指导法对培养和发展学生的阅读能力，进而教会学生学习、发展学生的自学能力具有独特的意义与价值。

运用读书指导法的基本要求：教师要提出明确的目的、要求和思考题，教会学生使用工具书，帮助学生逐步学会阅读的方法，用多种方式指导学生阅读。

（五）演示法

演示法是指教师通过展示实物、教具和示范性的实验来说明、印证某一事物和现象，使学生掌握新知识的一种教学方法。演示所使用的工具可分为四大类：实物、标本、模型、图片的演示，图表、示意图、地图的演示，实验演示，幻灯片、电影、录像的演示。演示法体现了直观性、理论联系实际的教学原则。

运用演示法的基本要求：明确演示目的，做好演示准备；演示必须精确可靠、操作规范；演示时要引导学生集中注意力，运用多种感官去感知，以发展学生的思考力和观察力；演示结束后，教师要引导学生分析观察结果以及各种变化之间的关系，通过分析、对比、归纳、综合得出正确结论。

（六）参观法

参观法又称现场教学，是教师根据教学目的和要求，组织学生进行实地考察、研究，使学生获取新知识，巩固、验证旧知识的一种教学方法。

参观法的优点：能够使教学和实际生活联系起来，激发学生对知识的渴望和兴趣，扩大学生的视野；能够使学生接触社会，并从中受到教育和启发，同时也可以培养学生观察事物的能力和习惯。

运用参观法的基本要求：参观前，教师要根据教学目的和要求，做好准备工作；参观时，教师要引导学生收集资料，做好必要记录，也可以请有关人员进行讲解或指导；参观结束后，教师要组织学生及时进行小结。

（七）练习法

练习法是指学生在教师的指导下巩固知识，培养各种技能和技巧的基本教学方法。练习法是中学各科教学普遍采用的教学方法。练习法的种类有说话的练习，解答问题的练习，会话、制图的练习，作文和创作的练习，运动与文娱技能、技巧的练习。练习法的基本步骤：教师提出练习的任务，说明练习的意义、要求和注意事项，并进行示范；学生在练习时，教师要巡回辅导；练习之后，教师要进行系统的分析和总结。

练习法的优点：可以有效地发展学生的各种技能技巧，对培养学生的意志品质也有重要作用。

运用练习法的基本要求：教师要使学生明确练习的目的和要求；练习的题目要注意学生基础知识的积累、巩固以及基本技能的提高；教师要教给学生正确的练习方法，并对学生的练习进行及时的检查和反馈；在练习过程中，要注意培养学生自我检查的能力和习惯；练习方式要多样化。

（八）实验法

实验法是指教师引导学生使用一定的仪器和设备，进行独立操作，使某些事物和现象产生变化，从而使学生获得直接经验，培养学生技能和技巧的教学方法。实验法常用于物理、化学、生物等自然学科的教学。

实验法的优点：可以把理论和实践结合起来，有利于激发学生的求知欲望，有利于培养学生独立使用仪器进行科学实验的基本技能，有利于培养学生严谨的科学态度和踏实的学风。

运用实验法的基本要求：认真编写实验计划，加强实验指导，做好实验总结。

（九）实习作业法

实习作业法是指教师根据学科课程标准的要求，指导学生运用所学知识在课上或课外进行实际操作，将知识运用于实践的教学方法。这种方法在自然学科的教学中占有重要的地位，如数学课的测量练习、生物课的植物栽培和动物饲养等。

实习作业法的优点：有利于理论与实践的结合，对培养学生运用书本知识从事实际工作的能力有重要的意义。

运用实习作业法的基本要求：要在教师的指导下有目的、有计划、有组织地进行；实习中，教师要加强指导；实习结束后，教师要指导学生写出实习报告或体会，并进行评阅和评定。

（十）发现法

发现法是指学生在教师的指导下，对所提出的课题和所提供的材料进行分析、综合、抽象和概括，自行发现并掌握相应的原理和结论的一种教学方法。其特点在于关注学习过程甚于关注学习的结果，要求学生主动参与到知识形成的过程中。

发现法的优点：能够使学生的独立性、探索能力、活动能力和创新能力在探索解决的过程中得到高度发挥。

运用发现法的基本要求：依据教材特点和学生实际，确定探究发现的课题和过程；严密组织教学，积极引导学生的发现活动；努力创设一个有利于学生进行探索发现的良好情境。

真题再现

【2013年上半年教资考试（中学）真题·选择题】学生在教师指导下进行数学课的实地测算、地理课的地形测绘、生物课的植物栽培和动物饲养，这属于下列哪一种教学方法？（　　）

A. 实验法　　　　B. 参观法　　　　C. 演示法　　　　D. 实习作业法

【2016年下半年教资考试（中学）真题·选择题】在一堂化学课上，张老师利用分子模型和挂图，帮助学生认识乙醛的分子结构。张老师采用的教学方法是（　　）。

A. 实验法　　　　B. 练习法　　　　C. 作业法　　　　D. 演示法

【2016年上半年教资考试（中学）真题·材料分析题】张老师在生物课上讲解植物吸水的知识时，首先要求学生动手做个实验：将两块萝卜分别浸泡在两个装有浓盐水和清水的烧杯里，浸泡后取出并观察萝卜的变化。结果发现，泡过浓盐水的萝卜变蔫了，而泡过清水的萝卜变水灵了。张老师用下方示意图显示实验结果：泡过浓盐水的萝卜失去水分，泡过清水的萝卜吸收水分。

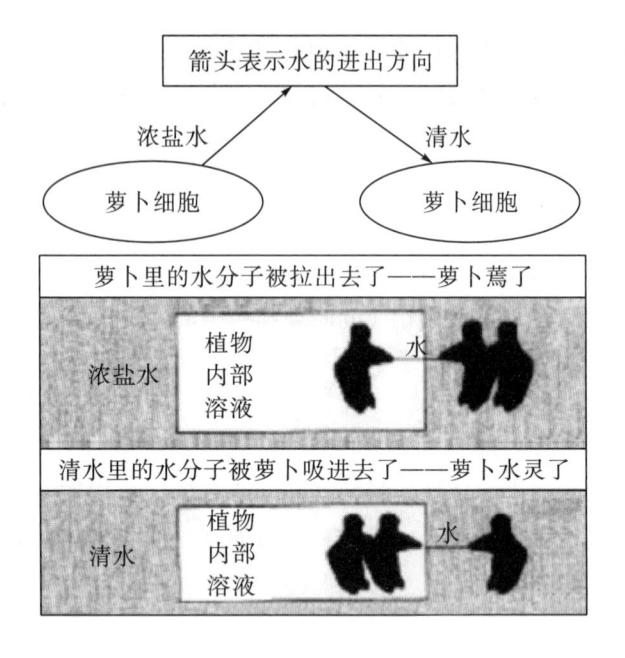

张老师接着进一步提问：谁能概括出萝卜在什么状态下失水？在什么状态下吸水？

根据学生的回答，张老师总结说明植物吸水的原理：当植物细胞液浓度小于外界溶液浓度时，细胞就失水；反之，细胞则吸水。接着，张老师布置小组讨论：为什么盐碱地一般种不好庄稼？如果你种的植物出现"烧根"现象，你需要追肥还是浇水，为什么？

第四节　教学的组织与实施

【学习目标】

1. 了解主要的教学组织形式。
2. 了解教学工作的基本环节及要求。
3. 了解教学评价的种类。

教学的组织和实施是教学过程中实践性最强的环节。本节我们主要对教学的组织、实施、评价等环节进行探讨。首先，介绍教学组织形式的演变及主要的教学组织形式。其次，介绍教学的基本环节及各个环节的基本要求。最后，对教学的评价进行探讨。

一、教学组织形式概述

教学总是以一定的组织形式进行的。教学组织形式是指为完成特定的教学任务，教师和学生按一定要求组合起来进行活动的结构。教学组织形式不是固定不变的，随着社会政治经济和科学文化的发展及其对培养人才要求的不断提高，教学组织形式也会不断地发展和改进。在教育史上，先后出现了下述几个影响较大的教学组织形式。

（一）个别教学制

在古代，中国、埃及和希腊的学校大都采用个别教学形式。学校的学生混杂于一室，教师轮流传唤每位学生，分别向每位学生传授知识，布置、检查和批改作业，即教师对学生一个一个轮流地教；教师在教某个学生时，其余学生均按教师要求进行复习或作业。在个别教学中，不同学生所学的内容和进度可以有所不同，教师对不同学生教的方法和要求也有所区别，而学生学习的成效亦各不相同，甚至差距极大。因此，个别教学制最显著的优点在于：教师能够根据每位学生的特点，包括天赋、接受能力和努力程度而因材施教，加强教学的针对性，充分地发展每个学生的潜能、特长和个性。但是，采用个别教学制，不利于学生之间的交流、合作和个人的社会化，不利于教师对学生身心发展规律的深入认识，不利于教学经验的总结以及教师自身专业化的发展。这种个别教学制与古代发展水平较低的社会生产力相适应。在古代的学校里，间或也有采用初级的集体教学形式，但未形成一种制度。

（二）班级授课制

班级授课制是一种集体教学形式。它把一定数量的学生按年龄与知识程度编成固定的班级，根据周课表和作息时间表，安排教师有计划地向全班学生集体上课，分别设置各门课程。在班级授课制中，同一个班的学生的学习内容与进度必须一致，开设的各门课程，特别是高年级课程，由不同专业的教师分别授课。

1. 班级授课制的产生与发展

自西方中世纪末起，工商业的逐步发展和科学文化的繁荣进步一方面使学校教学内容显著增多、课程逐步增加；另一方面则要求学校提高教学的效率，培养更多的人才。这时，个别教学已不能满足社会发展对人才增长的需求了，班级授课便应运而生。班级授课制萌芽于16世纪西欧的一些国家，兴起于17世纪乌克兰兄弟会学校，经夸美纽斯的总结、改进和理论升华而初步形成。1632年，捷克教育家夸美纽斯出版的《大教学论》最早从理论上对班级授课制作了阐述，为班级授课制奠定了理论基础。后来，以赫尔巴特为代表的教育家提出教学过程的形式阶段论（即明了、联想、联合、系统、方法），班级授课制得以进一步完善而基本定型。最后，以苏联教育学家凯洛夫为代表，提出了课的类型和结构的概念，使班级授课制形成一个完整的体系。在我国，一般认为采用班级授课制始于清代同治元年（1862年）于北京开办的京师同文馆，并在癸卯学制（1904年）中以法令的形式确定下来，随后在全国范围内推广。

2. 班级授课制的基本特点

班级授课制一般按学生的年龄进行分班，以班级为单位集体授课，学生的人数固定；按"课"进行教学，"课"是教学活动的基本单元，一般分为单一课和综合课；按时授课，把每一"课"规定在固定的单位时间内进行，这个单位时间称为"课时"，课与课之间有一定的休息时间。

3. 班级授课制的优点与不足

采用班级授课制进行授课有利于经济有效地大面积培养人才，提高教学效率；以"课"为教学活动单元，能保证学习活动循序渐进，有利于学生获得系统的科学知识；有利于发挥教师的主导作用；有利于发挥学生集体的教育作用；有利于学生德、智、体多方面的发展；有利于进行教学管理和教学检查。

班级授课制的不足在于不利于学生主体性的发挥；不利于培养学生的探索精神、创造能力和实际操作能力；不能很好地适应教学内容和教学方法的多样化；不利于因材施教，难以满足学生个性化的学习需要；不利于学生之间真正的交流和启发；以"课"为基本的教学活动单位，在某些情况下会割裂内容的整体性。

班级授课制注重集体化、社会化、同步化、标准化，长于向学生集体教学，而拙于照顾学生的个别差异和对学生进行个别指导，不利于充分发展学生的潜能、培养学生的特长。因此，随着科学技术的迅猛发展和对创造性人才的需求的日益迫切，20世纪初以来，许多国家的教育界都致力于班级授课制的改革。

拓展阅读

恽代英批判班级授课制

恽代英对现代学校教育制度中的班级授课制提出了批评，认为其存在八种弊病：

1. 上课时教师太劳，学生太逸。
2. 学生因无事可做，反而脑筋退化、活动力减少。
3. 教材既不能于一时间传习太多，教师只好做许多不必要的解释参考功夫，糟蹋有用光阴。
4. 学生因依赖教师，功课反是模糊笼统。
5. 既有书本，又用口说，本为重复功夫，而因学生既无自己求学的心，精神亦不聚集，所以上课时间无异虚掷。学生并易假寐。

6. 既以一教师同时讲授功课于全班学生,自然无法注意个性,优等生劣等生程度,亦无法调剂。

7. 学生要求能了解功课,必须下课后自己用一番自习功夫,因此上课以外做功课的时间太多,没时间做其他课外的事。

8. 学生太重看了教师。自己不能养成好学、研究、思考的习惯,所以离了学校,离开教师,便求不成学问。

——恽代英:《编辑中学教科书的先决问题》,载《中华教育界》,1920年第10卷第3期

(三)道尔顿制

1920年,美国的帕克赫斯特在马萨诸塞州道尔顿中学创建了一种新的教学组织形式,人们称之为道尔顿制。按道尔顿制,教师不再上课向学生系统讲授教材,而只为学生分别指定自学参考书、布置作业,由学生自学和独立作业,有疑难时才请教师辅导。学生完成一定阶段的学习任务后,向教师汇报学习情况和接受考查。由于每个学生的能力和志趣不同,他们各自的学习任务和内容就不同,甚至彼此不相干;学习任务按月布置,完成后再接受新的学习任务。

拓展阅读

道尔顿制在我国实验的情形

道尔顿制约于1921年传入中国,1922年"素来怀疑于现行的教育制度"的舒新城在上海中国公学中学部试验道尔顿制,沈仲九在《国文科试行道尔顿制的说明》(1922年)一文中对当时道尔顿制的实施场景进行了描写,让我们得以窥见当时从班级授课制转向道尔顿制后教师和学生的变化。

教室四壁挂满文学家的画像,依墙而立的书架上摆满了语文工具书和各种文学著作,用课桌拼成的一张大会议桌置于教室中央,会议桌四周以课椅围之,面对进入教室的满脸疑惑的学生,国文教员沈仲九向学生解释:"你们今天到这里来,有怎样的感想?你们以为这是大菜间,今天教员请酒吗?以为这是会议室,今天开教员学生联合会吗?以为这是会客室,教员会许多学生吗?不是,都不是,这是你们的图书室,是你们的研究室。现在虽然没有把教室这名字取消,但这已经不是教员'教'的地方,是你们自己'学'的地方了。"

1924年,东南大学附属中学主任廖世承在《东大附中道尔顿制实验报告》中提到该校实验道尔顿制的结果:初中一年级,除国文科、英文科,班级授课制班优于道尔顿制班外,两制实际效果不相上下;初中二年级,国文科,班级授课制优于道尔顿制,数学,道尔顿制略占优势;其他各科班级授课制略占优势,但不明显。因此,从总体上而

言,道尔顿制和班级授课制的实际效果不相上下。

通过一个学期的实验,教师们普遍感到实施道尔顿制有以下的困难:懒学生偷懒,不易接触,并经常不来实验室;抄袭现象;补考手续太麻烦;问难的人多时,应接不暇,笔记多时也难于应付;学生程度不一,集体讲解只有一部分人适合,对于相同问题有时需要为不同学生重复25～35次之多;设备不敷应用;作业室内的秩序不好管理;教师负担加重等。

实验的主持者廖世承认为,"班级教学虽然有缺点,但也有它的特色",班级授课制不注重学生的差异,但是道尔顿制反而会使差异更大,优的更优,差的更差。道尔顿制虽许各学生自由进行,然做完各段工作时的成绩,依然参差不一。差异之大,不减于班级教学。

廖世承认为:"班级教学与被动的学习并无绝对的关系。分团教学、设计教学、社会化教学,何尝非班级教学,何尝不注意自动。并且自动的意义很难解释,如指形式的自动,道尔顿制固远班级制。如指精神的自动,两制优劣,殊难断言。尝见学生在道尔顿制班作业时,潜心研究者固不乏人,而或作或辍,精神散漫者,也不在少数。在班级教学中,有时全体学生,自始至终,精神异常活泼。所以认道尔顿制为完全自动,班级教学为完全被动,也属皮相之论。"

道尔顿制最显著的特点在于重视学生自学和独立作业,在良好的条件下,有利于调动学生学习的主动性,培养他们的学习能力和创造才能。但是,大多数青少年学生尚不具备独立学习与作业的能力,如果没有教师的系统讲解,他们往往在摸索中白白浪费了时间而无多大的收获,学不到系统的知识;况且,道尔顿制要求有较好的教学设施与条件,如要有较多的作业室、实验室和图书、仪器,这些条件都是一般学校不具备的。虽然道尔顿制存在的时间不长,但它注重学生自学与独立作业的意向,对后来的一些教学形式和教学改革有很大影响。

(四) 分组教学制

为了解决班级授课不易照顾学生个别差异的弊病,19世纪末20世纪初,分组教学在一些国家出现。所谓分组教学,是指按学生的能力或学习成绩把他们分为水平不同的组进行教学。

分组教学的类型主要有能力分组和作业分组。能力分组,是根据学生的能力发展水平来分组教学的,各组课程相同,学习年限则各不相同。作业分组,是根据学生的特点和意愿来分组教学的,各组学习年限相同,课程则各有不同。我国部分学校也采用过分组教学:一种是在新生入校时,按考试成绩分班;另一种是对已学习了一定年限的平行班的学生重新按现时的考试成绩分班。一般将班级分为快班、普通班,或称奥赛班、普通班;亦有分为快班、中班、慢班。各地名称各异,实质一样,快班的学习成绩比较优秀,任课的教师亦比较优秀与负责。这种情况在部分学校里一直延续到现在。

分组教学最显著的优点在于，它比班级上课更切合学生不同班组的水平和特点，便于因材施教，有利于人才的培养。但它存在一些严重的问题：一是很难科学地鉴别学生的能力和水平；二是学校及社会对快、慢班往往区别对待，与现代社会崇尚教育公平的要求相左，易引发社会的非议；三是分组教学的副作用大，往往使快班学生容易骄傲，使普通班、慢班学生的学习积极性普遍降低，产生自卑感。

（五）特朗普制

特朗普制又称"灵活的课程表"，是指20世纪后半叶在美国一些实验中学进行实验的一种教学组织形式。它由美国学者劳伊德·特朗普创立。这是一种把大班上课、小班讨论和个人独立研究结合在一起的教学组织形式。实行大班上课，即把两个以上的平行班合在一起上课，由出类拔萃的教师授课；小班研究，即每个小班20人左右，由教师或优秀生领导，研究、讨论大班授课材料；个别教学主要由学生独立作业，部分作业指定，部分作业自选。在教学中，这三种形式穿插在一起，各自所占的教学时间为大班上课占40%，小班讨论占20%，个人独立研究占40%。

（六）贝尔－兰卡斯特制

贝尔－兰卡斯特制，也称导生制，是由英国人贝尔和兰卡斯特在18世纪末19世纪初创始的，这种教学组织形式仍以班级为基础，但教师不直接面向班级全体学生，教师先把教学内容教给年龄较大的学生，而后由他们中间的佼佼者——导生去教年幼的或成绩较差的其他学生。这种组织形式是在英国工场手工业向大机器生产过渡的过程中，在需要大规模培养学生且师资比较缺乏的情况下出现的。导生"现买现卖"，很难保证基本的教学质量。

（七）文纳特卡制

文纳特卡制是1919年由美国教育家华虚朋在芝加哥文纳特卡镇公立中学创建的一种教学组织形式。

其课程分为两部分：一部分按照学科进行，由学生个人自学读、写、算和历史、地理等方面的知识、技能；另一部分通过音乐、艺术、运动、集会以及开办商店、组织自治会等来培养和发展学生的"社会意识"。前者通过个别教学进行，后者通过团体活动进行。

（八）葛雷制

沃特的葛雷制又称"双校制"或"分团学制"。它以杜威的教育思想准则为依据，以具有社会性质的作业为学校的基本课程；把学校分为体育运动场、教室、工厂和商店、礼堂四个部分；课程也分为四个方面：学术工作，科学、工艺和家政，团体活动，体育和游戏。沃特把葛雷学校称作"工读游戏学校"。葛雷制学校以其独特的教学制度而闻名，在教学中采用二重编法，即将全校学生一分为二：一部分在教室上课，另一部分在体育运动场、工厂和商店、礼堂等场所活动。上下午对调。

葛雷制曾被认为是美国进步教育运动中最卓越的例子。它的课程设计能保持儿童的天然兴趣和热情，管理方式经济，效率较高，成为进步学校流行范围最广的一种形式。

（九）设计教学法

美国教育家克伯屈是"设计教学法之父"，他认为培养品格是最终目的，强调有目的的活动是教学法的核心，儿童自动、自发地学习是设计教学法的本质。

他将设计教学法定义为在社会环境中进行的有目的的活动，重视教学活动的社会和道德因素。其主要内容有：放弃固定的课程体制，取消分科教学，取消现有的教科书，将设计教学法分为四种类型——生产者的设计、消费者的设计、问题的设计、练习的设计。设计教学法有四个步骤——决定目的、制订计划、实施计划、评判结果。在这个过程中，他强调教师的指导和决定作用，但实际则是以学生为主。

设计教学法充分发挥了儿童的主动性和积极性，使儿童成为学习的主人；力求使教学符合儿童的心理发展规律，以提高学习效率；注重培养儿童的合作精神，加强教学与儿童实际生活的联系。但由于过于强调根据儿童的经验组织教学，其实施的结果必然会削弱系统知识的学习。

（十）走班制

走班制是指学科教室和教师固定，学生根据自己的能力水平和兴趣愿望选择适合自身发展的班级上课，不同的班级，教学内容和程度要求不同，作业和考试的难度也不同。在这种教学组织化形式中，每个学生都有一张自己的课程表，但没有固定的教室，可以同时在几个不同年级学习不同的课程，如同时学习四年级的语文、五年级的数学、六年级的自然科学等。它以学生的个别差异为出发点，让学生的各个方面都得到充分的发展。

真题再现

【2013年下半年教资考试（中学）真题·选择题】把大班上课、小班讨论、个人独立研究结合在一起，并采用灵活的时间单位代替固定划一的上课时间，以大约20分钟为一个课时，这种出现于美国20世纪50年代的教学组织形式是（　　）。

　　A. 道尔顿制　　B. 班级授课制　　C. 特朗普制　　D. 文纳特卡制

【2013年考研真题·选择题】学生围绕自己和教师订立的学习契约开展自学和独立作业的教学组织形式是（　　）。

　　A. 文纳特卡制　　B. 道尔顿制　　C. 特朗普制　　D. 曼海姆制

二、教学工作的基本环节

教师的教学工作包括五个基本环节（基本程序）：备课、上课、作业的布置与反馈、课外辅导和学业成绩的检查与评定。

（一）备课

备课就是教师根据学科课程标准的要求和本门课程的特点，结合学生的具体情况，选择最合适的表达方法和顺序，以保证学生有效地学习。备课分个人备课和集体备课。个人备课是教师自己钻研学科课程标准和教材的活动。集体备课是由相同学科和相同年级的教师共同钻研教材，解决教材的重点、难点和教学方法等问题的活动。

1. 备课的意义

备好课是教好课的前提。对教师而言，备好课可以加强教学的计划性，有利于教师充分发挥主导作用。教师要在平时的学习、生活中有意识地收集教学资料，为上课做准备。

2. 备课的要求

（1）教师备课要做好三方面的工作，即钻研教材、了解学生、设计教法，也即备教材、备学生、备教法。

①钻研教材：钻研教材包括学习学科课程标准、钻研教科书和阅读有关参考资料。首先，钻研学科课程标准是指教师要弄清楚本学科的教学目的，教材的体系、结构、基本内容和教学法上的基本要求。其次，教师必须钻研教科书，掌握学科的主要内容和重点、难点所在，同时也要考虑如何利用这些来促进学生态度、情感、价值观的转变，知识的拓展以及各种能力的提高。此外，各种参考资料是教科书的重要补充，教师应广泛阅读有关参考书来获得有价值的信息，以满足教学需求。

②了解学生：了解学生应当是全面的。首先要考虑学生总体的年龄特征，熟悉他们身心发展的特点；其次要了解学生个体的能力水平、学习态度和兴趣特点。此外，还要了解班级的一般状况，如班纪、班风等。

③设计教法：教师要在钻研教材、了解学生的基础上，考虑用什么方法使学生有效地掌握知识并促进他们能力、品德等方面的发展。教师应根据教学目的、教学内容、学生的特点等来选择最佳的教学方法。此外，也要相应地考虑学生的学法，包括预习、学生在课堂中的学习活动与课外作业等。

（2）写好三种计划，即学年（或学期）教学计划、课题（或单元）计划、课时计划（教案）。

①学年（或学期）教学计划：该计划包括学生情况的简要分析、本学期或学年的教

学总要求、教科书的章节或课题、各课题的教学时数和时间的具体安排、各课题需要运用的教学手段等。

②课题（或单元）计划：在制订好学年教学计划的基础上，教师还要制订出课题计划。课题计划一般包括课题名称、课题教学目的、课时划分、备课时的类型、主要教学方法、必要的教具。此外，教师还要考虑课题之间的联系，做好协调工作。

③课时计划（教案）：它通常是指教师为某一节课而拟订的上课计划，一般包括班级、学科名称、授课时间、课题、教学目的、课的类型、教学进程等。其中，教学进程是教案的主要部分，教师要详细设计和安排教学内容的展开、教学方法的运用和时间的分配等。

真题再现

【2015年下半年教资考试（中学）真题·简答题】教师备课的基本要求有哪些？

（二）上课

1. 上课的意义

上课是整个教学工作的中心环节，是教师教和学生学最直接的体现，是提高教学质量的关键。

2. 课的类型

课的类型是指根据教学任务划分课的种类，一般有两种。一种是根据教学的任务，将课分为传授新知识课（新授课）、巩固新知识课（巩固课）、技能技巧课（技能课）和检查知识课（检查课）。但在实际的教学中，有时一节课只完成一个任务，有时一节课则需完成多项任务，所以根据一节课所完成任务的类型数，又可分为单一课和综合课。另一种是根据使用的主要教学方法，将课分为讲授课、演示课（演示实验或放幻灯片、录像）、练习课、实验课和复习课。

3. 课的结构

课的结构是指课的基本组成部分及各组成部分进行的顺序、时限和相互关系，不同类型的课有不同的结构。了解课的结构有助于掌握每一种课的性能与操作过程，以便发挥各种课在教学中的作用。

一般来说，构成课的基本组成部分有组织教学、检查复习、讲授新教材、巩固新教材、布置课外作业等。其中，组织教学并不只在上课开始时进行，而是贯穿在教学过程的各个环节中，直到下课。

4. 上好一节课的标准

上好一节课的标准包括：①使学生的注意力集中；②使学生的思维活跃；③使学生积极参与到课堂中来；④使个别学生得到照顾。

5. 上好课的基本要求

①教学目标明确。它包含两层意思：教学目标的制订应符合课程标准的要求及学生的实际；课堂上的一切教学活动都应该围绕教学目标来进行。

②教学内容准确。教师要保证教学内容的科学性和思想性。在进行教学时，教师既要突出教材的重点、难点和关键点，又要考虑教材的整体性和连贯性；既要注重新旧知识之间的联系，又要注意理论与实践的结合。在讲授时，教师对概念、定理等的表述要准确无误，对原理、定律的论证应确切无疑，对学生回答问题时所反映出的思想和观点要仔细分析。

③教学结构合理。教学要有严密的计划性和组织性。何时讲新内容、何时练习、何时演示、何时让学生动手操作等，都要进行合理的安排。

④教学方法适当。教师要善于启发学生、调动学生学习积极性，将各种方法有机结合、运用自如，师生密切配合、感情融洽，使教学过程中既有紧张的学习活动，又有生动活泼的学习气氛。

⑤讲究教学艺术。教师要讲普通话，语言要流畅生动，语音要清楚准确，语调要抑扬顿挫，富有节奏感；教师的表情、动作要自然优美，富有情感。

⑥板书有序。教师板书要字迹规范、清楚、位置适当；内容上要突出教学重点，详略得当。

⑦充分发挥学生的主体性。这是上好课最根本的要求，离开了这一点，以上的所有要求就失去了意义。

真题再现

【2017年上半年教资考试（中学）真题·选择题】李老师在语文课上，按照组织教学、检查复习、讲授新教材、巩固新教材、布置课外作业的程序进行教学。这体现了哪一类型的课的结构？（　　）

A. 单一课　　　　B. 综合课　　　　C. 练习课　　　　D. 复习课

【2019年下半年教资考试（中学）真题·简答题】一堂好课的基本标准有哪些？

(三)作业的布置与反馈

1. 作业的意义

布置作业时要结合教学内容,要求学生独立完成各种类型的练习。作业是课堂教学的延续,是教学活动的有机组成部分。无论是课内作业还是课外作业,作用都在于加深、加强和巩固学生对教材的理解,帮助学生掌握相关的技能、技巧。通过作业的布置、检查和批改,教师可以及时发现学生在知识或技能方面的缺陷并加以纠正,同时对学生的作业完成情况做出评价并提出进一步学习的建议。

2. 作业的形式

作业的形式包括:①阅读作业,如复习、预习教科书,阅读人文和科学读物等;②口头作业,如口头回答、朗读、复述、背诵等;③书面作业,如演算习题、作文、绘图等;④实践作业,如观察,实验,测量,社会调查等。

3. 布置课外作业的要求

布置课外作业的要求包括:①作业内容符合课程标准的要求;②考虑不同学生的能力需求;③分量适宜、难易适度;④作业形式多样,具有多选性;⑤要求明确,规定作业完成时间;⑥作业反馈清晰、及时;⑦作业要具有典型意义和举一反三的作用;⑧作业应有助于启发学生的思维,含有鼓励学生独立探索并进行创造性思维的因素;⑨尽量同现代生产和社会生活中的实际问题结合起来,力求理论联系实际。

拓展阅读

"双减"政策下的作业要求

2021年7月,中共中央办公厅、国务院办公厅印发《关于进一步减轻义务教育阶段学生作业负担和校外培训负担的意见》,提出切实提升学校育人水平,持续规范校外培训,有效减轻义务教育阶段学生过重作业负担和校外培训负担(概括为"双减"政策)。"双减"政策要求"全面压减作业总量和时长,减轻学生过重作业负担",具体提出五个方面的要求。

一、健全作业管理机制。学校要完善作业管理办法,加强学科组、年级组作业统筹,合理调控作业结构,确保难度不超国家课标。建立作业校内公示制度,加强质量监督。严禁给家长布置或变相布置作业,严禁要求家长检查、批改作业。

二、分类明确作业总量。学校要确保小学一、二年级不布置家庭书面作业,可在校内适当安排巩固练习;小学三至六年级书面作业平均完成时间不超过60分钟,初中书面作业平均完成时间不超过90分钟。

三、提高作业设计质量。发挥作业诊断、巩固、学情分析等功能，将作业设计纳入教研体系，系统设计符合学生年龄特点和学习规律、体现素质教育导向的基础性作业。鼓励布置分层、弹性和个性化作业，坚决克服机械、无效作业，杜绝重复性、惩罚性作业。

四、加强作业完成指导。教师要指导小学生在校内基本完成书面作业，初中生在校内完成大部分书面作业。教师要认真批改作业，及时做好反馈，加强面批讲解，认真分析学情，做好答疑辅导，不得要求学生自批自改作业。

五、科学利用课余时间。学校和家长要引导学生放学回家后完成剩余书面作业，进行必要的课业学习，从事力所能及的家务劳动，开展适宜的体育锻炼，开展阅读和文艺活动。个别学生经努力仍完不成书面作业的，也应按时就寝。引导学生合理使用电子产品，控制使用时长，保护视力健康，防止网络沉迷。家长要积极与孩子沟通，关注孩子心理情绪，帮助其养成良好的学习生活习惯。寄宿制学校要统筹安排好课余学习生活。

（四）课外辅导

1. 课外辅导的内容

课外辅导的内容包括：①帮助学生解答疑难问题，指导学生做好作业；②为基础差和因事、因病缺课的学生补课；③为成绩特别优异的学生做个别辅导；④对学生进行学习方法上的辅导；⑤对学生进行学习目的和学习态度的教育。

2. 课外辅导的意义

课外辅导是上课的必要补充，是适应学生个别差异、贯彻因材施教的重要措施。

3. 课外辅导的要求

课外辅导的要求有两个：①从辅导对象的实际出发，确定辅导内容和措施；②明确辅导只是对课堂教学的补充，不能将主要精力放在辅导上。

（五）学业成绩的检查与评定

1. 学业成绩检查与评定的意义

学业成绩的检查与评定是教学工作的一个环节，它对教学工作的顺利进行和教学质量的提高具有十分重要的意义：①有利于促进学生的学习；②有利于促进教师的教学；③有利于学校领导了解学校的教学情况；④有利于家长了解自己子女的学习情况；⑤为上级教育主管部门制定教育方针政策和选拔人才提供依据。

2. 学业成绩检查的方式

检查学生学业成绩的方法是多种多样的。常用的检查方式有两大类：平时考查和考试。

平时考查：平时考查的方式主要有口头提问、检查书面作业和单元测验等。口头提问是让学生根据教师提出的问题进行面对面的口头回答。检查书面作业包括检查平时的课堂作业、家庭作业等。单元测验一般在学完一章或一个课题之后进行，它能使教师在较短的时间内了解学生掌握知识的情况，为改进教学服务。

考试：考试是对学生的知识、技能等进行总结性检查时所采用的一种形式。它通常是为了系统地检查和衡量所学知识、技能等方面的情况，在学习告一段落后进行，如在期中、期末和毕业时进行。

3. 学业成绩检查的基本要求

学业成绩检查的基本要求包括：①坚持科学性、有效性和可靠性；②内容应力求全面，既能反映出学生对课程知识的掌握程度，又能反映出学生认知结构的情况；③方法要灵活多样。

4. 学业成绩评定的基本要求

学业成绩评定的基本要求包括：①客观公正，必须严格遵循评定标准；②方向明确，要向学生指出学习上的优缺点和努力的方向，这是评定学生学业成绩的主要目的；③鼓励学生创新，在评定过程中，不仅要看答案，而且要看思路，要重视学生思维的创造性。

三、教学评价

教学评价是教学工作的基本环节，从整体上调节、控制着教学活动的进行，保证教学活动向预定的目标前进并最终达到该目标。教学评价是指以教学目标为依据，通过一定的标准和手段，对教学活动及其结果给予价值上的判断和评估，即对教学活动及其结果进行测量、分析和评定的过程。

（一）教学评价的对象

从一般意义上讲，教学的方方面面都可以成为教学评价的对象，如教师、学生、课程和教材、教学过程、学习过程、教学管理、教学效果等。但在教学日常事务中，我们讲的教学评价主要指对教学结果的评价、对学生"学"的评价以及对教师"教"的评价三个方面。

第一，对教学结果的评价。教学结果是教学评价最传统的、最主要的工作对象，对教学结果的评价是总结性评价，它着重衡量学生对知识、技能的掌握情况及提高程度。

对教学结果的评价可以帮助人们从整体上了解教学的质量,全面检查教学任务的完成程度和教学目标的达成程度。

第二,对学生"学"的评价。在传统的教学评价中,评价的对象往往仅局限于教学的结果。这是对教学评价的误解,不仅窄化了理应广泛和丰富的评价范围,而且影响了教学评价功能的发挥和教学评价的结果。科学的教学评价需要对学生的学习过程予以充分关注。通过对学生行为的评价,评价者能更全面、准确地获取关于学生学习的信息,从而能科学地评价学生的学习,并为有效地改进教和学提供有针对性的真实材料。

第三,对教师"教"的评价。教学活动的直接责任者是教师,教师教的行为直接影响人才的培养质量。教师"教"的行为包括很多方面,如教学设计行为、组织实施行为、课堂管理行为、人际交往行为等。对教学设计行为的评价主要看教师是否深入钻研课程标准和教材,是否深入了解学生实际;所订教学目标是否确切、全面、具体;教材处理是否符合科学性、思想性;是否易于学生理解,是否突出重点,抓准关键,注意新旧知识的内在联系,讲究系统性、整体性;是否做到理论联系实际,教学密度和教材处理深度是否恰当;设计的教学方法是否重视启发、引导,灵活多样地选择各种教学方法,重视学法指导和因材施教。对组织实施行为的评价主要看课的结构是否科学合理、富有新意,是否注重组织学生的思考、探索、练习活动,是否有严密的计划性、组织性,还要看言语表达、提问和板书的技巧、教学方法和现代教学技术手段的使用等方面。对课堂管理行为的评价主要看课堂教学的气氛,学生是否有高涨的学习热情,能主动投入或参与学习活动,思维活跃,教学过程是否生动活泼。对人际交往行为的评价主要看师生间是否形成了民主、平等的关系,具有开放和接纳的心态,达到配合默契,有感情交流。总之,对教师教的行为的评价是不可或缺的一个方面。

真题再现

【2013年下半年教资考试(中学)真题·辨析题】教学评价就是对学生学业的评价。

(二) 教学评价的种类

根据评价在教学过程中的作用,教学评价可分为诊断性评价、形成性评价、总结性评价。

诊断性评价是在学期教学开始或单元教学开始时,对学生现有的知识水平、能力发展的评价。它包括各种摸底考试、了解学生学习困难之所在的考试,以弄清学生已有的知识和能力发展情况,以及学习上的特点、优点与不足之处。其目的是更好地组织后续新授课的教学内容和改进教学方法,以便对症下药、因材施教。

形成性评价是在教学进程中对学生的知识掌握和能力发展情况的比较经常而及时的测评与反馈。它包括在一节课或一个课题教学中对学生的口头提问、课堂作业(解题)

与评议，以及书面测验等，使教师与学生都能及时获得反馈信息。其目的是更好地促进学生的学习与发展，以改进教学过程，提高教学质量，而不强调成绩的评定。

总结性评价是在一个大的学习阶段，如一个学期或一门课程终结时，对学生学习的成果进行的较正规的、制度化的考查、考试及其成绩的全面评定，也称终结性评价。其目的是给学生评定成绩。

根据评价所运用的方法和标准，教学评价可分为相对性评价和绝对性评价。

相对性评价是用常模参照性测验对学生成绩进行的评定。它依据学生个人的成绩在该班学生成绩序列中或常模中所处的位置来评价和决定成绩优劣，而不考虑学生是否达到教学目标的要求，故相对性评价也称常模参照性评价。小规模（班级）的常模可以通过简单的计算得到。但科学的常模是经过大规模的抽样测试、实验研究才能求得的。它宜用于选拔人才，但不能表明学生在学业上是否达到了特定的标准。

绝对性评价是用目标参照性测验对学生成绩进行评定。它依据教学目标和教材编制试题来测量学生的学业成绩，判断学生是否达到了教学目标的要求，而不以评定学生之间的差别为目的，故绝对性评价也称目标参照性评价。它宜用于升级考试、毕业考试、合格考试，不适用于甄选人才。

真题再现

【2016年上半年教资考试（中学）真题·选择题】陈老师在教学中经常通过口头提问、课堂作业和书面测验等形式对学生的知识和能力进行及时测评与反馈。这种教学评价被称为（　　）。

A. 诊断性评价　　　　　　　　B. 相对性评价
C. 终结性评价　　　　　　　　D. 形成性评价

【2016年下半年教资考试（中学）真题·选择题】根据学生个人成绩在该班学生成绩序列中所处的位置来判定其成绩的优劣，而不考虑其是否达到教学目标的要求，这种教学评价属于（　　）。

A. 诊断性评价　　　　　　　　B. 绝对性评价
C. 总结性评价　　　　　　　　D. 相对性评价

第九章 德 育

教书育人是对教育活动基本职能的最精妙概括。教育活动既是传承文化的过程，同时也是塑造灵魂的过程。在一定意义上讲，人的道德比才识更重要，因此，在教育活动中，我们将人的品德的培养作为最起码的目标。师范生要树立立德树人、以德为先的教育理念。本章我们主要对学校德育的主要内容、德育的规律、德育的方法等基本理论进行探讨。

第一节　德育概述

【学习目标】
1. 了解德育的概念。
2. 理解德育过程与品德形成过程的关系。
3. 掌握德育过程的基本规律。

德育是将社会的道德观念内化于个体的过程，是促进个体品德形成的过程。本节主要围绕德育是什么展开探讨，首先介绍德育的概念，明晰德育的内涵和外延；其次对德育过程进行探讨，介绍德育过程的基本规律。

一、德育的概念

"德"是个会意字，它的左边是"彳"，在古文字中多表示"行走"之意；右边起初是"直"字，其字形像一只眼睛上面有一条直线，表示眼睛要看正；二者相合就是"行得要正，看得要直"之意。后来，"德"字字形在右边的"眼睛"下加了一颗"心"，人们给"德"字的含义又加了一条标准，即除了"行正、目正"，还要"心正"。总体而言，"德"的意思是秉持正义之心行走。也就是说，将外部的道内化于心，秉持正义之道而行走。朱熹讲："德者，得其道于心而不失之谓也。"一般来讲，德育即思想品德教育，是教育者按照一定社会的要求，有目的、有计划地对受教育者施加系统的影响，把一定社会的思想观点、政治准则和道德规范转化为个体思想品质的教育。概言之，德育就是把外在的社会道德内化于心,使个体养成品德的过程。

从德育的外延看,在我国,德育有广义和狭义之分。广义的德育包括政治教育、思想教育、道德教育、心理健康教育、法治纪律教育等多个方面。狭义的德育就是指思想道德教育。

真题再现

【2018年上半年教资考试(中学)真题·选择题】我国学校德育包括的三个基本组成部分是( )。
A. 思想教育、品德教育和纪律教育
B. 政治教育、道德教育和公民教育
C. 道德教育、政治教育和思想教育
D. 道德教育、政治教育和纪律教育

【2014年上半年教资考试(中学)真题·辨析题】德育就是培养学生道德品质的教育。

二、德育过程

德育过程指的是教育者根据一定社会的要求和受教育者的个体需要及身心发展的特点与规律,有目的、有计划、有系统地对受教育者施加影响,并通过受教育者积极主动地内化(把社会道德规范和行为方式转化为内在的道德需要,形成稳定的道德人格特征和道德行为反应模式)与外化(把已经内化了的思想观点、道德信念自主地转化为自身思想情感的道德行为),促进其养成一定思想品德的教育活动过程。

(一)德育过程与品德形成过程的关系

品德是一种个体心理现象,其形成属于人的素质发展的过程;而德育是一种教育活动,是促进个体品德成型的过程。德育过程与品德形成的过程有着紧密的联系,德育过程要遵循品德形成的规律,才能有效地促进人的品德形成与发展。同时,德育过程最终的目的是使受教育者形成一定的思想品德。但是德育过程与品德形成过程有着明显的区别。第一,范畴不同。德育过程属于教育活动范畴,思想品德形成过程属于人的素质发展过程。第二,影响因素不同。在德育过程中,学生主要受有目的、有计划、有组织的教育影响。在思想品德形成过程中,学生受各种因素影响,包括自发环境因素。第三,结果不同。德育过程的结果与社会要求一致,思想品德形成过程的结果可能与社会要求一致,也可能不一致。

真题再现

【2013年下半年教资考试（中学）真题·辨析题】德育过程即品德形成的过程。

（二）德育过程的基本规律

1. 德育过程是培养学生知、情、意、行的过程

学生的品德一般由道德认知、道德情感、道德意志和道德行为四部分组成。道德认知是学生品德形成的基础，道德情感是产生道德行为的内部动力，道德意志是调节道德行为的精神力量，道德行为是衡量一个人道德修养水平的重要标志。德育过程的一般顺序可以概括为知、情、意、行，以"知"为开端，以"行"为终端。有的教师根据自己的经验将德育工作总结概括为"晓之以理、动之以情、持之以恒、导之以行"，这是符合德育过程规律的。

但是在具体的德育实践中，不一定要以"知"为开端，以"行"为终端，可根据学生品德发展的具体情况，或从"导之以行"开始，或从"动之以情"开始，或从锻炼品德意志开始，最后使学生的品德在知、情、意、行等方面和谐发展。这就是德育过程的多种开端性。

真题再现

【2016年上半年教资考试（中学）真题·辨析题】德育过程是对学生知、情、意、行的培养提高过程，应以知为开端，知、情、意、行依次进行。

【2017年下半年教资考试（中学）真题·辨析题】德育的起点是提高道德认识。

【2015年上半年教资考试（中学）真题·选择题】王军写了保证书，决心今后要按《中学生守则》办事，养成好的生活习惯，做到上课不再迟到。可是冬天天一冷，王军迟迟不肯钻出被窝，以至于又迟到了。所以，对王军进行思想品德教育应当重点提高其（　　）。

A．道德认识水平　　　　　　　B．道德情感水平
C．道德意志水平　　　　　　　D．道德行为水平

【2019年上半年小学真题·选择题】小龙明知道乱扔纸屑是不文明行为，但又总是管不住自己，教师应注重培养其（　　）。

A．道德认识　　B．道德情感　　C．道德意志　　D．道德行为

175

2. 德育过程是促进学生思想内部矛盾运动的过程

德育过程中存在着两大矛盾。一是社会通过教育者向学生提出的德育要求与受教育者品德发展水平之间的矛盾。这是德育过程的外部矛盾，也是德育过程的基本矛盾。二是受教育者自身道德发展需求与当前道德发展水平之间的矛盾。

外因是条件，内因是根据，外因通过内因起作用。要实现矛盾向教育者所期望的方向转化，最根本的是受教育者思想内部矛盾的转化。解决内部矛盾才能最终推动学生品德的发展，进而促进德育过程的完成。因此，教育者在处理好德育过程中的基本矛盾的同时，还要全面了解受教育者品德发展的内部矛盾，促使受教育者自觉对标品德发展的新要求，促进自身品德的提高。德育过程是促进学生思想内部矛盾斗争的过程，是教育和自我教育统一的过程。苏霍姆林斯基说，"我深信只有能够激发学生去进行自我教育的教育，才是真正的教育"。

真题再现

【2017年下半年教资考试（中学）真题·选择题】像任何事物的发展一样，学生品德的发展也是由其内部矛盾推动的。学生品德发展的内部矛盾是（　　）。

A. 社会道德要求与学生现有品德发展水平之间的矛盾
B. 学校德育要求与学生现有品德发展水平之间的矛盾
C. 学生品德发展的社会要求与学校德育要求之间的矛盾
D. 学生品德发展的新需要与其现有发展水平之间的矛盾

3. 德育过程是组织学生活动和交往的过程

活动和交往是品德形成的基础。受教育者的思想品德既不是与生俱来的，也不是后天环境机械决定的，而是在积极的社会性活动和交往中能动地形成和发展起来的。这就要求教育者要设计和组织适合学生的教育性活动和交往活动，力求做到"寓德育于活动之中""寓德育于教学之中""寓德育于集体之中"。

学生在活动和交往中，必定受到多方面的影响。这些影响既有校内的正式影响，又有校外的非正式影响；既有积极的正面影响，也有消极的负面影响。学校德育应在多方面影响中发挥主导作用，抵制负面消极影响，将各种积极正面的教育影响统一到德育目标上，形成学校与家庭、社会教育的合力。

真题再现

【2013年下半年教资考试（中学）真题·选择题】"寓德育于教学之中，寓德育于

活动之中，寓德育于教师榜样之中，寓德育于学生自我教育之中，寓德育于管理之中。"这体现的德育过程规律是（   ）。

A. 培养学生知情意行的过程
B. 促进学生思想内部矛盾斗争发展的过程，是教育和自我教育统一的过程
C. 长期、反复的逐步提高的过程
D. 组织学生的活动和交往，统一多方面的教育影响的过程

4. 德育是一个长期的、反复的、不断前进的过程

德育过程是一个长期的、反复的过程。从客观因素分析，人类社会不断进步发展，德育内容、方法、手段等需要随之调整、补充，以适应新的变化需要。从学生主观因素来看，在德育过程中，学生知、情、意、行的培养需要长期的训练、积累，并且学生尚未形成稳定的世界观、人生观，品德发展容易出现反复性。

德育过程是一个渐进的过程。德育过程的社会性、德育因素的广泛性和复杂性、学生的发展性和可塑性等特点，决定了学生的德育不可能是一个"毕其功于一役"的过程，需要德育工作者"抓反复""反复抓"，引导学生在反复中不断前进。

真题再现

【2014年上半年教资考试（中学）真题·简答题】简述德育过程的基本规律。

第二节　德育的实施

【学习目标】
1. 掌握德育的基本原则。
2. 了解德育的基本方法。
3. 了解德育的基本途径。

本节我们主要围绕德育的实施和实践展开探讨，首先介绍德育的原则，其次介绍德育的方法，最后介绍德育的途径。

一、德育的原则

德育原则是根据教育目的、德育目标和德育过程规律提出的学校和教师进行德育工

作必须遵循的基本要求。德育原则是德育规律的体现，是古今中外教育实践经验的总结，是制订德育计划，选择德育内容、方法和组织德育过程的依据。

（一）导向性（方向性）原则

导向性原则是指德育要有一定的理想性和方向性，以指导学生向正确的方向发展。导向性原则是德育的一条重要原则，因为学生正处在品德迅速发展的关键时期，一方面他们的可塑性强；另一方面他们又年轻，缺乏社会经验与识别力，易受外界社会的影响。

贯彻导向性原则的基本要求：

①坚定正确的政治方向。德育工作必须立足于马克思主义的指导，坚持无产阶级的政治立场，与我国的社会主义性质和中国共产党的领导结合起来。

②德育目标必须符合新时期的方针、政策和总任务的要求。

③德育的理想性和现实性相结合。学校德育要置于社会大背景之中，为中华民族伟大复兴培育贤德之才，同时也要考虑学生的发展实际，避免要求过高，不分层次等盲目做法。

（二）疏导原则

疏导原则是指教师在德育过程中要循循善诱、以理服人，从提高学生认识入手，调动学生的主动性，使他们积极向上。我国古代教育家孔子是善于引导学生的典型代表，学生颜回对其称赞道："夫子循循然善诱人，博我以文，约我以礼，欲罢不能。"

贯彻疏导原则的基本要求是：

①讲明道理，疏导思想。德育工作者要通过摆事实、讲道理，启发学生自觉认识问题，自觉履行道德规范，自觉履行自己的道德义务。

②因势利导，循循善诱。青少年学生具有兴趣广泛、精力旺盛、喜欢参加活动等特点，在德育过程中，教育者要抓住有利时机，把学生引向正确的道德方向。

③以表扬激励为主，坚持正面教育。学生处于个性品格形成时期，教师应多予以正面性的指点。以表扬为主的正面教育方法，对于培养学生在道德方面的自尊心和自信心有极大的功效。

真题再现

【2017年上半年教资考试（中学）真题·选择题】班主任陈老师通过生杏的酸涩和熟杏的香甜来教育一位早恋的初三女生，告诉她，谈恋爱和吃杏子是一样的道理。中学生还没有生长成熟，此刻若谈恋爱，就如同吃生杏子一般，只能又苦又涩，只有到成熟后再去品尝，才会香甜可口，无比幸福。他的话使这位女生从早恋中走了出来。这体现了德育的哪一原则？（　　）

A. 知行统一原则 B. 长善救失原则
C. 有的放矢原则 D. 疏导原则

【2020年下半年教资考试（中学）真题·选择题】子路对教育的作用不以为然，说："南山有竹，人不去管它，照样长得直；砍来当箭，照样能穿透犀牛皮。"孔子对他说："若是将砍来的竹子刮光，装上箭头，磨得很利，岂不射得更深吗？"子路接受孔子的教诲，成了孔门的学生。孔子的这一做法体现了哪一德育原则？（　　）

A. 教育影响的一致性、连贯性原则　B. 理论联系实际原则
C. 长善救失原则　D. 疏导原则

（三）尊重学生与严格要求学生相结合原则

尊重学生与严格要求学生相结合原则是指进行德育时要把对学生思想行为的严格要求与对他们个人的尊重和信赖结合起来，使教育者对学生的影响与要求易于转化为学生的品德。

贯彻尊重学生与严格要求学生相结合原则的基本要求：

①爱护、尊重和信赖学生。一个优秀的教师必备此项基本品德，这也是教好每一个学生，取得良好德育效果的重要条件。苏联教育家苏霍姆林斯基曾指出，"一个好教师意味着什么？首先意味着他是这样的人，他热爱孩子，感到跟孩子交往是一种乐趣，相信每一个孩子都能成为一个好人，善于跟他们交朋友，关心孩子的快乐和悲伤，了解孩子的心灵。时刻都不忘记自己也曾是一个孩子"[1]。

②教育者对学生提出的要求，要做到合理正确、明确具体和严宽适度。教育者要考虑学生的年龄和身心发展水平，制定恰当的德育方案。

③教育者对学生提出的要求要确保被认真执行。教育者在对学生提出要求后，要贯彻到底，切实督促学生努力做到相应要求。

（四）教育影响的一致性与连贯性原则

教育影响的一致性与连贯性原则是指进行德育时应当有目的、有计划地把来自各方面对学生的教育影响加以组织、调节，使其互相配合、协调一致、前后连贯，以保障学生的品德能按教育目的的要求发展。

贯彻教育影响的一致性与连贯性原则的基本要求：

①要统一学校内部的多种教育力量，形成教育的合力。学校中的所有教师、管理人员及后勤部门人员都应在校长的领导下协调一致，形成统一的教育力量，充分发挥教书育人、管理育人、服务育人的作用。

②统一社会各方面的教育影响，控制和消除环境中的不利影响。学校要加强与家庭

---

[1] 苏霍姆林斯基：《帕夫雷什中学》，教育科学出版社，1983年，第44页。

和社会的联系，建立以学校为主渠道、社会教育为依托、家庭教育为基础的德育网络，统一、协调对学生的影响。

③对学生进行德育要有计划、有系统性，做好衔接工作，使对学生的教育前后连贯一致。要防止时紧时松，时宽时严，断断续续。

真题再现

【2013年上半年教资考试（中学）真题·选择题】针对我国目前家庭教育与学校教育中对学生的品德要求出现差异甚至对立的现象，应强调贯彻的德育原则是（　　）。

A. 发扬积极因素、克服消极因素　　B. 理论联系实际
C. 教育影响的一致性和连贯性　　D. 正面启发积极引导

【2014年下半年教资考试（中学）真题·简答题】简述贯彻教育影响的一致性和连贯性德育原则的基本要求。

（五）因材施教原则

因材施教原则是指进行德育要从学生的思想认识和品德发展的实际出发，根据他们的年龄特征和个性差异进行不同的教育，使每个学生的品德都能得到最好的发展。《论语》中有一则孔子"因材施教"的例子，子路和冉有同样问"闻斯行诸"，孔子却作了不同的回答。由于子路性勇敢前，做事有时不免轻率，所以孔子要他在听到一件该做的事时最好向父兄请教后才去做。而冉有则个性谦退，遇事往往畏缩，因此孔子要他在听到一件该做的事后立刻去做。孔子这样以一进一退来适性教育弟子，便能使他们避免过与不及的毛病。

贯彻因材施教原则的基本要求：

①深入了解学生的个性特点和内心世界。了解学生是德育工作的基础和前提，教师必须通过细心观察、交谈、调查研究等方法了解每个学生的个性特征、心理倾向以及学习生活的各方面。

②根据学生个人特点有的放矢地进行教育。由于每个学生的遗传情况、生活环境和生活经历各不相同，所以教师有必要采取不同的方式对学生实施针对性的道德教育。

真题再现

【2019年上半年教资考试（中学）真题·选择题】"一把钥匙开一把锁"体现的德育原则是（　　）。

A. 理论联系实际　　B. 长善救失
C. 教育影响的一致性与连贯性　　D. 因材施教

（六）发扬积极因素、克服消极因素原则

发扬积极因素、克服消极因素原则，又称长善救失原则，是指进行德育要善于调动学生自我教育的积极性，依靠和发扬他们自身的积极因素去克服他们品德上的消极因素，实现品德发展内部矛盾的转化。"长善救失"这一成语出自《学记》，《学记》中提出学习者在学习中会存在四种不足：有的人有贪多而不求甚解的毛病——"失则多"；有的人知道一点就满足了——"失则寡"；有的人有认为太容易，生起轻忽的毛病——"失则易"；有的人有自我设限，不求进步的毛病——"失则止"。"此四者，心之莫同也。知其心，然后能救其失也。教也者，长善而救其失者也。"教师应该了解不同学习者的问题，能够补救他们的过失，这样才可以为"人师"。

贯彻发扬积极因素、克服消极因素原则的基本要求：

①"一分为二"地看待学生。教师既要看到学生积极的一面，也要看到学生消极的一面；既要看到学生过去的表现，也要看到后来的变化；既要看到优秀学生的不足之处，也要看到中等生、后进生的闪光点。

②长善救失，通过发扬优点来克服缺点。教育者要有意识地创造条件，利用交往和活动等，调动学生的主观能动性，引导他们自觉发扬优点来抑制和克服缺点。

③引导学生自觉评价自己，进行自我修养。学生的自我意识越强烈，自我认识越清晰，就越能对自己做出客观评价，进而才会主动改造自己的思想和行为。

真题再现

【2018年上半年教资考试（中学）真题·材料分析题】开学不久，班主任贾老师发现明朗同学不喜欢学习，上课不认真听讲，经常做小动作，不按时完成作业。贾老师经过一段时间的了解后，发现明朗虽然有不少缺点，但也有优点，需要肯定和鼓励。于是，贾老师找他谈话，说道："你有缺点，但也有优点，可能你自己还没有发现。这样吧，我限你在两天内找找自己的优点，如实向我汇报，不然我可要批评你了。"第三天，明朗找到贾老师，很不好意思地说："老师，我心肠好，力气大，毕业后想当兵。"贾老师说："这就是了不起的长处。心肠好，乐于助人，到哪里都需要这种人。你力气大，想当兵，保家卫国，是很光荣的事，你的理想很实在。不过当兵同样需要学习科学文化知识，需要有真才实学。"听了老师的话，明朗脸上露出了微笑。从此，明朗严格要求自己，认真学习，养成了良好的习惯，各方面都有了很大的进步。

问题：

(1) 结合材料，谈谈贾老师主要遵循了哪一德育原则。

(2) 贯彻这一原则有哪些基本要求？

【2016年上半年教资考试（中学）真题·选择题】初二(1)班的小王同学在黑板上画了个漫画，并写上"班长是班主任的小跟班"。班主任冯老师看了发现漫画真画出

了自己的特征，认为他有绘画天赋，于是请他担任班上的板报和班刊绘画编辑，并安排班长协助他。在班长的帮助下，小王发挥了自己的才能，出色地完成了任务，克服了散漫的毛病，后来还圆了他考取美术专业的大学梦。冯老师遵循的主要德育原则是（　　）。

A. 疏导原则　　　　　　　　　B. 教育影响的一致性与连贯性原则
C. 长善救失原则　　　　　　　D. 尊重学生与严格要求学生相结合原则

【2017年下半年教资考试（中学）真题·简答题】简述贯彻长善救失德育原则的基本要求。

（七）理论与实践相结合原则

理论与实践相结合原则，又称知行合一原则，是指进行德育时，要把思想政治观念和道德规范的教育与参加社会生活的实际锻炼结合起来，把提高学生的思想认识与培养道德行为习惯结合起来，使他们言行一致。荀子就曾讲："不闻不若闻之，闻之不若见之，见之不若知之，知之不若行之。学至于行而止矣。行之，明也。"这强调了"行"的重要性。陆游的诗"纸上得来终觉浅，绝知此事要躬行"，讲的也是这个道理。

贯彻理论与实践相结合原则的基本要求：

①重视理论知识的教学，并联系实际进行传授。理论是行动的先导，教师在教给学生相关理论知识的同时要联系生活实际，将理论用以分析、评价、解决生活中的问题。

②加强教学实践性环节，注意培养学生的动手能力和运用知识于实际的能力。教师可通过实验、生产实习、毕业设计、社会调查、科研活动等途径，在实践教学中形成学生的是非观念、善恶标准，并将其运用到具体行动中。

③要教育学生懂得理论源于实践，实践是检验真理的客观标准的道理。教师要引导学生将内化的道德品质在生活中加以展现，在实践中感受到善的力量。

④要注意补充乡土教材，联系当地实际。学校及教师要挖掘当地的、身边的名人事迹、文明乡风等，将优良的乡土文化融入德育教材，打造特色德育课堂。

（八）正面教育与纪律约束相结合原则

正面教育与纪律约束相结合原则是指对学生进行思想品德教育时，要以说服教育为主，积极疏导，启发自觉，调动学生接受教育的内在动力，同时辅之以纪律约束，督促其严格执行各种规章制度。

贯彻正面教育与纪律约束相结合原则的基本要求：

①坚持正面启发，积极疏导。教育者对学生集体和个人的进步要及时表扬和肯定，错误落后之处可以提出批评，但要讲究方法，尽量少用惩罚，尤其严禁使用体罚。

②要以正面的榜样和事例教育学生。根据青少年善于模仿的特点，教育者要引导学生向各种榜样人物看齐，但教育者也要先做好表率。墨子强调以身作则，史书记载，墨

子"闻而悼之，自鲁趋而往，十日十夜，足重茧而不休息，裂裳裹足至于郢"，这反映了他吃苦耐劳的顽强精神。在他的榜样鼓舞下，他的学生大都具有"赴汤蹈火，死不旋踵"的勇气。

③建立合理的规章制度。青少年学生的思想不稳定，对自己的行为缺乏控制力，必须有纪律适当约束，才能把错误的行为控制在最小的频度，降低不良习惯形成的概率。

（九）集体教育与个别教育相结合原则

进行德育要注意依靠学生集体，通过集体进行教育，以便充分发挥学生集体在教育中的巨大作用；同时又要通过个别学生的教育来促进集体的形成和发展。

贯彻集体教育与个别教育相结合原则的基本要求：

①建立健全学生集体。教师要善于使集体确立共同的奋斗目标，引导形成健康的集体舆论、坚强的领导核心、严明的组织和纪律，从而形成团结友爱的坚强的班集体。

②充分发挥学生集体的教育作用。教育者要培养学生的集体归属感和荣誉感，培养学生自主管理、自我教育的能力，从而使学生愿意接受集体的影响，在集体中共同进步。

③加强个别教育，把集体教育和个别教育结合起来。集体由个体组成，个体的思想行为对集体同样产生影响，集体教育和个别教育相辅相成，教育者应将两者辩证统一起来。

真题再现

【2015年下半年教资考试（中学）真题·材料分析题】

大学毕业不久，我就担任了初二（1）班的班主任。一天中午，一个学生急匆匆跑来说："老师，小杨不知为什么事正和（2）班老师争吵，还骂老师了。"我赶紧过去问缘由。得知（2）班的卫生区有几片废纸，被学校的值日生扣了分，据说（2）班有学生看见他正好走过，就告诉王老师，认为是他扔的。于是王老师就找到小杨，并训斥了他。小杨不服气，就骂老师"瞎了眼"，结果惹恼了老师。我当时也很生气："小杨，就算你没扔，也要好好和王老师说明，怎么可以骂老师？""他根本不听我说，劈头盖脸训斥我。"见他如此冲动，我知道说什么都没用，要等待时机。

机会终于来了，在学校举办的秋季运动会上，我充分发挥了小杨热爱体育的特长，引导他为班级参加的体育项目出谋划策，协助体育委员组织。我鼓励他报了大家都未参加的3000米长跑，对此，我对他提出表扬，并号召全班同学向他学习。

运动会那天，小杨在3000米长跑比赛中得了冠军，成了班级最亮的一颗星，很多同学和他拥抱，给他送水、送毛巾，为他热烈鼓掌，使他感到了集体的力量和温暖。会后我找他谈心：

"小杨，运动会证明了你的实力，说明你是一个不甘落后的好学生，我相信你也会在其他方面严格要求自己，取得好成绩。"

"老师，你真的相信我吗？"

"我当然相信你。"

他的眼中闪烁出激动的亮光，突然说："那么老师，你也相信那天的废纸不是我扔的吗？我敢对天发誓，真不是我扔的。"看到他委屈又可笑的样子，我笑了："我相信你，当时我就相信不是你干的！""真的吗？"他很惊讶也很高兴。"可你也有错，知道错在哪里吗？"他有些不好意思地低下头："知道，老师，我会跟王老师道歉的，您放心！"

此后，小杨同学在各方面有了长足的转变。

问题：

(1) 案例中的"我"主要贯彻了哪些德育原则？

(2) 请结合案例加以分析论述。

二、德育的方法

德育方法是为达到德育目的在德育过程中采用的教育者和受教育者相互作用的活动方式的总和。它包括教育者的施教传道方式和受教育者的受教养方式。常见的德育方法有以下几种。

（一）说服教育法

说服是使对方放弃原来的观点和认识，接受新的意见，努力使对方心服口服，有即时或可见性的收效。说服教育法是最基本的德育方法，应用最为广泛。说服教育法主要包括语言说服和事实说服两种方式。语言说服划分为讲解、报告、谈话、讨论、指导阅读等形式；事实说服是组织学生接触社会实际，用各种生动具体的事实来说服学生。

说服教育法的基本要求如下：

①内容有针对性。针对性是提高说服教育实效性的前提和条件。在说服教育中，必须实事求是地从受教育者的思想实际、年龄特点、个性差异以及心理状态等的实际出发，做到有的放矢，切中要害，防止"放空炮""模式化""一刀切"。

②情感要充沛。情感在品德形成中，起着催化剂的作用。"情通则理达"，要求教育者要善于以自己充沛的热情和坚定的信念去唤起孩子情感上的共鸣，激起思想上的波澜，从而转化为他们内心的信念，达到良好的教育效果。

③态度要民主。说服教育要坚持民主、平等、和蔼的待人态度，广开言路，坦诚相见，不"扣帽子""揪辫子""小题大做"，也不讽刺、挖苦、盛气凌人、以权压人，让学生在一种和谐的良好氛围中心悦诚服地接受意见。

④讲究教育时机。说服的成效往往不取决于花了多少时间，讲了多少道理，而取决于是否善于捕捉教育的时机，拨动学生的心弦，引起他们的情感共鸣，被他们接受。

(二) 榜样示范法

榜样示范法是以正面人物的优良品质、模范行为和卓越成就来影响受教育者品德的一种方法。这种方法的特点在于它是通过榜样的言行，把高深的思想、良好的道德具体化、人格化，使青少年从富于形象性、感染性和可信性的范例中得到启迪。洛克曾指出，在各种教导儿童以及培养他们的礼貌的方法中，最简明、最容易而又最有效的办法是把他们应该做或是应该避免的事情的榜样放在他们的眼前。一旦你把他们熟知的人的榜样指给他们看了，同时说明了他们为什么漂亮或丑恶，那种吸引或阻止他们去模仿的力量，是比任何能够给予他们的说教都大的。

榜样示范法的基本要求如下：

①选好示范的榜样。选好榜样是学习榜样的前提，榜样人物应具有时代性、典型性、真实性等特点，一般包括教育者的示范、历史伟人或英雄人物的示范、典型学生的示范等。

②树立榜样的威信，激发学生对榜样的敬慕之情。教育者要对榜样人物的思想和事迹进行深入的讲解，突出感人至深之处，唤起学生心灵深处对榜样人物的惊叹、向往和仰慕，进而使他们萌发学习榜样的动机。

③用榜样来调节行为，提高修养。教育者要及时地把学生的情感、冲动引导到行动上，把敬慕之情转化为道德行动，把他律力量转化为自律力量，并逐步巩固，形成行为习惯。

真题再现

【2017年上半年教资考试（中学）真题·选择题】有同学在班上丢了30元压岁钱，如何解决这个问题呢？王老师通过讲"负荆请罪"的故事，教育拿了钱的同学像廉颇将军一样知错就改。不久，犯错误的同学把钱悄悄归还了失主。王老师采用的德育方法是（　　）。

A. 榜样示范法　　　　　　B. 品德评价法
C. 实际锻炼法　　　　　　D. 个人修养法

(三) 情感陶冶法

情感陶冶法是教育者通过创设良好的情境，潜移默化地培养学生品德的方法。情感陶冶法有三种方式。第一种为人格感化，即教育者靠自己的高尚品德、人格以及对学生的深切期望和真诚的爱来触动、感化学生，促进学生思想转变，积极进取。第二种为环境陶冶，即通过学校的物质文化和精神文化环境使学生受到熏陶和感染。第三种为艺术熏陶，指通过音乐、美术、舞蹈、诗歌、影视等文化艺术活动，使学生潜移默化地接受影响。

情感陶冶法的基本要求如下：

①良好的情境是陶冶的工具和条件，学校应为学生创造一个美观、朴实、整洁的生活环境，为学生营造团结、紧张、严肃、活泼、尊师爱生、民主、守纪的班风和校风。

②与说理相结合。有效发挥情感陶冶的作用，不能只让情境自发地影响学生，还需要教育者辅之以启发、说服，带领学生注意和感受学校生活的温暖，自觉吸取情境的有益影响。

③引导学生参与情境建设。良好的德育情境不是天然存在的，需要人们的主动创设。但这项工作不能只靠教育者的单方面努力，还需要激励学生广泛参与。

真题再现

【2016年下半年教资考试（中学）真题·选择题】某中学为了对学生进行思想品德教育，组织学生观看《建国大业》等爱国主义影片，该校采用的教育方法是（　　）。

A. 实际锻炼法　　　　　　B. 情感陶冶法
C. 说服教育法　　　　　　D. 个人修养法

【2018年上半年教资考试（中学）真题·选择题】张校长特别重视学校文化建设，提出"让学校的每一面墙都开口说话"，促进学生品德发展，张校长强调的德育方法是（　　）。

A. 陶冶法　　B. 示范法　　C. 锻炼法　　D. 说服法

（四）自我教育法

自我教育法是在教育者指导下，受教育者在自我意识的基础上产生积极进取心，为形成良好的思想品德而向自己提出任务，进行自觉的思想转化和行为控制的方法。自我教育法是一个人在品德修养上自觉能动性的表现，是学生思想进步的内部动力。进行品德教育的目的，不仅是为了培养学生一定的品德，更重要的是提高他们自我教育的能力，使其成为能够独立进行自我修养的人。古代教育家孔子强调"见贤思齐焉，见不贤而内自省也"；孟子也强调凡事要"反求诸己"；近代民主人士张澜先生在1942年曾写下"人不可以不自爱，不可以不自修，不可以不自尊，不可以不自强，而断不可以自欺"的"四勉一戒"座右铭，作为一生追求。

自我教育法的基本要求如下：

①激发学生自我教育的愿望。激发学生自我教育的愿望可从两点出发：一是帮助学生明确意识到社会、家庭、学校对自己提出的道德要求；二是引导学生从自己仰慕的英雄人物中找到自己学习的榜样。

②帮助学生制订修养的标准与自我教育的计划。以什么作为修养标准决定着修养的

方向和性质，教育者要帮助学生树立正确的修养标准。同时，制定恰当的修养目标是避免自我教育盲目性的一种重要方式，教育者应当鼓励和帮助学生制定程度适当、具体可行的修养计划。

③指导学生监控和评价自己的道德表现。道德修养过程实际上是一个意志锻炼的过程。教育者应当鼓励学生在道德实践中不断反思自己、自我监控、自我评价、自我鼓励，更准确、恰当地认识自我，形成道德修养的连续动力，形成自我教育的习惯。

④引导学生在社会实践中进行自我修养。心理学研究表明，实践是能力形成和发展的基本途径。教育者指导学生进行自我修养时绝不可闭门造车，脱离社会实践、脱离生活实践，而应该引导学生参加社会活动，并在生活中体验修养的需要。

真题再现

【2014年下半年教资考试（中学）真题·选择题】"君子博学而日参省乎己，则知明而行无过已。"荀子这句话体现的德育方法是（　　）。

A. 说服教育法　　　　　　　B. 榜样示范法
C. 实际锻炼法　　　　　　　D. 自我教育法

【2018年下半年教资考试（中学）真题·选择题】班主任王老师经常通过立志、学习、反思、箴言、慎独等方式来培养学生良好的思想品德。这种德育方法是（　　）。

A. 说服教育法　　　　　　　B. 榜样示范法
C. 情感陶冶法　　　　　　　D. 自我教育法

（五）实际锻炼法

实际锻炼法是教育者组织学生按照一定的要求，参与各种实际活动，在活动中形成良好的思想品德和行为习惯的方法。

实际锻炼法包括执行制度、委托任务、组织活动等。执行制度是指让学生按照学生守则、课堂纪律、作息制度等必要的规章制度进行锻炼。委托任务是指教育者或学生集体委托学生完成一定的工作任务。组织活动是指组织学生参加学习活动、课外活动、劳动以及一定的社会实践活动等。

实际锻炼法的基本要求如下：

①启发学生参加实践的积极性。教育者应使学生充分认识实际锻炼的意义，只有使他们感觉到实践锻炼是必要的、有价值的，他们才能全身心投入，从而获得最大的锻炼效果。

②严格要求学生。有效的锻炼有赖于严格的要求，如果不严格按照一定的要求和规范，结果就会流于形式，学生不可能得到真正的提高。

③注意检查和坚持。良好品德的形成必然经历长期反复的过程，教师在锻炼学生时

不能放松对他们的督促和检查，应勉励他们克服困难，坚持下去。

④及时评价反馈，增强学生信心。在实践锻炼过程中可进行过程性评价，在一段时间后可进行阶段性评价，在完成锻炼后可进行总结性评价，让评价贯穿于始末，激发学生热情。

真题再现

【2021年上半年教资考试（中学）真题·选择题】孟子说："天将降大任于斯人也，必先苦其心志，劳其筋骨，饿其体肤，空乏其身，行拂乱其所为。所以动心忍性，曾益其所不能。"这段话体现的德育方法是（   ）。

A. 实际锻炼法　　　　　　　B. 品德评价法
C. 情感陶冶法　　　　　　　D. 榜样示范法

【2014年上半年教资考试（中学）真题·选择题】班主任于老师通过委托任务和组织班级活动对学生进行思想品德教育的方法是（   ）。

A. 榜样示范法　　　　　　　B. 品德评价法
C. 实际锻炼法　　　　　　　D. 情感陶冶法

【2013年下半年教资考试（中学）真题·简答题】在学校德育工作中，运用实际锻炼法的基本要求有哪些？

（六）品德评价法

品德评价法是指通过对学生的品德进行肯定或否定的评价而予以激励或抑制，促使其品德形成和发展的方法。品德评价法的主要形式有奖励、惩罚和操行评定。奖励是对学生思想品德给予肯定评价的一种鼓励方法，有赞许、表扬和奖赏三种形式。惩罚是对学生不良思想行为的否定评价，其教育意义在于使学生认识到某些思想行为的不当，促使其克服、纠正和彻底根除这些思想和行为，它包括批评、谴责和处分三种形式。操行评定包括写评语和等级评定两种形式。

品德评价法的基本要求如下：

①要有明确目的。评价是一种教育手段而不是教育目的，是为了长善救失，激励人们进步，故评价时应有明确的目的，从调动受教育者内在积极因素出发，充分肯定其成绩，诚恳地适当指出缺点，提出改进意见。

②要客观慎重，实事求是。在品德评价中，学生最不信服的就是教师的偏袒和偏信。因此，教师要深入学生实际，了解行为事件的全貌。同时，坚持是非面前人人平等，该奖该罚以事实为重，不徇私情，不讲情面，使评价具有较高信度。

③要充分发扬民主。评价，特别是重大问题的评价，要发扬民主，走群众路线，广泛征求各方面的意见，并取得集体舆论的支持与赞同，否则就会削弱教育作用，甚至产

生不良后果。

④注意对象的个别差异。品德评价要考虑学生的年龄特征、个性差异，灵活、实事求是地进行。如：对那些经常犯错误、挨批评的学生做了点好事，应及时给予表扬、鼓励；而对经常受表扬的学生，应提出更高的要求；对偶犯过失与明知故犯或屡犯不改者，在处理上也要有不同的分寸，不要千篇一律，简单从事。

真题再现

【2015年上半年教资考试（中学）真题·选择题】班主任赵老师经常运用表扬、鼓励、批评和处分等方式引导和促进学生品德积极发展，这种方法属于（　　）。

A. 说服教育法　　　　　　B. 榜样示范法
C. 情感陶冶法　　　　　　D. 品德评价法

【2019年上半年教资考试（中学）真题·选择题】学校德育工作中经常采用的表扬与批评、奖励与处分的德育方法属于（　　）。

A. 说服教育法　　　　　　B. 品德评价法
C. 榜样示范法　　　　　　D. 情感陶冶法

三、德育的途径

德育途径是指实施德育的渠道。在古代，古典人文学科中包含大量的德育内容，通过这类学科的教学自然而然地渗透道德教育。然而，随着自然科学知识大量涌入学校教育，学科教学逐渐与德育疏远，仿佛成了专门实施智育的途径。教育界不得不另辟蹊径来实现学校教育的德育目标。目前我国主要采用直接的和间接的两种途径实施德育。

（一）直接的德育途径

直接的德育途径是指学校设立专门的道德教育课，将其作为一门正式学科列入学校的教学计划，在相对固定的时间和地点，向学生系统地传授道德知识，提高学生的道德认知和判断能力，并且帮助学生确立明确的道德观念，改变道德态度，形成正确的道德信念和行为。

1. 道德课的优点

设立单独的道德课进行直接的道德教学，在实施德育上存在以下若干优点：第一，在学科教学日益智育化且未寻找到有效的办法通过学科教学实施德育的形势下，单独设立道德课，至少可以使学校德育的实施在课程和时间上得到最低限度的保证。第二，开设单独的道德课有利于系统而全面地向学生传授道德知识和道德理论，提高学生的道德认识。通过其他途径，则难以取得这样的效果。第三，如果教学得法，道德课还可以迅速地促进学生道德思维能力和道德敏感性的发展。

2. 道德课在理论上的难题

道德课也面临一些难题：第一，设立单独的道德课，本意是加强学校德育，但把道德教学与学科教学相提并论，实际上贬低了学校德育的价值和地位；第二，道德领域宽泛而松散，无明显的界限，很难限定在一套固定的课程里进行教学；第三，道德课实为关于道德知识的教学，与其说是德育，不如说是在实施智育，道德不仅仅是知识，难以用像讲授科学知识那样的方法讲授道德，安排一门独立的课程实施德育，容易导致知与行的分离；第四，现代学校学科教学任务繁重，教师和学生留给道德教学的时间非常有限，这样学校通过道德课进行道德教育的目的就极可能落空。

（二）间接的德育途径

仅仅依靠直接的德育教学不足以实现学校的德育目的。学校教育道德目的的实现，与其寄希望于一周1~2课时的道德课，不如寄希望于更经常、范围更加广泛、更具活力的学校集体生活以及学科教学。如果说道德课是实施德育的一条直接途径，那么，学校生活和学科教学就是实施德育的间接途径。所谓间接的道德教育，主要指在学科教学和学校集体生活的各个层面对学生进行道德渗透。学校间接的德育途径主要有：教学育人、指导育人、管理育人、活动育人和环境育人。

教学育人。间接德育中的教学育人是指除思想政治理论课程以外，在其他课程中融入德育教学，即当前我国所提倡的"课程思政"。教育者要挖掘语文、历史、数学、化学、音乐、体育等各门课程中蕴含的德育资源，把教学的科学性与思想性统一起来。

在学科教学中可以从教师、教法、教材、课堂气氛等多个方面进行道德渗透。学科教学中对学生最显而易见的道德影响体现在教材中，尤其是语文、历史等文科教材包含大量思想内容，是进行道德教育的重要资源。1993年3月26日，国家教育委员会颁布的《小学德育纲要》强调"各科教学是向学生进行思想品德教育最经常的途径"，提出"其他各科教学对培养学生良好的思想品德素质具有重要作用。任课教师要在全部教学活动中，注意培养学生良好的学习态度、学习习惯和良好的意志品格，促使学生养成文明行为习惯；要根据各科教学大纲中关于思想品德教育的要求和教材中的教育因素，按各科自身的教学特点，自觉地、有机地在课堂教学中渗透思想品德教育"，并就各科教学实施德育提出了指导性建议。

指导育人。学校教育工作者应密切关注学生成长发展阶段的思想道德变化，及时予以正确的指导，一般可以通过班主任谈话、就业讲座、心理咨询、职业指导等形式开展。

管理育人。学校的各种规章管理制度影响着学生的品德发展，学校可通过细化学生的行为规范，落实中小学生守则、重视师德师风的建设、建立班级民主管理制度等形式强化管理育人。

活动育人。学校要精心设计、组织主题明确、内容丰富、形式多样、吸引力强的教育活动，以鲜明正确的价值导向指引学生，如开展节日纪念日活动、科技活动、文娱活动、体育活动等。

环境育人。整洁、美丽、富有教育意义的校园环境是形成整体教育氛围不可缺少的条件。学校应发挥校风、校训、校歌对学生品德潜移默化的作用，同时加强对基础设施的建设和利用，在硬件物质中融入德育要素。

真题再现

【2017年考研真题·简答题】简述学科德育的内涵、特点及实施方式。

拓展阅读

1993年《小学德育纲要》中对各科教学中德育的实施意见

语文教学要贯彻文道统一的原则，将语言文字的训练、句段篇章的学习与思想品德教育统一于教学过程之中，利用课文内容中丰富的思想品德教育因素，充分发挥感染、陶冶作用，使学生受到教育。

数学教学最易于渗透辩证唯物主义观点的启蒙教育，并要通过数学训练，培养学生认真严谨、一丝不苟的学习态度和积极思维的良好习惯。

历史常识教学最易于具体、形象、生动地对学生进行热爱祖国、热爱中国共产党、热爱社会主义的教育。要通过教学，帮助学生了解中国古代科学技术、文化艺术方面的一些重大成就和对人类的杰出贡献；知道近代史上帝国主义列强野蛮侵略我国的主要罪行以及中国人民受欺凌的主要史实；知道中国人民抵御外侮、捍卫中华的重大斗争和一些仁人志士、革命先烈的事迹；知道中国人民在中国共产党的领导下，为建立新中国英勇奋斗的主要史实和社会主义建设的重大成就。教育学生学习中华民族的光荣传统和中国共产党的革命传统，激发他们的爱国情感，增强民族自尊心和自豪感。

地理常识教学易于具体、形象地对学生进行国情教育。要通过教学帮助学生初步了解我国和家乡的自然环境和建设成就，激发他们爱祖国、爱家乡的感情；初步了解我国和家乡的主要资源及其利用状况，初步认识合理利用资源和保护环境的重要性；初步了解我国和家乡的人口数量和发展状况；初步懂得控制人口的重要性；初步了解我国是一个统一的多民族的国家，各民族一律平等，要共同维护祖国统一。

自然常识教学要在讲授自然常识的同时对学生进行热爱科学、反对迷信的教育，培养学生尊重科学、相信科学的精神和学科学、用科学的志趣及能力。

音乐、美术教学要充分发挥艺术教育寓教于乐、生动形象、感人的优势，向学生展示中华民族的优秀艺术传统，培养学生健康的审美情趣，陶冶情操，增强学生的民族自豪感，激发学生热爱祖国、热爱中国共产党的感情。

体育教学要在体育技能技巧训练的同时，培养学生良好的卫生习惯、锻炼身体的习惯以及朝气蓬勃、不怕困难、勇敢顽强的精神，并通过体育活动进行集体主义教育，培养学生集体荣誉感、组织纪律性和合作精神。

劳动教学要把传授劳动知识技能与培养良好的劳动习惯结合起来，通过劳动实践活动，培养学生热爱劳动的思想、吃苦耐劳的精神、珍惜劳动成果的感情和对工作的责任心，养成劳动习惯。

第十章　教师与班主任工作

教师在学校教育活动中起主导作用，教师是人类灵魂的工程师，是人类文明的传承者，承载着传播知识、传播思想、传播真理、塑造灵魂、塑造生命、塑造新人的社会重任。因此，教师是教育活动中最重要的要素，是教育发展的第一资源。本章我们主要对教师的职业发展、教师职业的特点、教师的专业发展以及中小学班主任工作的具体要求等问题进行探讨。

第一节　教师职业与专业发展

【学习目标】
1. 了解教师职业的发展历程。
2. 了解教师劳动的特点。
3. 了解教师专业的发展的内容。
4. 了解教师专业发展的取向。

本节围绕教师职业展开探讨，首先对教师职业的发展历程和教师劳动的特点等进行探讨；其次对教师的专业发展相关问题进行探讨，介绍教师专业发展的内容、专业发展的取向和专业发展的基本方式。

一、教师职业的发展

教师是人类历史上最古老的职业之一，也是最伟大、最神圣的职业之一。从教师职业的发展看，其产生与发展大致经历了三个阶段：非专门化阶段、专门化阶段和专业化阶段。

（一）非专门化阶段

原始社会，由于生产力落后，教育和生产劳动相结合，没有专门的教师群体，氏族部落首领和生产生活经验丰富的长者承担了教师职责。从奴隶社会起，教育从生产生活中分离出来，产生了专门的教育机构，如商朝的"学""瞽宗"，西周的"国学"与"乡学"等，虽然有了专门从事教学活动的教师，但多是"以吏为师"，"以僧为师"，教师只是一种兼职工作。我国关于"教师"的称谓，最早见于西周金文中。西周统治者为培养善战的贵族子弟，开办了"国学"，由高级军官"师氏"任教，"师氏"既是官员也是教师。古代社会的教育家，其身份多为官员，比如：孔子授徒讲学时曾任鲁国的大司寇，摄相事，主管鲁国的刑狱，并代理宰相；宋代的教育家朱熹主持白鹿洞书院时，主要任南康知军。古代从事书院或私塾讲学的教师，多为仕途不顺的知识分子，如塾师多是落第秀才，由于仕途不顺而在家坐馆授徒，一边教学一边准备科举考试，以获得功名。著名教育史学家陈东原曾说："汉代做官，是一种职业，教书却不是职业。教书的先生虽收学生费用，但当时风气，教师是不尽恃学生费用以维持生活的。换句话说，教书只是读书人的副业。读书人或出而为仕，或退而耕种，并不以教书为谋生工具。"[1]因此可以讲，古代社会教师没有成为专门的职业，其主要原因是教育是少数统治阶级的特权，学生数量少，社会还没有实行普及教育，教师数量需求较少。

（二）专门化阶段

教师进入专门化阶段的标志是师范教育的出现。从世界范围看，师范教育于17世纪末最早出现在法国。1681年，法国"基督教兄弟会"神父拉·萨尔在兰斯创办了世界上第一所师资培训学校，这成为世界独立师范教育的开始。到18世纪中下叶，随着发达资本主义国家初等义务教育的普及，再加上教育理论界和教育实践界对教育科学化运动的推进，现代教学方法渐成体系，教育理论有了长足的进展，师资培训也积累了一定的经验，为教师从事职业训练提供了理论上的指导和实践中的依据。随后，世界各国相继出现师范学校。法国于1795年在巴黎建立第一所公立师范学校，为巴黎高等师范学校的前身；美国于1839年在马萨诸塞州设立第一所师范学校；英国于1890年在大学或学院设立师范部。我国的师范教育始于1897年盛宣怀在上海创办南洋公学，该校内设师范院为其他各院培养师资。1904年，清政府颁布《奏定学堂章程》，规定师范教育分设初级师范学堂和优级师范学堂。

总体来说，自师范教育制度建立后，教师的知识、技能得到系统的训练和提高，教师队伍的补充得到了质和量的保证，教师逐渐成为一个独立且专门的职业。

（三）专业化阶段

随着社会科技的不断进步，对教育的要求日益提高，进而对教师的素质要求也越来越高。教师如何专业化发展从20世纪后半叶开始，一直到现在都是探讨研究的主题。

1966年，国际劳工组织和联合国教科文组织提出的《关于教师地位的建议》是首次以官方文件形式对教师专业化做出的说明，提出"应把教师工作视为专门的职业，这

---

[1] 陈东原：《中国教育史（上册）》，福建教育出版社，2009年，第196页。

种职业要求教师经过严格的、持续的学习,获得并保持专门的知识和特别的技术"。1989—1992年,经济合作与发展组织相继发表了一系列有关教师及教师专业化改革的研究报告。1996年,联合国教科文组织第四十五届国际教育大会指出"在提高教师地位的整体改革中,专业化是最有前途的中长期策略"。至此,教师专业化这一概念成为全世界的共识。

我国1993年颁布的《中华人民共和国教师法》第一次从法律角度确认了教师的专业地位;1995年,国务院颁布《教师资格条例》;1995年,我国颁布《中华人民共和国教育法》,提出"国家实行教师资格制度";2000年,教育部颁布《教师资格条例实施办法》,教师资格制度开始在全国全面实施。2001年4月1日起,国家首次开展全面实施教师资格认定工作,标志着我国教师专业化进入制度化的推进阶段。有学者指出,社会职业有一条铁的规律,即只有专业化才有社会地位,才能受到社会的尊重。如果一个职业是人人可以担任的,则在社会上是没有地位的。教师职业的专业化对于提升教师职业地位、激励才学之士从教、提升教育质量具有重要意义。

2010年《国家中长期教育改革和发展规划纲要(2010—2020年)》出台以后,我国教师专业化进入快车道,先后印发《幼儿园教师专业标准(试行)》《小学教师专业标准(试行)》《中学教师专业标准(试行)》《中等职业学校教师专业标准(试行)》《特殊教育教师专业标准(试行)》等教师专业标准,为教师专业化提供指导,推进教师专业化发展。

二、教师劳动的特点

教师劳动的特点是在其教师职业活动过程中形成和体现出来的。由于教师劳动的目的、对象和手段与其他职业相比有很大差异,所以就形成了教师劳动独有的特点。

(一) 复杂性

教师劳动的对象具有复杂性。教师教育的对象是具有不同特点的人,遗传、环境、教育与人的自觉能动性等多种因素对人的成长都有不同程度的影响,忽视任何一方面,都可能给受教育者的成长带来损失。并且,人的发展具有阶段性和不平衡性,教师要结合这些特性进行教育。教育过程是一个系统工程,要在有限的时间里,通过多种因素相互作用,完成一个复杂的综合性的任务目标,即塑造人,这个过程必然是复杂的。

(二) 创造性

虽然其他一些职业的劳动也具有创造性,但是教师劳动的创造性更明显。每个学生都有自己的气质、知识结构和生活经验,教师在劳动过程中,必须根据不同个体的特点和具体的教育情境创造性地采用教育方法、措施,做到因材施教。教师劳动的创造性还表现在教学过程上。在什么时候、什么情况下运用什么原则、方法、教具等以及怎样运用,在很大程度上取决于教师劳动的创造性,即所谓"教育有法但无定法"。

教师劳动的创造性要求教师灵活运用教育机智。教育智慧与机智指的是那种能使教师在不断变化的教育情境中随机应变的细心的技能。教育情境是不断变化的,因为学生在变,教师在变,气氛在变,时间在变。换言之,教师不断地面临挑战,在意想不到的情境中表现出积极的状态。富有创造性的教师,常常能够巧妙地利用突发情况,或者创设新的情境使教育活动更加深入,或者化消极因素为积极因素,使教育活动更加生动活泼。

(三) 示范性

教师的示范性体现在"授业"上。例题的演算、实验的指导、课文的范读,无不起示范作用;学习方法的启示、学习习惯的养成,都需教师长期示范和陶冶。教师自身知识是否渊博,也会影响学生成长。陶行知先生讲"要想学生好学,必须先生好学。惟有学而不厌的先生才能教出学而不厌的学生"。

教师劳动的示范性体现在品德言行上。教师的人生观、理想、信念都是学生关注的焦点,直接影响教育的可信度和有效性,因此,教师不仅是授业者,也是学生生活的导师和道德的引路人。正所谓"师者,人之模范也"。卢梭也曾说:"在敢于担当培养一个人的任务以前,自己就必须要造就一个人,自己就必须是一个值得推崇的模范"。被誉为"教师的教师"的德国教育家第斯多惠同样认为,"教师本人是学校里最重要的师表,是最直观的最有教益的模范,是学生最活生生的榜样"。

(四) 长期性

教师劳动的长期性体现在人才培养的周期长、见效慢。个体的成长进步需要长期反复的过程,教师劳动的个体效果和社会效果都要长期才能显现,因此,教师的劳动是"面向世界""面向未来"的劳动。古语云:"一年之计,莫如树谷;十年之计,莫如树木;终身之计,莫如树人。"

教师劳动的长期性还表现在教师本身的终身教育上。当教师前,接受前人知识是一个漫长的连续劳动过程;当教师后,要求具有丰厚的知识储备、高尚的道德情操和娴熟的教育技巧。这些都要知识积累和专业训练,这又是长期无止境的劳动过程。

(五) 集体性

教师职业具有工作成果的集成性和社会性。任何一个学生的成长和成功都不可能是某一个教师的工作所能做到的。它是教师集体以及各种教育因素共同作用的结果。

真题再现

【2013年下半年教资考试(中学)真题·选择题】"十年树木,百年树人"隐喻了

教师劳动具有( )。

A. 连续性　　　B. 长期性　　　C. 创造性　　　D. 示范性

三、教师专业发展的内容

教师专业发展，是指教师在整个专业生涯中，依托专业组织、专门的培养制度和管理制度，通过持续的专业教育，习得教育教学专业技能，形成专业理想、专业道德和专业能力，从而实现专业自主的过程。教师专业发展的主要内容有专业理念与师德、专业知识、专业能力等三个方面。

（一）教师的专业理念与师德

教师的专业理念是教师在对教育工作的感受和理解的基础上所形成的关于教育本质、目的、价值等的理想和信念，它是教师在教育教学工作中的世界观和方法论，是教师专业行为的理性支点和专业自我的精神内核。教师的专业理念大致包括教师的教育观、教师观、学生观、教育活动观、自我发展观等。

2012年《中学教师专业标准（试行）》将教师的专业理念与师德分为职业理解与认识、对学生的态度与行为、教育教学的态度与行为、个人修养与行为四个方面。

（二）教师的专业知识

完善合理的专业知识结构，是教师发挥最佳教育教学效果的重要条件，在教师整体的素养结构中占据核心地位。就教师应获得何种专业知识来说，学者们都有各自不同的见解。早期对教师专业知识进行系统探讨的是舒尔曼，他将教师的专业知识分成七类：①学科内容知识——包括学科具体的概念、规则、原理以及它们之间的联系，包括"是什么"的知识和"为什么是这样"的知识；②一般教学法知识——主要是指超越了具体的学科内容，适用于课堂管理和组织的一般性原则和策略；③课程知识——指对教学材料和工具的熟练掌握，是一种"教学交流的工具"；④学科教学法知识——是教学内容与教学法的结合，是教学领域的专门知识，是教师专业特有的知识；⑤学习者及其特点的知识——包括学生的兴趣、爱好、动机、性格、气质，以及学生的理解方式、学习难易、常见错误等知识；⑥教育情境的知识——包括小组或班级活动的知识、学区管理与资助的知识、社区及其文化特点的知识；⑦教育目标及价值的知识。斯滕伯格认为教师的知识包括内容的知识、教学法的知识和实践的知识。我国学者申继亮认为教师知识包括本体性知识（学科知识）、条件性知识（教育学、心理学知识）、一般文化知识和实践性知识。

2012年教育部发布的各级教师专业标准将教师的专业知识具体分为教育知识、学科知识、学科教学知识和通识性知识四类。

教育知识：掌握学校教育的基本原理和主要方法，掌握班集体建设与班级管理的策略与方法，了解学生身心发展的一般规律与特点，了解学生世界观、人生观、价值观形成的过程及其教育方法，了解学生思维能力与创新能力发展的过程与特点，了解学生群体文化特点与行为方式。

学科知识：包括理解所教学科的知识体系、基本思想与方法，掌握所教学科内容的基本知识、基本原理与技能，了解所教学科与其他学科的联系，了解所教学科与社会实践的联系。

学科教学知识：掌握所教学科课程标准，掌握所教学科课程资源开发的主要方法与策略，了解学生在学习具体学科内容时的认知特点，掌握针对具体学科内容进行教学的方法与策略。

通识性知识：具有相应的自然科学和人文社会科学知识，了解中国教育基本情况，具有相应的艺术欣赏与表现知识，具有适应教育内容、教学手段和方法现代化的信息技术知识。

真题再现

【2016年考研真题·选择题】某教师在作文教学中运用"过程作文教学法"，根据舒尔曼"教学的知识基础"理论，该教师运用的是（　　）。

A. 学科教学知识　　　　　B. 教育情境知识
C. 课程知识　　　　　　　D. 基于学生的知识

（三）教师的专业能力

教师的专业能力主要指作为专业技术人员的教师在从事教育教学活动中能利用教育理性和教育经验，灵活地应对教育情景，做出敏捷的教育行为反应，以促使学生能全面、主动、活泼地发展所必需的教育技能。在2012年教育部发布的各级教师专业标准中，教师的专业能力被分为教学设计能力、教学实施能力、组织班级管理与教育活动的能力、教育教学评价的能力、沟通与合作的能力、反思与发展的能力六大能力。

通过教师专业发展，教师不断树立专业理念，积累专业知识，养成专业能力，形成专业自我。教师专业自我是指教师个体对自我从事教育工作的感受、接纳和肯定并影响其教育行为和效果的心理倾向。教师的专业自我主要包括对自我形象的正确认知与体验、对职业状况的满意度、对理想职业生涯的清晰认识、对未来工作的较高期望等。教师专业自我的形成是教师走向成熟的重要标志。

四、教师的成长阶段

教师的成长具有一定的阶段性特征，国内外学者对其进行了深入研究，形成了不同的理论学说。其中，国外具有代表性的理论是美国学者福勒和布朗根据教师在不同时期所关注的焦点问题提出的关注阶段理论。他们将教师的成长分为三个阶段，即关注生存阶段、关注情境阶段和关注学生阶段。

（一）关注生存阶段

此阶段是教师初次接触实际教学工作，所关注的是自己作为教师的生存问题。处于这一阶段的新教师，非常关注自己的生存适应性，总是希望得到学生、同事以及领导的认可。因此，他们时刻关心这样的问题："学生喜欢我吗""同事们如何看我""领导是否觉得我干得不错"等。出于这种生存忧虑，新教师可能会把大量的时间花在如何与学生搞好个人关系上，或者想方设法把学生控制得老实听话，以获取校方或同事的认可，而不是想着如何教学生并让他们取得学习上的进步。

（二）关注情境阶段

当教师感到自己完全能够生存时，便把关注的焦点投向了提高学生的成绩方面。处于关注情境阶段的教师关心的是如何教好每一堂课的内容，以及班级大小、时间压力和备课材料是否充分等与教学情境有关的问题，例如，"材料是否充分得当""如何呈现教学信息""如何控制教学时间"等。一般来说，在职年限较长的教师比新教师更关注这一类问题。

（三）关注学生阶段

当教师顺利地适应了前两个阶段后，他们开始关注学生的个别差异以及个别需要的问题。在这一阶段，教师认识到不同发展水平的学生有不同的需要，同样的教学材料和教学方法并不一定适合所有学生，所以必须因材施教。事实上，不但新教师容易忽视学生的个别差异，就连一些有经验的教师也未必能自觉地关注学生间的不同需要。因此，能否自觉关注学生是衡量一个教师是否成长成熟的重要标志之一。

真题再现

【2017年上半年教资考试（中学）真题·选择题】每学期开学前，王老师总是根据自己所教班级人数、课时量以及备课资料是否充分等来安排自己的教学方式与教学进度。根据福勒与布朗的观点，王老师处于教师成长的哪个阶段？（　　）
A. 关注生存　　　　　　　　B. 关注情境
C. 关注学生　　　　　　　　D. 关注自我

【2021年下半年教资考试（中学）真题·简答题】简述福勒的教师成长三阶段论。

五、教师专业发展的取向与方式

在教师专业发展的研究历程中，先后存在三种不同的假设，因而在实践领域产生了三种不同的发展取向，包括教师专业发展的理智取向、实践—反思取向和生态取向。理智取向关心的问题是"什么样的知识对于教学是必要的"，重视教师的专业知识基础，认为教师要进行有效教学，一是要拥有内容知识，亦即学科知识；二是要拥有帮助学生获得知识的知识与技能，即教育知识。实践—反思取向认为教师专业发展的主要目的不在于获取外在的技术性知识，而在于通过多种反思，促使教师对自己的专业活动以及相关的事物有更深入的理解。因此，其主张通过写日志、看传记、构想、文献分析等方式进行单独反思，或通过讲故事、信件交流、教师晤谈、参观观察等方式与人合作进行反思，以此来促进教师自己的专业发展。生态取向认为教师的专业知识和技能的获得，并不是仅仅依靠自己学会和提高的，在许多时候，向他人学习是教师专业发展的有效途径，教师的教学风格和教学策略的形成与改革更多是依赖于"教学文化"或"教师文化"，因为这些文化为教师发展提供理论支持和身份认同。因此，教师专业发展最理想的方式是合作的方式，即通过小组的教师相互合作确定自己的发展方式。因此，生态取向的注意力主要不是学习某些科学知识或教育知识，也不是个别教师的所谓反思，而是构建一种合作的教师文化。

教师专业发展的方式包括教师进行专业学习的途径、形式与过程。概括起来，教师专业发展的主要方式有以下几种。

（一）自我教育——教师专业发展的直接途径

教师职业不同于其他职业，教师的知识与理念需要不断更新才能不断适应教育教学的需要。因此，教师要树立终身学习的理念，在教育教学的过程中，不断进行各种学习，进行自我教育。教师自我教育的方式主要有自我反思、主动收集教改信息、研究教育教学中的各种关键事件、自学现代教育教学理论、积极感受教学的成功与失败等。教师的自我教育是专业理想确立、专业情感积淀、专业技能提高、专业风格形成的关键。

（二）行动研究——教师专业发展的基本途径

行动研究是在自然、真实的教育环境中，教育实际工作者按照一定的操作程序，综合运用多种研究方法与技术，以解决教育实际问题为首要目标的一种研究模式。这种研究不同于纯理论的研究，是比较适合中小学教师的一种研究方法，有利于教师专业的成长。

（三）教学反思——教师专业发展的必经之路

教学反思，是指教师对教育教学实践的再认识、再思考，并以此来总结经验教训，进一步提高教育教学水平。教学反思一直以来是教师提高个人业务水平的一种有效手段，教育上有所成就的大家一直非常重视。著名教育学者叶澜说过，一个教师写一辈子教案不一定成为名师，如果一个教师写三年教学反思则可能成为名师。

（四）同伴互助——教师专业发展的有效方法

同伴互助指在两个或两个以上教师间发生的以专业发展为指向、通过多种手段开展的旨在实现教师持续主动地自我提升、相互合作并共同进步的教学研究活动。美国学者乔伊斯和肖尔斯首先提出了"同伴互助"（peer coaching）的概念。他们认为，过去将教师培训低效的结果归咎于教师自身可能是错误的。他们假设，教师可能需要一些持续的帮助和反馈才能够在教室里应用新的教学策略和方法。他们在随后的研究中验证了这一假设，并证实了同伴互助的效果：教师可以与同事或同伴保持互相信任和依赖的关系，他们共同规划教学活动、互相提供反馈意见和分享经验，拥有"同伴互助者"的教师比那些独自工作的教师更容易运用新的教学策略和方法。因此，乔伊斯和肖尔斯建议学校应让教师组织和参与同伴互助小组，以使教师之间能够互相帮助、彼此支持和共同成长。教育实践中的一课多研、同伴互评就是同伴互助的一种方式。

（五）继续教育——教师专业发展的重要条件

继续教育主要是指教师的各种形式的培训。教育部于1999年颁布《中小学教师继续教育规定》，强调"参加继续教育是中小学教师的权利和义务"，并提出为教师适应岗位要求而设置培训，培训时间每五年累计不少于240学时。2012年颁布的《国务院关于加强教师队伍建设的意见》，提出将每五年为一个周期的教师全面培训时长提高到360学时。

（六）校本教研——教师专业发展的有效载体

校本教研就是为了改进学校的教育教学，提高学校的教育教学质量，从学校的实际出发，依托学校自身的资源优势和特色进行的教育教学研究。校本教研的基本特征是以校为本，强调围绕学校自身遇到的问题开展研究。学校是教学研究的基地，教师是教学研究的主体，促进师生共同发展是教学研究的直接目的。校本教研强调教师是教学研究的主体，教学研究不能只是少数专职研究人员的专利，还应该是所有教师的权利和责任。只有当越来越多的教师以研究的态度对待自己的教学实践和教学工作，并且在这个过程中不断提高解决实际教学问题能力的时候，教师才能获得发展，学校的教学质量才有可能真正提高。

（七）师徒结对——教师专业发展的快捷途径

师徒结对是指在我国广大的中小学、幼儿园中，根据初任教师的实际情况和需要，配备在业务水平和师德素养等方面都比较优秀的指导教师对其进行"传、拉、帮、带"

的指导，使新教师在老教师的指导和帮助下，对备课、说课、上课、听课、评课，作业检查和批改，教学效果考核，班主任工作及撰写教育教学论文等教育教学工作的各个环节都能很快熟悉和熟练掌握，提高初任教师的教育教学和教研能力，从而达到促进和加快初任教师专业发展的目的。

真题再现

【2012年考研真题·选择题】强调教师文化建设和教师之间的沟通交流的教师专业发展模式是（　　）。

A. 知识取向模式　　　　　　B. 实践取向模式
C. 生态取向模式　　　　　　D. 自我更新取向模式

【2015年上半年教资考试（中学）真题·选择题】某校经常组织同一学科的教师相互观摩教学，课后针对教学过程展开研讨，提出完善教学的建议。这种做法体现的教师专业发展途径是（　　）。

A. 进修培训　　　　　　　　B. 同伴互助
C. 师徒结对　　　　　　　　D. 自我研修

【2017年上半年教资考试（中学）真题·选择题】李老师经常自觉地对自己的讲课过程进行分析，进行全面深入的归纳与总结，以不断地改善自己的教学行为，提高自己的教学水平。李老师的做法是基于下列哪种专业发展方式？（　　）

A. 教学实践　　　　　　　　B. 教学研究
C. 自我发展　　　　　　　　D. 教学反思

第二节　教师的职业理念

【学习目标】

1. 了解教师应具备的教师观。
2. 掌握教师的学生观。
3. 掌握我国教师的职业道德规范。

教师的职业理念是从事教师这一职业需要确立的基本思想观念和精神追求，具体包括：教师对教育的认识与理解，即教育观；教师对自身职业的认识与理解，即教师观；教师对学生的认识与理解，即学生观。在我国，教师应当树立素质教育的教育观，这在教育目的一章已进行了具体的阐述，这里主要对教师的教师观和学生观进行阐述。

一、教师的教师观

教师观是关于教师职业的基本观念，是人们对教师职业的看法和期望。教师的教师观主要指教师对对待自身职业、对待学生、对待专业发展、对待其他教育关系以及对待社区等方面的角色和行为的理解和认识。

（一）在对待自身职业上，教师应树立职业认同感

教师职业认同是指教师发自内心地接受自己从事的职业，认识到它有价值、有意义，对其充满信心和情感，自觉把职业规范内化到教师的行为中，使自己所承担的职业角色与社会发展对该职业的期望达成一致，并从中找到乐趣的一种过程和一种状态。相关研究表明：职业认同影响教师工作的满意度，教师对自身职业的认识越明确，对教师规范的内化程度和对自身职业的投入程度越高；职业认同影响教师的效能感，一个教师对他的职业认同有积极的自我感知，就会忽略由不良的工作条件所带来的不快；职业认同的程度影响教师职业倦怠水平，教师的职业认同感越低，职业倦怠感就越高；职业认同影响工作压力，教师职业认同对教师的离职意向具有负向预测性，认同程度高的教师往往能够成功处理压力。总的来看，教师职业认同会影响到从业者对待工作的态度和热情，对教师心理健康和教学具有重要意义。只有树立高度的职业认同感，热爱教育事业，才能在教师这个岗位上做出较大的贡献，才能获得更高的职业满意度与更大的成就感。

（二）在对待学生上，教师应尊重、赞赏学生，做学生发展的促进者

"为了每一位学生的发展"是现代教育观的重要理念，为了实现这一理念，教师首先需要尊重学生。这就要求教师以民主、平等的观点看待学生，尊重学生的身心发展规律，尊重学生的个体差异，尊重每个学生做人的尊严和价值。尤其要尊重以下六种学生：智力发育迟缓的学生、学业成绩不良的学生、被孤立和拒绝的学生、有过错的学生、有严重缺点的学生以及和教师意见不一致的学生。

此外，教师应做学生发展的促进者。一方面，教师应做学生学习发展的促进者。身处于日新月异的时代，知识在不断丰富和更新，信息技术使得知识的获取更加便捷，这意味着教师不再是知识权威。因此，教师要与学生共建、共生科学文化知识，使"教学真正成为师生富有个性化的创造过程"。同时，教师要帮助学生学会学习，激发学生学习的动机，指导学生的学习方法，组织管理和引导学生的学习过程，培养学生自主学习、合作学习、探究学习的能力。另一方面，现代社会的发展要求提高对学生人格的健康成长与个性发展的关注度，教师应从"道德偶像"和"道德说教者"的传统角色中解放出来，以一个平等的、有成长经验的人的角色来对待成长中的青少年一代，通过自己的公正无私和关爱来帮助学生实现德育目标。

(三)在对待专业发展上,教师应成为研究者和实践反思者

教师成为研究者,即教师在教学过程中要以研究者的心态置身于教学情境之中,以研究者的眼光审视和分析教学理论与教学实践中的各种问题,对出现的问题进行探究,对积累的经验进行总结,最终形成规律性认识。苏联著名教育家苏霍姆林斯基曾说,如果想让教师的劳动能够给教师带来一些乐趣,使天天上课不至于变成一种单调乏味的义务,就应当引导每一位教师走上从事研究这条幸福的道路上来。教师成为研究者,首先要求教师从课程的忠实执行者转变为课程的建设者和开发者。教师要形成强烈的课程意识和参与意识;要提高和增强课程建设能力,使国家课程和地方课程在学校与课堂实施中不断增值;要锻炼并形成课程开发的能力,努力开发本土化、校本化课程。其次,教师应掌握行动研究的方法,在教学行动中研究,为了教学行动研究。

教师应做实践反思者,即教师要反思自己的教学实践行为、教学观念以及教学效果。国际教师教育学总结出"教师成长三大定律":越是扎根教师的实践需求越是有效,越是扎根教师的鲜活经验越是有效,越是扎根教师的实践反思越是有效。美国学者波斯纳还提出了一个教师成长的公式:教师成长=经验+反思。优秀的教师往往通过实践反思,不断更新教学观念、改善教学行为来促进学生有效学习。

(四)在对待其他教育关系上,教师应加强合作意识

教学活动是一项系统性活动,离不开各方影响力量的共同推动,教师应强化合作意识,有效利用资源。首先,教师应加强同行之间的合作。教育家叶圣陶说,教育工作不是一个人所能搞好的,需要全体教师的共同努力,教育工作一定要能够与志向、兴趣相同的人合作。只有在共同体中,教师个体专业才能获得全面的发展,从而提高教师队伍整体专业水平。因此,教师与教师之间的合作不是"零和"而是"共赢",可以互通有无、分享智慧、取长补短,合力共促教学成效。当下盛行的教师"集体备课"就是探索教师之间合作的重要方式。同时,教师必须处理好与家长的关系,加强与家长的沟通和配合,注意教育影响的一致性和连贯性,共同促进学生的健康成长。

(五)在对待社区上,教师应成为社区型开放教师

现代社会特别强调学校与社区的互动,重视挖掘社区的教育资源。在这一情形下,教师的教育工作不能仅仅局限于学校、课堂,教师不仅是学校的一员,而且是整个社区的一员,是整个社区的教育、科学、文化事业的共建者。因此,教师角色必须从仅仅是专业型、学校型教师,拓展为"社区型""开放型"的教师。一方面,学校的教育资源向社区开放,引导和参与社区的一些社会活动,尤其是有教育意义的活动;另一方面,社区也向学校开放自己可供教育利用的资源,参与学校的教育活动。学校教育与社区生活逐步走向终身教育要求的"一体化",实现学校教育社区化,社区生活教育化。

真题再现

【2016年上半年教资考试（中学）真题·材料分析题】

大学毕业后，曲老师到一所农村中学当历史老师，至今已有八年了。在此期间，有的同事调到条件更好的学校去了，有的则步入了职业倦怠期，有几所条件更好的城区学校想引进他，但他总是拒绝说："我从小在农村长大，明白农村孩子也需要良好的教育，这里的孩子离不开我。"

为了成为一名优秀的历史老师，曲老师经常翻阅各种期刊，以及时了解历史学科的新信息，他还经常向经验丰富的教师学习。为了提升自己分析和解决问题的能力，曲老师不断学习科学研究方法，并运用这些方法解决了一些教学问题。

曲老师说："台上一分钟，台下十年功，当教师仅靠大学时代所学的知识远远不够。"他坚持每天至少进行一个小时的阅读，多年来从未间断过。他的阅读范围很广，除研读历史领域的经典著作之外，他还广泛学习法学、地理学、社会学、美学等各个领域的知识。

问题：请结合材料，从教师观的角度评析曲老师的行为。

二、教师的学生观

教师的学生观是指教师对于学生的本质属性、发展特征的基本观念体系。教师的学生观支配着教师的教育行为，决定着教育者的工作态度和工作方式。传统学生观把学生视为被动的客体，是教育者管辖的对象，是装知识的容器；而现代学生观则认为学生是积极的主体，是学习的主人，是正在成长着的人，教育的目的就是育人。因此，在素质教育的背景下，教师应该树立"以人为本"的学生观，具体而言包括以下三个方面。

（一）学生是发展的人

人们经常用僵化的眼光而不是用发展的观点来看待学生，这是历史上和现实中都客观存在的问题。现代科学研究的成果与教育的价值追求要求人们摒弃僵化观点，用发展的观点来认识和对待学生。

第一，学生的身心发展是有规律的。人的身心发展，既是自然的客观过程，又是社会历史文化过程，是自然性与社会性的统一。概括来说，学生身心发展的规律有顺序性、阶段性、不平衡性、差异性和互补性。认识并遵循学生的身心发展规律是做好教育工作的前提。教师应注意领会有关人身心发展的理论，熟悉不同年龄阶段学生身心发展的特点，并依据学生身心发展的规律和特点开展教育活动，从而有效促进学生身心健康发展。

第二，学生具有巨大的发展潜能。教育者要坚信每个学生都是可以积极成长的，是有培养前途的，是追求进步和完善的，是可以获得成功的，因而对教育好每一个学生应充满信心。

第三，学生是处于发展过程中的人。作为发展中的人，也就意味着学生还是一个不成熟的人，是一个在教师指导下正在成长的人。作为发展中的人，学生的不完善是正常的。在实践中，教师往往忽视学生正在成长的特点，而要求学生十全十美，对学生求全责备，这是和发展观点相对立的。教师要理解学生身上存在的不足，允许学生犯错误，更重要的是要帮助学生解决问题，改正错误。陶行知先生曾写过一首小诗："你这糊涂的先生！你的教鞭下有瓦特，你的冷眼里有牛顿，你的讥笑中有爱迪生。你别忙着把他们赶跑。你可要等到坐火轮，点电灯，学微积分，才认他们是你当年的小学生？"这就要求教师以发展的眼光看待学生，学生现在犯的错误也许正是学生某方面创造性的表现，不可轻视小孩子的潜能。

真题再现

【2016年下半年教资考试（中学）真题·选择题】初一学生小武想做一名科学家，班主任说："你现在学数学那么吃力，以后学物理、化学肯定也学不好，一定不能把当科学家作为人生目标。"班主任的说法（　　）。

A. 忽视了学生的主体性　　　　B. 忽视了学生的发展性
C. 忽视了学生的创造性　　　　D. 忽视了学生的差异性

（二）学生是独特的人

学生是独特的人，就是说学生具有独特性，这意味着完整性和差异性，即每个学生都具有完整的心理世界，在兴趣、爱好、动机、性格和智能等方面具有各不相同的独特个性。把学生看成独特的人，包含以下几个基本含义：

第一，学生是完整的人。学生是有着丰富个性的完整的人，正如《合作教育学》指出的，儿童每天来到学校，并不是以纯粹的学生——致力于学习的人——的面貌出现的，不，他们是以形形色色的个性展现在我们面前的。每个儿童来到学校的时候，除了怀有获得知识的愿望外，还带来了他自己的情感和感受的世界。也就是说，学习并不是单纯的知识接受或技能训练，而是伴随着交往、创造、探索、追求、选择、意志努力、喜怒哀乐等的综合过程，是学生整个内心世界的全面参与。在教育活动中，必须反对那种割裂人的完整性的做法，还学生完整的生活世界，丰富学生的精神生活，给予学生全面展现个性力量的时间和空间。

第二，每个学生都有自身的独特性。"人心不同，各如其面"，这种独特性是人的个性形成和完善的内在资源，也是教育努力的重要目标。珍视学生的独特性和培养具有独特个性的人，应成为教育者对待学生的基本态度。独特性也意味着差异性，差异是一种财富。尊重差异不仅是教育的基础，也是学生发展的前提，要尊重学生的差异，使每个学生都得到完全、自由的发展。

第三，学生与成人之间存在着巨大的差异。学生和成人之间存在很大差别，学生的观察、思考、选择和体验，都和成人有明显不同。卢梭在所著的《爱弥儿》中指出："在万物的秩序中，人类有它的地位；在人生的秩序中，童年有它的地位；应当把成人看作成人，把孩子看作孩子。"[1] 教育者只有摈弃传统的"小大人"观念，承认并正视现代学生的群体特征，认真研究现代学生的特点，并采取积极引导措施，才能有效地和学生沟通，得到他们的认同和配合，从而达到教育并影响他们的目的。

（三）学生是具有独立意义的人

"以人为本"的学生观要求教师把学生置于教育活动的主体地位，注重学生的主体性需求，尊重学生的自主意识，促进学生主动地、能动地发展。

第一，每个学生都是独立于教师的头脑之外，不以教师的意志为转移的客观存在。教师必须尊重学生的个体独立性，不能把自己的个人意志强加在学生的思想之上，要客观地看待学生的成长与成才，把学生当作不以自己的意志为转移的客观存在，当作具有个体独立性的人来看待，因势利导地施加教育，推动学生个体的健康成长。

第二，学生是学习的主体。树立学生是学习主体的观念，并在教学活动中充分尊重和发挥学生的主观能动性是现代教学的客观要求，是教学活动优化的重要条件。

第三，学生是责权主体。学生是法律上的责权主体，也是伦理上的责权主体。把学生作为责权主体来对待，是现代教育区别古代教育的重要特征，是教育民主化的重要标志。学生是权利主体，学校和教师要保护学生的合法权利；学生是责任主体，学校和教师要引导学生学会对学习、对生活、对自己、对他人负责，学会承担责任。

真题再现

【2015年下半年教资考试（中学）真题·材料分析题】

任教六年的李老师回忆道：读初二时，新来的语文老师以"春游"为题让我们写一篇作文。我写了一次与爸爸上山采杨梅的经历，由于是自己的亲身经历，所以写得有声有色。这个语文老师对班上的情况不了解，并不知道我是班里最差的学生，在批改完作文后，我的作文成了班上唯一的优秀范文。老师拿着我的作文本声情并茂地大声朗读着，我一听是自己的作文，心狂跳起来。语文老师读完以后，就对全班同学说："请写这篇作文的同学站起来。"

我在后排怯生生地站了起来，全班的同学以惊奇的目光注视着我，我感到了一种从

---

[1] 卢梭：《爱弥儿》，李平沤译，商务印书馆，1983年，第74页。

未有过的自豪。老师在读完了我的作文后，还分析了作文好在什么地方，并给了我几张空白稿纸让我再誊写一遍，然后在班里墙壁上开辟了一个作文园地。我的作文就是作文园地里的第一篇范文。由此，我找到了自信，发现自己原来并不是一无是处，我也有很多闪光点。自从那以后，我开始要求自己坚持写周记和日记，并送给老师批改。老师在看完之后要么写一句评语，要么盖上一个"优秀"字样的图案，我非常满足。写日记这个习惯从初二开始一直保留至今。现在我的日记本已有五十多本之多了。

问题：请从学生观的角度，评价材料中语文老师的教学行为。

三、教师的职业道德

在某种意义上讲，教师的职业道德也是其职业理念的一部分，是教师从事教师职业应当树立的基本道德理念。改革开放以来，我国于1985年、1991年、1997年先后三次颁布和修订了《中小学教师职业道德规范》。2008年，教育部和中国教科文卫工会全国委员会根据社会发展和教育事业发展的新要求重新修订了《中小学教师职业道德规范》（以下简称《规范》）。《规范》提出了我国中小学教师职业道德的六条基本规范：爱国守法、爱岗敬业、关爱学生、教书育人、为人师表和终身学习。《规范》反映了新形势下经济、社会和教育发展对中小学教师应具有的道德品质和职业行为的最基本要求。《规范》对教师的职业道德起指导作用，是调节教师与学生、教师与教师、教师与学校、教师与国家、教师与社会相互关系的基本行为准则。

（一）爱国守法

爱国守法即要求教师热爱祖国，热爱人民，拥护中国共产党领导，拥护社会主义；全面贯彻国家教育方针，自觉遵守教育法律法规，依法履行教师职责权利；不得有违背党和国家方针政策的言行。

爱国守法是教师职业的基本要求。"爱国守法"对教师的两方面素养提出要求。一是政治素养方面：要求教师爱国、爱党、爱人民。教师要有一定的政治素养，清楚自己的使命职责，"为党育人，为国育才"，要把爱国、爱党的思想融入自己的教育教学中，不能有违背党和国家方针政策的言行。二是法律素养方面：要求教师遵纪守法，谨言慎行。教师要讲法律，用法律来规范自己的行为。当前，我国的教育法律法规有《中华人民共和国教师法》《中华人民共和国教育法》《中华人民共和国义务教育法》《中华人民共和国未成年人保护法》等。教师要用上述相关的法律法规来指导自己的教育教学实践，在教育教学活动中必须做到知法、守法和不违法。

（二）爱岗敬业

爱岗敬业是指教师要忠诚于人民教育事业，志存高远，勤恳敬业，甘为人梯，乐于奉献；对工作高度负责，认真备课上课，认真批改作业，认真辅导学生；不得敷衍塞责。

爱岗敬业是教师职业的本质要求。倡导"爱岗敬业"，就是要求教师对教育事业具有强烈的责任感和深厚的感情。没有责任就办不好教育，没有感情就做不好教育工作。第一，教师爱岗敬业的最高要求是忠诚于人民教育事业，甘为人梯，乐于奉献。伟大的人民教育家陶行知先生就曾说过"捧着一颗心来，不带半根草去"。作为新时代的教师要把自己的爱和青春、知识以及对学生全部的爱毫不保留地献给整个教育事业和每一位学生。第二，教师爱岗敬业的最低要求即教师对工作高度负责、认真。教师要从点滴小事做起，认真备课，一丝不苟，不得敷衍搪塞。

（三）关爱学生

关爱学生是指教师要关心爱护全体学生，尊重学生人格，平等公正地对待学生；对学生严慈相济，做学生的良师益友；保护学生安全，关心学生健康，维护学生权益；不讽刺、挖苦、歧视学生，不体罚或变相体罚学生。

关爱学生是师德的灵魂。倡导"关爱学生"，就是要求教师有热爱学生、诲人不倦的情感和爱心。亲其师，信其道。没有爱，就没有教育。

爱在教育中处于核心地位，被视为教育的本质。教育家夏丏尊先生在其翻译的《爱的教育》中说，教育之没有情感，没有爱，如同池塘没有水一样。没有水，就不能称其为池塘，没有爱，就没有教育。教育是一门艺术，因为它的对象是人，教育的有效方法之一就是关爱，即渗透丰富情感的教育。总的来说，关爱学生是每位教师在日常教学中努力工作的原动力，也是保证教育工作顺利开展的根本条件。要做到关爱学生，还要求教师包容学生的错误，不能动辄以"为学生好"为由对学生进行体罚。

（四）教书育人

教书育人是指教师要遵循教育规律，实施素质教育；循循善诱，诲人不倦，因材施教；培养学生的良好品行，激发学生的创新精神，促进学生全面发展；不以分数作为评价学生的唯一标准。

教书育人是教师的天职。倡导"教书育人"，就是要求教师以育人为根本任务。

（五）为人师表

为人师表要求教师坚守高尚情操，知荣明耻，严于律己，以身作则；衣着得体，语言规范，举止文明；关心集体，团结协作，尊重同事，尊重家长；作风正派，廉洁奉公；自觉抵制有偿家教，不利用职务之便谋取私利。

为人师表是教师职业的内在要求。倡导"为人师表"，就是要求教师言传身教、以身立教。如俄国教育家乌申斯基所说："教师个人的范例，对于青年人的心灵，是任何东西都不可能代替的最有用的阳光。"俄国文学家车尔尼雪夫斯基也说："要把学生造就成一种什么人，自己就应当是什么人。"法国思想家、教育家卢梭则从反面来论证身教的作用："教师只要有一次向学生撒谎撒漏了底，就可能使他的全部教育成果从此为之毁灭。"具体而言，"为人师表"可以体现在四个方面：第一，教师如何对待自己；第二，教师如何对待同事；第三，教师如何对待家长；第四，教师如何对待金钱。

中小学教师尤其要自觉抵制有偿家教、有偿补课。有偿补课与全面贯彻党的教育方针和立德树人的根本任务背道而驰，是应试教育的产物，反过来加剧应试教育的不良竞争。学校为了提高升学率和知名度，利用节假日组织学生集体有偿补课，加重学生的课业负担和人民群众的经济负担，滋生教育腐败。有些教师为了追求名利，本末倒置，热衷于有偿补课，把在学校的本职工作当副业，将有偿补课当主业，影响教育教学质量，败坏校风校纪。极少数教师利用职务之便，采取"课上不讲课下讲，校内不讲校外讲"的方式，强迫所教学生参加有偿补课，败坏师德。有偿补课影响学生身心健康发展，破坏教育公平，损害教师和教育行业声誉，社会反映强烈。为此，2015年教育部专门印发了《严禁中小学校和在职中小学教师有偿补课的规定》。

（六）终身学习

终身学习要求教师崇尚科学精神，树立终身学习理念，拓宽知识视野，更新知识结构；潜心钻研业务，勇于探索创新，不断提高专业素养和教育教学水平。

终身学习是教师专业发展不竭的动力。倡导"终身学习"，就是要求教师做终身学习的表率。终身学习是时代发展的要求，同时也是教师职业特点所决定的。

随着我国进入新时代，在我国发展新的历史方位下，人民群众对更好教育的需要日益增长，知识获取方式和传授方式、教和学的关系都发生了革命性变化，这些都对教师队伍的能力和水平提出了新的更高的要求。为此，2018年教育部印发了《新时代高校教师职业行为十项准则》《新时代中小学教师职业行为十项准则》《新时代幼儿园教师职业行为十项准则》，对中小学教师提出的十项准则是：一、坚定政治方向；二、自觉爱国守法；三、传播优秀文化；四、潜心教书育人；五、关心爱护学生；六、加强安全防范；七、坚持言行雅正；八、秉持公平诚信；九、坚守廉洁自律；十、规范从教行为。新的准则更加强调教师的政治意识，更加强调教师的廉洁清白。

真题再现

【2017年上半年教资考试（中学）真题·材料分析题】

刚参加工作，我就担任高一（2）班的班主任。一个月过去了，我所带的班自习课上基本没有安静的时刻，学生肆意串桌，嬉笑打闹，纸飞机在教室内飞来飞去。我厉声斥责，摔粉笔盒，还抓过几个捣蛋头罚站，让他们写检查、打扫卫生……办法想了一个又一个，可见效甚微。隔壁杨老师班上却总是静悄悄的，我几次从他们班门前走过，都发现杨老师只是坐在讲台上看书，学生在安静学习。

我纳闷，杨老师有什么"魔法"让学生如此安静？我向她询问管理学生的方法，她微笑着说："我其实有点'不负责任'呢，他们嬉闹的时候，我不说一句话，就在那里看书，慢慢地，他们也就安静了。"她说得风轻云淡，可我知道，事情绝对没有这么简单。

看到我疑惑的样子，杨老师换了一种方式跟我解释："我曾看过两幅画，都叫《安静》，一幅画的是一个湖，湖面平静如镜，湖中倒映着远山和花草；另一幅画的是激流直泻的瀑布，旁边有一棵小树，枝丫上有一个鸟巢，巢里一只可爱的小鸟正在酣睡。你觉得哪一幅画更好呢？"

我想了一下，回答说："后者更好，通过直泻瀑布与酣睡小鸟这一动一静的细节对比，凸显内心的静然。"

"对啊。"杨老师笑着说，"他们不是都喜欢闹吗？那我就来个动静对比，一个人安静地看书，看我安安静静的，他们怎么好意思再嬉闹呢？您知道吗？有时候安静要比喧闹更有力量。"我豁然开朗。

问题：请结合材料，从教师职业道德的角度，评析杨老师的教育行为。

四、良好师生关系的构建

师生关系是教师与学生在教育教学活动及日常的交往活动中形成的相互关系。它是一种特殊的社会关系和人际关系。在我国教育中，对师生关系尤其重视，古代就有"一日为师，终身为父"的说法。良好的师生关系是教育教学活动顺利开展的重要保证。

（一）良好师生关系的特征

尊师爱生，相互尊重。良好的师生关系要求教师尊重和关爱学生，同时也要求学生尊敬和信任教师。教师通过对学生的尊重和关爱换取学生发自内心的尊敬和信赖；而学生对教师的尊敬和信赖，又可激发教师更加努力地工作，为学生营造良好的心理气氛和学习条件。只有师生互相尊重，才能形成良好的师生关系。

民主平等，和谐融洽。传统社会中强调学生无条件地尊重教师，强调"师道尊严"。学生对教师有一种人格上的依附关系。而现代社会中，师生处于平等的地位，师生双方均以主体人格的身份进行平等的对话交往，师生之间的关系是一种民主的交往。作为教师要能够调动学生的积极性，把学生当作学习的主人，平等对待学生，尊重学生的人格。

合作共享，教学相长。在教育教学活动中，师生关系如果能够相互促进，那就是一种有着生命力的师生关系。《学记》中讲："学然后知不足，教然后知困。"学生能从教师"教"的方面受益，教师亦能够从学生"学"的方面受益，师生双方才能各自进步。

（二）建立良好师生关系的方法

建立良好的师生关系，需要教师和学生两方面发力。当然，师生关系是对立统一的，教师处于矛盾的主要方面，在运动变化中起着主导作用。因此，构建良好师生关系的关键在于教师。教师在建立良好师生关系方面要更有意识、更为主动。

第一，教师要了解和研究学生。教师要主动了解学生、研究学生，通过家访、谈心等活动消除对学生的误解，从而化解师生关系中的危机。

第二，教师要树立正确的学生观。这是教师正确认识和对待学生的思想基础。教师要尊重学生的主体性和人格，要正确认识学生发展中的过错，避免师生误解扩大化。

第三，教师要以身作则。教师在师生关系的建立中处于主导地位，要以身作则，用自己的行动去感化学生、教育学生，做学生的榜样。凡是要求学生做到的，自己一定要先做到，从而构建良好的师生关系。

第四，教师要正确处理师生矛盾。教育教学过程中，师生之间发生矛盾是难免的。教师要善于驾驭自己的情绪，冷静全面地分析矛盾，正视自身的问题，敢于做自我批评，对学生的错误进行耐心的说服教育或必要的等待、解释等。

第三节　班集体与班主任工作

【学习目标】
1. 了解班集体的特点。
2. 了解班主任应具备的基本素质。
3. 了解班主任工作的基本内容。
4. 掌握班主任培养班集体的方法。

班主任工作是中小学教师的重要职责之一，要成为教师必须对班主任工作有所了解，对班集体及其管理有所认识。因此，本节主要围绕班集体与班主任工作进行探讨。首先认识班集体，了解班集体的特点；其次认识班主任工作，了解班主任应具备的基本素质、班主任工作的基本内容和培养班集体的方法。

一、班集体的特征

班集体是按照班级授课制的培养目标和教育规范组织起来的，以共同学习活动和直接性人际交往为特征的社会心理共同体。班集体不同于班级，班级是学校进行教育和教学活动的基本单位，是按一定的教育目的、教学计划和教育要求组织起来的学生群体。

班级更具有行政性，而班集体是班级群体发展到一定水平的结果，是一种"精神共同体"，具有统一性、团结性的特征。

（一）班集体的基本特征

班集体不是学生的简单组合，不会自发形成，一个班的学生群体尚不能称为班集体。班集体是班级群体的高级形式，其形成需要全班学生和班主任以及各学科教师的共同努力。要形成班集体必须具备以下五个基本特征。

1. 有明确的共同目标

目标是集体发展的方向和动力，一个班集体只有具有共同的目标，才能使班级成员在认识上和行动上保持统一，才能推动班集体的发展。为此，班主任要精心设计班级发展的目标。对于一个班级来说，提出班集体的发展目标是让学生对班级产生认同感和归属感的重要手段和途径，它直接关系到良好班集体的建设。

2. 健全的组织机构和坚强的领导核心

一定的组织机构是一个班集体所不可缺少的，班级中的每个成员都是通过一定的班级机构组织起来的。按照组织结构建立相应的机构，维持和控制着班级成员之间的关系，从而完成共同的任务和实现共同的目标。班集体的发展需要健全的组织机构，包括班委会、小组长和各学科代表，以及班级团队组织等。团结有力的班干部是组织实施班级活动的重要保证力量。

3. 有一定的共同生活的准则、规范

班集体中，大家共同认可的行为准则和规章制度既是培养成员集体意识的教育手段，也是实现班集体共同目标的根本保证。集体的规则和制度既可以是明文规定的，也可以是成员间共同认可的无形的"班级习俗"。

4. 健康的班级氛围和良好的班风

健康的班级氛围是指在班集体中，成员之间在人格上应处于平等的地位，在思想感情和观点信念上是比较一致的。成员个体对集体有自豪感、依恋感、荣誉感等肯定的情感体验。健康的班级氛围是影响学生发展的巨大精神力量，对学生有潜移默化的影响。班风是班级中多数成员所表现出的共同思想和行为倾向，包含情绪状态、言行习惯、道德面貌等，是经过一定时间的相互影响而逐渐形成的，是班集体形成的重要标志。

5. 学生个性的充分发展

班集体的形成虽然强调共同的奋斗目标和集体的规章制度，但并非以压制学生的个性为代价。一个班级几十个学生一定会有不同的兴趣爱好，也会有不同的学习方式和审美情趣，必然也有不同的人生目标与理想追求。

班集体的形成是由个体向群体转变的过程，一个好的班集体的发展大约要经历四个时期：松散期、同化期、凝聚期、形成期。

（二）班级中的非正式群体

班级中的非正式群体是相对于班委会、团小组等正式群体而言的，是无正式规定下学生自发形成的群体。学生非正式群体大多自愿组合、人数较少，成员性情相近、志趣相投，有共同的需要。班级中的非正式群体一般由较有威信与能力的学生领导，有着无形的群体规范和较强的群体约束。

班级中的非正式群体对班级和个人的发展有有利的一面，也有有害的一面，要辩证对待。非正式群体有利于使学生获得心理上、精神上的满足，增强学生的群体意识，有助于正式群体的形成和巩固；能够为学生个体提供及时而彻底的物质和精神援助，有利于学生之间相互学习、互相提高，促使个体得到和谐发展，人格更加完善等。

但是，学生非正式群体成员之间重感情而轻理智的特点，往往会产生不健康的，甚至危害班集体的行为；学生非正式群体的高凝聚力可能削弱正式群体，有时会使正式群体处于松散状态；学生非正式群体内核心人物的极大权威性，易造成群体心理与行为的整体偏离和失误；学生非正式群体与正式群体的冲突，会产生"内耗"；少数学生非正式群体的消极破坏性质已构成了危害班集体、学校和整个社会的事实。

教育工作者不要把非正式组织作为管理和防范的对象，强制性地压抑学生的需求；而应该注意发挥非正式组织的作用，引导他们的需求、情感，使其归属和交往的需求得到满足。

真题再现

【2014年上半年教资考试（中学）真题·辨析题】非正式群体在班级管理中只有消极影响。

二、班主任及其工作

在我国，最早使用"班主任"这一名称是在中国共产党领导的革命根据地的教育实践中。新中国成立后，在继承老解放区的传统和借鉴苏联教育经验的基础上，中小学里一律设置班主任。1952年，教育部颁布了《小学暂行章程（草案）》和《中学暂行章程（草案）》，明确规定班级设班主任，提出"小学各班采取教师责任制，各设班主任一人，并酌设科任教师"，"中学每班设班主任一人，由校长就各班教员中选聘，在教导主任和副教导主任领导下，负责联系本班各科教员指导学生生活和学习"[①]。从此，我国的普通教育系统中正式确立了班主任制，并且班主任的称谓一直沿用至今。2009 年教育部颁布的《中小学班主任工作规定》中则指明："班主任是中小学日常思想道德教育和学生管理工作的主要实施者，是中小学生健康成长的引领者，班主任要努力成为中小学生的人生导师。班主任是中小学的重要岗位，从事班主任工作是中小学教师的重要职责。"[②]

（一）班主任应具备的基本条件

班主任的基本素质关系到全班学生的成长与发展，工作责任重大，因此在中小学的教育实践中对班主任的基本素质条件提出了较高要求。

1. 高尚的思想品德

班主任是学生的教育者、引路人，是他们的学习榜样。班主任应有崇高的品德、饱满的工作热情、坚持不懈的精神，言行一致、表里如一，能为人师表，这样才能在学生中树立崇高的威信，给学生以强有力的教育影响。

2. 坚定的教育信念

要确信教育的力量，每个学生都有优点和才干，都有自己的前途，即使是有某些缺点和错误的学生，只要对他作深入细致的思想教育工作，也能使他转变。班主任只有确信教育的力量，树立坚定的教育信念，才能在工作中不畏困难曲折，顽强而耐心地工作，收获辛劳的硕果。

3. 关心和爱护学生

班主任对待学生要像家长对待孩子一样，兼严父与慈母二任于一身。班主任既要无微不至地关怀学生，真诚地爱护学生，与学生彼此信赖，有深厚的情感，又要严格要求学生，对他们的缺点和错误毫不放过。如果学生感受到班主任对他们的深情与期望，那么他们将更亲近班主任，并乐于接受教育，班主任在工作中便能获得更大成效。

4. 较强的组织能力

善于组织学生开展各种活动是学校教育教学的有力支撑。所以，具有较强的组织能力对班主任来说，是必不可少的。一个优秀的班主任必须善于计划和组织学生的各种活动，善于根据情况的变化迅速做出决定、采取措施、进行调整，在工作中表现出魄力，

---

① 《中国教育年鉴》编辑部：《中国教育年鉴（1949—1981）》，中国大百科全书出版社，1984 年，第 728—731 页。

② 《教育部关于印发〈中小学班主任工作规定〉的通知》，https://www.gov.cn/gongbao/content/2009/content_1439280.htm。

能令行禁止，坚定地引导学生积极开展活动，不断前进。

5. 多方面的兴趣与才能

青少年学生活泼爱动，何况每个学生都有自己的兴趣与爱好，因此需要开展各种各样、丰富多彩的活动。这就要求班主任也需具有这方面的兴趣与才能。一般来说，性格活泼开朗、兴趣广泛的班主任与学生有较多的共同语言，易于打成一片，便于开展工作。反之，沉默寡言、不爱活动的班主任则容易脱离学生，难以深入了解和教育学生。

6. 交往和合作能力

班主任为了教好学生，要与家长、任课教师、校外辅导员和社会人士联系和协作，因而要善于待人接物。事实证明，只有那些善于交往、能团结人的教师，才能很好地协调各方面的教育力量，把班主任工作做好。

7. 扎实的理论素养和科研意识

精深的专业知识和广博的相关学科知识是班主任开展工作的理论基础。班主任要注重知识的日积月累，注重总结经验教训，要在不断学习中提高教育理论素养。班主任还应该具有创新开拓的科研意识。教育教学科研能力也是班主任素质中不可缺少的一项基本功。当今社会新事物层出不穷，当代青少年活泼好动。对此，班主任应该予以研究和探讨，这便要求班主任具有强烈的教育科研意识。在教育教学实践中，班主任要不断对教育教学的新情况、新热点进行研究，在研究中得出正确的结论，进而改善自己的教育教学实践活动。

（二）班主任工作的基本内容

班主任在中小学生成长中起着重要的作用，班主任是班级的组织者、领导者，是学生成长的教育者，是联系各任课教师的纽带，是沟通学校与家长、社区的桥梁。根据《中小学班主任工作规定》（2009年）中对班主任的职责和任务的规定，我们认为班主任工作的基本内容有以下几个方面：

充分了解学生，引导学生发展。班主任要全面了解班级内的每一个学生，深入分析学生的思想、心理、学习、生活状况；关心爱护全体学生，平等对待每一个学生，尊重学生人格；采取多种方式与学生沟通，有针对性地进行思想道德教育，促进学生德、智、体、美、劳全面发展。

认真做好班级日常管理。班主任要认真做好班级的日常管理工作，维护班级良好秩序，培养学生的规则意识、责任意识和集体荣誉感，营造民主和谐、团结互助、健康向上的集体氛围；指导班委会和团队工作。

组织指导班级活动的开展。班主任要经常组织、指导开展班会、团队会（日）、文体娱乐、社会实践、春（秋）游等形式多样的班级活动，注重调动学生的积极性和主动性，并做好安全防护工作。

做好学生评价工作。班主任要组织做好学生的综合素质评价工作，指导学生认真做好成长记录，实事求是地评定学生操行，向学校提出奖惩建议。

协调各种教育影响，形成合力。班主任要经常与任课教师和其他教职员工沟通，主动与学生家长、学生所在社区联系，努力形成教育合力。

（三）班主任培养班集体的方法

班集体是一个群体，一个成熟的班集体具有共同的奋斗目标、健全的组织机构、严格的组织纪律和健全的规章制度、健康的舆论和良好的班风。因此，一个良好的班集体并非一朝一夕就能形成的，它需要班主任在教育教学活动中不断培养和创建。培养班集体是班主任的基础工作，一般而言，班主任培养班集体的方法主要有以下几种。

1. 确定班集体的发展目标

一个振奋人心、鼓舞士气的奋斗目标能够统一集体的意志，明确集体的发展方向，是集体前进的动力。一个集体只有确定了奋斗目标，才能促使全体成员在认识上和行动上保持一致，形成凝聚力，使集体朝着共同的目标奋斗。为此，教师要设计班集体的发展目标。班集体的目标可分为总目标和不同发展阶段的具体目标。班集体的总目标与社会主义的政治方向、教育目的以及学校的工作任务是一致的，这是远景目标。除此之外，还要根据班级不同发展阶段的实际情况制订和不断提出新的具体目标。班级目标的设计可分为近景目标、中景目标和远景目标。

2. 建立班集体的核心队伍

一个良好的班集体往往会有一批团结在教师周围的积极分子，他们是带动全班学生实现集体发展目标的核心。班集体的核心主要是班干部和团（队）干部，他们是教师的得力助手。班级工作能否顺利开展并取得效果，在相当程度上取决于班干部是否得力。因此，建立一支核心队伍是培养班集体的一项重要工作。班主任在确定核心成员时要认真、慎重，选出真正能发挥核心作用的积极分子。班集体中的积极分子有多种类型，可以是全面发展的，也可以是单项突出的。此外，积极分子的队伍不是一成不变的。

3. 建立班集体的正常秩序

班集体的正常秩序包括必要的规章制度、共同的生活准则以及一定的活动节律。教师在班集体的组建阶段就应着手准备正常秩序的建立工作，特别是当接到一个基础较差的班级时，首先就要做好这项工作。在建立正常秩序的过程中，教师要依靠班干部的力量，由他们来带动全班同学。一旦初步形成了班级秩序，不要轻易去改变它，要不断让学生体验到正常的秩序为他们的学习、生活所带来的便利与成效。

4. 组织形式多样的教育活动

班集体是在全班同学参加各种教育活动的过程中逐步成长起来的，而各种教育活动又可使每个人都有机会为集体出力并显示自己的才能。根据班级教育活动的时间分布，集体活动主要由日常性的教育活动与阶段性的教育活动两大部分组成，所涉及的内容主题有教育活动、文艺体育活动、社会公益活动等。设计并开展班级教育活动是班主任的经常性工作之一，教师在组织各种教育活动时，要有明确的目的和要求，要精心设计活动内容，注意形式的适龄化，力争把活动的开展过程变成教育学生的过程。

5. 培养正确的舆论和良好的班风

只有在集体中形成了正确的舆论与良好的班风，才能使集体明辨是非、善恶、美丑，扶正祛邪，发扬优点，抵制不良思想习气的侵蚀，才能使集体具有自我教育的能力，成为教育的主体。这是一个坚强集体的重要标志。班主任应经常注意组织学生学习政治理论、道德规范，以提高他们的认识；并注重表扬好人好事，批评不良思想行为，为形成正确舆论打下思想基础。特别是班主任要善于抓住重大偶发事件的处理机会，组织学生讨论，以分清是非，推动正确舆论的形成。

6. 做好个别教育工作

班主任在开展集体教育的同时，也要兼顾个别教育，将二者结合起来，并按学生所属类型做好相应的工作。对于优等生，班主任要严格要求。优等生在德、智、体、美、劳等方面发展良好，人数不多，但影响很大，班主任要引导他们学会客观地看待自己，养成自我教育的能力和习惯。对于中等生，班主任要积极督导。中等生在班级中处于中游地位，表现与成绩一般，特点不明显，不易被老师关注，班主任要引导他们学习先进、力争上游。对于后进生，班主任要加强转化。后进生主要是指智力正常，但品德或成绩较差的学生，班主任对这部分学生要用耐心和细心施以情感关怀，发现他们身上的闪光点，给予更多的鼓励。

真题再现

【2017年上半年教资考试（中学）真题·简答题】简述班主任培养班集体的主要方法。

【2020年下半年教资考试（中学）真题·简答题】班主任工作的基本内容有哪些？

【2018年上半年教资考试（中学）真题·简答题】简述班主任应具备的基本条件。

【2018年下半年教资考试（中学）真题·材料分析题】

我刚接初二（3）班班主任时，班级风气较差，接手后的第一件事就是组织培养班集体。我是这么做的：

第一，和全班同学讨论确定班集体的发展方向，最终确定了近期（两个月）、中期（一学年）和远期（毕业前）班集体的目标。近期，主要搞好课堂纪律，抓好班级建设；中期，争取成为学校优秀班集体；远期，力求全面提高学习成绩和素质。我没有在第一次班会课上训话，而是对同学们表达了希望和信任，相信经过同学们的努力，一定能把班级建设成优秀班级。同时我深入学生中间，争取大多数同学的支持并制定了《班级管理常规》，严格实行德育考核，奖罚结合，并定期向家长通报。两个月下来，班级风气明显好转，近期目标基本实现了。

第二，在重新组建班委会的过程中，学生反映，生活委员翁丽常常在自习课带头讲话，在课间吵闹造成不良影响。我和班委会讨论后，决定撤换她。当宣布这一决定时，看到她情绪低落，我没有简单批评她，而是关心她，告诉她我这样做是为班级里包括她在内的全体同学着想。经过几次推心置腹的谈话，她在各方面有了较大的提高。同时，我在原班委会的基础上，根据各班委的特长进行了适当调整。

第三，组织了"学雷锋日""环保日""篮球赛""社会调查"等一系列活动，在活动组织和实施中逐渐形成了正确的舆论和良好的班风，激发了学生高度的集体荣誉感，培养了他们明辨是非、善恶、美丑的能力。

第四，针对后进生，我分别采取了个别谈心、道德谈话、个别辅导的方式，在促进学生转变中起了较好的作用，同时也壮大了班集体。比如，我班赖明同学脾气暴躁，常仗着大块头与同学打架，与老师顶撞，但他特别擅长体育运动，尤其是篮球打得好。当时恰逢学校组织班级间篮球赛，我意识到转化的机会来了。我找到他研究如何排兵布阵，并请他做班级篮球队队长，他很感动。赛场上，赖明奋力拼搏，表现出色，我班取得了第一的成绩。

我趁热打铁，又推荐他做体育委员，得到全体同学同意。在此基础上，我又找赖明谈话，希望他珍惜大家对他的信任。从此，他从班级"反叛者"变成了"主人翁"，直到初三以良好成绩毕业。

问题：结合材料说明该班主任培养班集体的主要方法。